# AM RUDER

## 18. Augsburger Lesebuch

Herausgegeben vom
Referat für Bildung und Migration
der Stadt Augsburg

Projektleitung:     Gertrud Hornung
Covermotiv:         AJP, 2021 | Hintergrund: Lorthois Yuliya, 2021,
                    Nutzung unter Lizenz von Shutterstock.com
                    Composing durch Lisa Schwenk

Bibliografische Information der Deutschen Nationalbibliothek
Die Deutsche Nationalbibliothek verzeichnet diese Publikation in der
Deutschen Nationalbibliografie; detaillierte bibliografische Daten sind
im Internet über http://dnb.d-nb.de abrufbar.

ISBN 978-3-95786-316-4
© Wißner-Verlag Augsburg 2022

## Vorwort

Die Entstehung des diesjährigen Augsburger Lesebuchs war erneut eine sportliche Leistung: Trotz der unvermeidlichen Einschränkungen, die auch im zweiten Corona-Schuljahr leider den Unterrichtsalltag bestimmten, haben rund 500 Augsburger Schülerinnen und Schüler aller Altersstufen und Schularten ihre Texte für das Lesebuch 2022 eingeschickt.

Mit Hinblick auf das größte Augsburger Sportereignis dieses Jahres, die Kanu-WM am Eiskanal, stand der Schreibwettbewerb heuer unter dem Motto „Am Ruder", auch wenn dies keineswegs nur sportlich gemeint war. In den eingereichten Kurzgeschichten und Gedichten setzten sich die Schülerinnen und Schüler mal ernsthaft und nachdenklich, mal humorvoll, bisweilen sogar gesellschaftskritisch mit dem „Am-Ruder-Sein" auseinander.

Wie auch alle Vorgängerausgaben ist dieses Lesebuch wieder ein Gemeinschaftswerk eines bestens eingespielten „Ruder-Teams". Mein herzliches Dankeschön gilt daher allen, die wieder daran mitgewirkt haben. An erster Stelle stehen die jungen Autorinnen und Autoren, ohne deren Beiträge es das Augsburger Lesebuch gar nicht gäbe. Einen unverzichtbaren Anteil am Gelingen haben selbstverständlich die „Steuermänner und -frauen" im Hintergrund – alle Deutschlehrkräfte, die sich an den einzelnen Schulen für das Projekt stark gemacht haben.

Mit an Bord waren auch wieder die bewährten Projektpartner des Augsburger Lesebuchs – ein großes Dankeschön gilt daher der Gemeinschaftsstiftung Mein Augsburg, dem Lions Club Augsburg-Raetia und der Kinder- und Jugendstiftung der Stadtsparkasse Augsburg „Aufwind", ohne deren finanziellen Rückenwind die Publikation nicht möglich wäre. Unersetzbar für die Steuerung des „Projekt-Bootes" ist auch der Wißner-Verlag.

Besondere Wertschätzung gilt der Lesearbeit der treuen Jurorinnen und Juroren, von denen einige schon seit der ersten Buchausgabe dabei sind.

Die Gesamtkoordination fürs Lesebuch lag wieder in den Händen meiner Mitarbeiterin Andrea Unglert. Eine besondere Erwähnung verdient die Projektleiterin Gertrud Hornung, die das Projekt mit ihrer unerschütterlichen Begeisterung und ihrem Einsatz wie immer erfolgreich ins Ziel gesteuert hat. Unser Augsburger Lesebuch ist nicht nur eine wertvolle Schreib- und Leseförderung, die Spaß macht, sondern auch eine unterhaltsame Lektüre. Viel Spaß!

*Martina Wild*

Martina Wild
*Bürgermeisterin | Referentin für Bildung und Migration*

# Inhalt

9

# Das Drachenboot-Rennen

Ruhig war das Reich des Weltraums, still wie das Wasser eines kleinen Sees, als plötzlich ein seltsames, ovales Schiff in die Erdumlaufbahn eindrang. Der Kapitän des Schiffes streichelte sanft seine Tentakeln unter etwas, das wie sein Kinn aussah. Er grübelte über die Sterne nach und plante seinen nächsten Zug.

Der Erste Offizier näherte sich und konfrontierte ihn:

„Herr Kapitän, wir sind bereit, das Expeditionsteam auf Ihren Befehl hin zu starten. Zielort … ein Ort namens … Kee-nah."

Ohne sich dem Ersten Offizier zuzuwenden, sagte er:

„Sehr gut, Herr Hubenschrubberpat! Bereiten Sie die Männer auf das Briefing vor. Und um Gottes willen, holen Sie mir vorher noch was zu trinken. Etwas Starkes!"

„Jawohl, Herr Kapitän! Ihr Wunsch ist mein Befehl!", schrie er ihm direkt ins Ohr.

Der Erste Offizier ging zum Zweiten Offizier und rief Befehle, dann ging der Zweite Offizier zum Dritten Offizier und platzte mit denselben Befehlen heraus und dann ging der Dritte Offizier zum Chefingenieur, der verwirrt war, also erzählte er dem zweiten Ingenieur etwas über „Saufen nach der Einweisung" und schließlich sagte der zweite Ingenieur dem Koch, dass es aus irgendeinem Grund eine Party auf dem Hauptdeck geben werde.

Nach einigen Minuten kamen alle im Schiff, die von den Gerüchten gehört hatten, auf das Hauptdeck mit Getränken und Kuchen. Der Kapitän schluckte seine Wut und setzte sein Briefing trotzdem fort.

„Nach vielen Lichtjahren im Kryoschlaf haben wir endlich unser Ziel erreicht und jetzt ist es Zeit, unsere Hauptmission auszuführen. Würde das Expeditionsteam bitte vortreten."

Drei Männer traten vor. Herr Alfentrippolatap, der Stärkste der Gruppe, Herr Lupensicherputtel, das Gehirn der Gruppe, und Herr Schlaufendübelgaffel. Er ist … gerne am Mitmachen.

Der Kapitän räusperte sich, bevor er weitersprach.

„Unsere Mission ist einfach. Studieren Sie die Menschheit. Sie werden in menschlicher Verkleidung unter ihr wandeln. Melden Sie dem Mutterschiff Ihre Erkenntnisse zurück und wir werden herausfinden, ob es sich lohnt, diese entwickelten Affen für zukünftige Beziehungen zu kontaktieren!"

Herr Lupensicherputtel stellte eine Anfrage:

„Mission verstanden … aber warum Kee-nah?"

„Wir glauben, dass Kee-nah wirtschaftlich das global dominierende Land dieses Planeten ist. Neben den Ooo-ess-aah halten wir aber dieses Land nach unseren Quellen für eines der gefährlichsten dieses Planeten; dann als nächstes global mächtiges Land Russland. Wir gehen nicht dorthin … weil es zu kalt ist …“

Niemand musste der Erklärung des Kapitäns etwas hinzufügen, also gingen alle in ihre Positionen und die drei Männer zogen ihre menschlichen Kostüme an, dann setzten sie sich in die Startkapsel, die auf der Erde landen sollte.

3 … 2 … 1 … und los!

Die Kapsel trat in einem brennenden Feuer in die Erdatmosphäre ein und landete an der Küste Süd-Kee-nahs …

Ein paar Tage vergingen, bis sie es in eine Stadt schafften. Die Farben der Straßen der Stadt blendeten sie. Lärm erfüllte die Luft, die sie atmeten, und Leben umgab ihre bloße Existenz. Herr Alfentrippolatap ging in die dunklen Gassen der Stadt, um die menschliche Umwelt an herausfordernden Orten zu studieren. Herr Lupensicherputtel ging in die Bibliothek und die Universitäten der Stadt, um die wahre Geschichte der Menschen zu studieren, und Herr Schlaufendübelgaffel, nun, sagen wir einfach, er streifte durch die Straßen und lernte dabei etwas über die Kultur der Stadt. Das Essen. Die Umgebung. Hübsche Damen beobachten.

Eines Tages streifte er an einem Fluss entlang und entdeckte etwas, das sein Leben für immer verändern würde: Drachenboot-Rennen!

Zuerst war er skeptisch. Ein Boot rudern? Wie kann etwas so Einfaches ein riesiges Publikum von Menschen verdienen? Ruderbootwettbewerb. Peh! Das ist für Affen so interessant wie ein Wettbewerb um das weiteste Kotwerfen. Aber je länger er hinsah, desto hypnotisierter wurde er von diesem Anblick.: die Synchronisation der Ruderer mit dem Schlag der Trommeln, als das 12 Meter lange Boot vorne das Wasser durchschnitt und einen tobenden Strudel hinterließ; nicht zu vergessen der farbenfrohe Kopfschmuck eines Fabelwesens, das ein bisschen wie der Kapitän aussah, nur attraktiver.

Jedes Jahr am fünften Tag des fünften Mondmonats ehren die Einheimischen den Tod eines geliebten Dichters und Politikers namens Qu-Yuan, der vor mehr als 2000 Jahren aus Verzweiflung über sein erobertes Land Selbstmord beging, indem er in einem See ertrank. Die Dorfbewohner damals eilten auf ihre Boote, um zu versuchen, ihn zu retten, aber ohne Erfolg. Sie warfen Essen ins Wasser und schlugen auf Trommeln, um die

Fische und den Wasserdrachen von Qu-Yuans Körper wegzulocken. So wurde eine Tradition geboren.

Trotz der Intensität, die vom Rennen ausging, hatte Herr Schlaufendübelgaffel die brillante Idee, es auszuprobieren. ‚Wie schwer kann ein Boot zu rudern sein?‘, dachte er.

Also lauerte er im Schatten, um nach jemandem zu suchen, der am Rennen teilnahm, und als er schließlich einen entdeckte, schnappte er sich einen Menschen und zerrte ihn in eine Gasse, wo niemand ihn sehen oder hören konnte. Augenblicke später trat er in die Menge hinaus und lief verkleidet herum, in der abgezogenen Haut dieses Kerls. Plötzlich rief jemand einen seltsamen Namen und rannte direkt in seine Richtung.

„Xiao-Ping, Xiao-Ping! Wir sind endlich dran! Wir müssen uns im Boot vorbereiten … ist alles in Ordnung, Kumpel? Du siehst etwas blass aus!“, sagte der Mann.

Herr Schlaufendübelgaffel schluckte vor Nervosität und mit seiner veränderten Stimme sagte er: „Ahem, ja, alles in Ordnung, mein Amigo! Eh, sag mal, wo kann ein junger Mensch wie ich einen klebrigen Reisknödel gewickelt in Bambusblätter finden?“

„Man sollte vor dem Rennen nichts essen, egal, wie hungrig du aussiehst. Jetzt komm mit mir zum Boot!“

Eine knappe Sache zweifellos, aber vorwärts marschierte er mit dem Mann zum Boot und setzte sich auf seine Position, zum ersten Mal mit einem Ruder in der Hand. Der Weg zum Startpunkt war einfach genug. Er „piddel-paddelte“ mit leichten Bewegungen und es schien zu funktionieren. Die Stille in der Luft fiel über ihn kurz vor dem Start des Rennens und als er um sich herum schaute, erkannte er, dass das vielleicht keine so gute Idee war.

3 … 2 … 1 … und los!

Im Bruchteil einer Sekunde explodierten die Ruder im Wasser und die schiere Kraft mit der Geschwindigkeit der Schläge brachte das Boot zu einem beschleunigten Tempo. Der laute Rhythmus der Trommeln durchbohrte die Ohren und ein plötzlicher Adrenalinschub überwältigte den Gedankenwillen und betäubte den Schmerz der Muskeln. Außer bei Herrn Schlaufendübelgaffel. Seine Muskeln gaben nach den ersten zehn Metern des Rennens auf. Den Rest des Weges benahm er sich wie eine schlaffe Nudel. Dennoch war seine Konzentration ungestört, er ruderte durch das Brennen seiner Arme. Er spürte, wie das Wasser nach jedem Schlag schwerer wurde, aber in seinem Kopf hatte er das Gefühl, als würden sich alle auf dem Boot wie ein lebender Organismus verhalten.

„Wooh! Was für ein Rausch!", rief er mit seinem Ruder über dem Kopf, als das Rennen endete.

„Wir kamen als Letzte an …", sagte jemand hinter ihm.

Trotzdem hielt er es für das aufregendste Erlebnis, das er je hatte. Wenn Menschen etwas so Einfaches zu einer großartigen Sache machen können, was haben sie dann noch auf Lager?

*Marc Lübcke*
*Berufsschule VI, Klasse HOL10b*

## Am Ruder

Ich bin Tom. Vor einem Jahr bin ich mit meinen Eltern, meinem kleinen Bruder Max und zwei Katzen von Hamburg nach Augsburg umgezogen. Da meine 90-jährige Großtante plötzlich nach einer Corona-Erkrankung verstorben ist, erbte meine Mutter ihr kleines Haus in der Nähe vom Kuhsee in Augsburg.

An einem Samstagvormittag nach unserem Umzug sind wir mit meinem Bruder in dem Park am Kuhsee spazieren gegangen. Als wir durch den Park Richtung Siebentischwald gegangen waren, entdeckten wir einen Sportverein, den Augsburger Kanu- und Kajakklub. Wir betrachteten das Eingangsschild am Gebäude. „Ich will gern dort mitmachen!", sagte ich zu meinem Bruder Max.

Am Montag früh ging ich zum ersten Mal in meine neue Schule in die Klasse 6d. Die Schule war fast um die Ecke. Die Lehrerin stellte mich vor. Ich durfte mich neben einen braunhaarigen Jungen ans Fenster setzen.

In der Pause redeten wir miteinander.

„Bist du neu in der Schule?"

„Ja, ich bin neu in der Stadt! Wir kommen aus Hamburg!"

„Cool!", erwiderte Tobias. „Ich kann dir die Stadt zeigen und meinen Sportverein am Kuhsee, wenn du willst. Im September habe ich angefangen und wir sind wegen Corona ein kleines Team und suchen noch Mitglieder. Du kannst einsteigen, vorausgesetzt, du kannst gut schwimmen."

„Wirklich?", freute ich mich. „Ich lebe hier in der Nähe vom Kuhsee und habe bereits den Verein gesehen. Sehr gerne will ich mich da anmelden."

„So ein Zufall!"

„Kannst du Kanu fahren?"

„Nein. Das kann ich nicht", antwortete ich.

„Am Mittwochnachmittag haben wir das regelmäßige Training. Du kommst mit und wir klären alles mit unserem Gruppenleiter Herr Schmid", schlug Tobias vor.

Ich kam nach Hause und berichtete meiner Mutter und meinem Bruder darüber.

Am Mittwochnachmittag war ich pünktlich da. Ungeduldig wartete ich auf Tobias.

Als Tobias gekommen war, steuerten wir gleich auf den Gruppenleiter zu und sprachen mit ihm. Die Gebühren waren nicht teuer. Die Ausrüstung konnte ich mieten. Ich musste aber viel üben, da ich ein Anfänger war.

„Im Sommer finden unsere Wettbewerbe statt", kündigte Herr Schmid an. „Nächste Woche beginnt dein Training."

Beim ersten Training war ich aufgeregt. Nach einer ausführlichen Anweisung und Trockenübungen durfte ich auf der kurzen Übungsstrecke Kanu fahren.

Ich war pitschenass, das Wasser war kalt. Es war viel schwerer, als ich mir vorgestellt hatte. Ich konnte so gut wie gar nichts. Ich konnte nicht richtig rudern.

Tobias merkte, dass ich mit meiner ersten Trainingswoche nicht zufrieden war.

„Du musst am Ruder bleiben!", sagte er.

„Am Ruder bleiben? Ich fahre doch kein Schiff!", wunderte ich mich.

„Am Ruder bleiben heißt: etwas erreichen wollen, die Verantwortung übernehmen und es dann durchziehen", erwiderte Tobias.

„Komm regelmäßig zum Training, glaube an dich und übe, dann kannst du es schaffen. Du musst vorankommen und besser werden, so dass du am Wettbewerb teilnehmen kannst. Die Teilnahme ist der beste Sieg. Man muss nicht die Medaille gewinnen", fügte er hinzu.

„Wahrscheinlich hast du recht", sagte ich traurig.

Tobias merkte, dass ich bereits aufgeben wollte. „Wenn du willst, treffen wir uns zum Training extra am Sonntagvormittag", schlug er vor. Ich willigte ein.

Am Freitag erhielten wir unsere Schulaufgabe in Mathe zurück. Ich sah eine glatte Fünf. Ungläubig überprüfte ich alle Aufgaben mit Punktvergabe und stellte fest, dass ich fast in jeder Aufgabe Fehler gemacht hatte. „Was mache ich?", dachte ich panisch. „Am Montag müsst ihr mir die Schulaufgaben von den Eltern unterschrieben zurückbringen", verkündete die Mathelehrerin. Tobias gluckste neben mir und sagte: „Eine Drei! Gott sei Dank, sonst hätte ich nicht zum Training gedurft. Was hast du?"

„Eine Vier", log ich. Ich musste meinen besten Freund anlügen.

Am Sonntag früh rief mich Tobias an: „In einer halbe Stunde treffen wir uns. Kommst du?"

„Entschuldige, ich kann nicht, mir ist etwas dazwischen gekommen", wimmelte ich ihn ab.

„Gut, dann komm zum Training am Mittwoch."

Am Mittwoch musste ich wieder für Mathe lernen, denn meine Eltern waren enttäuscht: „Bis du die Fünf nicht verbessert hast, darfst du nicht mehr in den Verein! Die Schule geht vor!", schimpften die beiden.

Selbst mein kleiner Bruder konnte sie nicht umstimmen.

Am Donnerstag erkundigte sich Tobias, was los gewesen sei: „Du hast dich doch auf das Training gefreut? Warum kommst du nicht mehr? Was ist mit dem Wettbewerb? Keiner kann alles gleich perfekt machen. Kannst du bei den ersten Schwierigkeiten nicht durchhalten? Man muss im Sport immer am Ruder bleiben!"

Ich schämte mich. Ich wusste nicht, was ich ihm antworten soll. Die Wahrheit sagen mit der blöden Fünf und überhaupt, dass ich Probleme mit Mathe habe?

Ich fühlte mich unwohl.

„Tobias", sagte ich ihm in der Pause, „ich muss dir etwas gestehen. Ich habe dich angelogen. Ich durfte nicht zum Training, weil es mir meine Eltern wegen meiner Fünf in Mathe verboten hatten. Ich musste nämlich Mathe-Aufgaben lösen und alles wiederholen. Mir macht es gar keinen Spaß, Mathe zu üben. Ich muss immer noch mehrere Seiten in meinem Mathebuch durchrechnen", redete ich schnell.

„Jetzt verstehe ich …", seufzte Tobias. „Ich kann dir in Mathe helfen. Meine Drei in Mathe ist zum Teil Glückssache, normalerweise habe ich eine Vier", sagte er ernst.

„Mein Opa sagt immer, dass die Sache mit dem Ruder für alles geeignet ist. Wir beide müssen am Ruder bleiben, d.h. wir sollen auch die Verantwortung für unser Lernen und zusätzliches Üben für Mathe übernehmen. Das bedeutet auch ,am Ruder sein'", erklärte er.

„So habe ich es nie gesehen", sagte ich.

„Am Samstag üben wir gemeinsam Mathe, danach gehen wir zum Training. Wenn du willst, reden meine Eltern mit deinen, ob wir gemeinsam lernen und trainieren dürfen", meinte Tobias.

„Einverstanden!", freute ich mich.

Es klingelte und wir liefen ins Schulhaus. Ich dachte freudig: „,Am Ruder bleiben' ist jetzt mein neues Motto für mein Hobby, im Sport, im Lernen und im Leben. ‚Am Ruder' heißt eben Steuern, Verantwortung und Herrschen nicht zuletzt über sich selbst zu übernehmen."

Sechs Monate später im heißen Juli nahm ich an einem Wettbewerb für Kanufahren teil. Ich konnte meine Strecke zu Ende durchfahren. Meine Eltern waren stolz auf mich. Und in Mathe hatte ich eine Drei. Wir waren glücklich, weil wir ‚am Ruder' geblieben sind.

*Ivonna Hauert*
*Jakob-Fugger-Gymnasium, Klasse 6b*

## Rettung aus dem Sturm

Stille,
vollkommene Stille.
Sachte strich das Wasser am Boot vorbei,
langsam wurde der Seegang schwerer und immer schwerer.
Mit der Zeit merkten die Matrosen eine leichte Brise auf ihrer Haut.
Urplötzlich riss der Käpt'n das Ruder herum.
Eine riesige Monsterwelle überrollte das Boot.
Sie wurden in einen großen Wirbelsturm gerissen.
Der Käpt'n hatte Mühe, das Boot von den bedrohlichen Klippen fernzuhalten.
Das Boot wurde hin und her geschleudert,
die Matrosen hatten jegliche Hoffnung verloren,
aber der Käpt'n war kein Freund des Aufgebens.
Er kämpfte tapfer gegen die Wellen.
Und ihre Mühe wurde belohnt:
So plötzlich wie der Sturm aufgezogen war, so schnell verschwand er wieder.
Sie hatten den Sturm überlebt und segelten wieder dem Horizont entgegen.
Und darauf Stille,
vollkommene Stille.

*Juri David Nickles*
*Maria-Theresia-Gymnasium, Klasse 5b*

# Am Ruder oder Jan, der Schiffsjunge

„Tschüss, Mama!", rief Jan, als er sich in Richtung Hafen aufmachte. Heute musste er, wie viele Jungen aus armen Familien, von zu Hause fortgehen, um Geld zu verdienen. Während er zum Lübecker Hafen ging, malte er sich seine Zukunft aus. Wenn alles gut laufen würde, würde er bei einem Handelsschiff anheuern und dann in See stechen, um ein bisschen Geld als Schiffsjunge zu verdienen. Am Hafen sah er sich erst einmal um. Da entdeckte er ein Schiff, das nicht weit entfernt am Kai lag. Es hatte schon die Segel ausgebreitet und war fertig zum Abfahren. Auf dem Deck stand der Kapitän. Er schien sehr aufgebracht. „Habt ihr noch Platz für einen Schiffsjungen wie mich? Kann ich mitfahren?", fragte Jan. „Na gut. Von mir aus", knurrte der Kapitän. „Wir suchen immer nach Besatzung." Nachdem Jan an Bord gegangen war, fuhr das Schiff unter voller Besegelung aus dem Hafen.

Jan stand an Deck und ließ sich die Seeluft um die Nase pfeifen. Er war aufgeregt und freute sich auf sein erstes Abenteuer auf hoher See. Doch seine Freude währte nicht lange. „Du gehst in die Kombüse und hilfst dem Smutje! Ich habe dich schließlich nicht zum Herumstehen angestellt!", donnerte der Kapitän. Jan gehorchte wortlos und kletterte unter Deck in die Kombüse. Unten wartete schon der Smutje auf ihn. „Du bist also der neue Schiffsjunge auf diesem Schiff?", begrüßte er ihn. „Ist der Kapitän immer so unfreundlich?", fragte Jan. „Leider schon. Er ist so fies und selbstsüchtig", antwortete der Smutje. Dann fragte er: „Wie heißt du eigentlich?" „Ich heiße Jan. Und wie heißt du?" „Mein Name ist Klaas. Ich bin der Schiffskoch auf diesem Schiff. Im Moment hast du nichts zu tun, aber in einer halben Stunde gibt's was zu arbeiten. Halt Kartoffelschälen und so." Klaas zwinkerte freundlich. In dem Moment stürzte der Kapitän in die Kombüse: „Sitzt du faul rum? Na warte, ich werde dir Beine machen!", rief der Kapitän. „Beruhige dich! Du siehst doch, dass wir nichts zu tun haben!", beschwichtigte ihn Klaas. Am Abend, als die Sonne schon untergegangen war, hörte Jan auf dem Deck aufgeregte Stimmen. „Wir wollen aber nicht nach Stockholm fahren, nur dass du dich bereichern kannst! Außerdem haben wir eh nichts davon!", rief ein Matrose mit lauter Stimme. „Noch dazu braut sich auf dem Weg nach Stockholm ein schwerer Sturm zusammen!", warf der Steuermann ein. „Schluss jetzt!", grollte der Kapitän. „Ich bin hier der Kapitän. Ich habe das Sagen! Wir fahren nach Stockholm und damit basta!" Zutiefst beunruhigt ging Jan schlafen.

Am nächsten Morgen wachte Jan früh auf und ging auf das Deck. Es wehte ein kräftiger Wind, der das Schiff mit großer Geschwindigkeit in Richtung Stockholm schob. Gischt spritzte am Bug auf, wenn das Schiff die Wellen durchschnitt. In der Nähe konnte Jan den Matrosen, der gestern Abend dem Kapitän widersprochen hatte, aufgebracht mit zwei anderen Matrosen sprechen hören. Ein bisschen konnte er aufschnappen: „Dieser Kapitän! Er denkt immer nur an sich! Ihm ist es egal, wenn wir leer ausgehen oder gar untergehen. Hauptsache, er kriegt mehr Geld!" „Du hast recht, Piet, es geht so schon viel zu lange. Doch was wollen wir dagegen tun?" In dem Moment pfiff der Wind so laut, dass Jan nichts mehr verstehen konnte. Ein schlimmer Verdacht beschlich ihn: Gab es hier an Bord etwa eine Meuterei? Wollte die Mannschaft etwa wirklich auf diesem Wege den Kapitän loswerden? Und was, wenn ein Teil der Mannschaft auf der Seite des Kapitäns stand? Würde dann ein Kampf ausbrechen? Als Jan wieder in die Kombüse musste, um Klaas zu helfen, hing er die ganze Zeit diesen Gedanken nach. Um die Mittagszeit, als er die Töpfe schrubben musste, hörte er aufgeregte Rufe. Er eilte zum Deck. Als er auf das Meer schaute, erschrak er. Direkt vor dem Schiff braute sich am Horizont ein gewaltiger Sturm zusammen. Und das Schlimmste: Sie näherten sich dem Sturm mit hoher Geschwindigkeit! „Wir müssen wenden! Egal, was der Kapitän sagt!", rief der Steuermann, doch der Kapitän erwiderte: „Ich habe entschieden, dass wir nach Stockholm fahren und das machen wir jetzt auch!"

Der Sturm kam während des Streits näher und näher. Am Bug des Schiffes stand der Matrose, der am Abend zuvor gegen den Kapitän gestimmt hatte, und sagte: „Dieser Kapitän wird uns noch umbringen! Ihm geht es nur um Macht und Geld! Das Wohlbefinden der Mannschaft ist ihm egal! Er wollte, ohne uns zu fragen, einfach nach Stockholm fahren! Nur dass er mehr Geld kriegt! Obwohl es auf dem Weg nach Stockholm einen Sturm gibt und wir beim Geschäft leer ausgehen!" Ein Großteil der Mannschaft grölte: „Recht so! Nieder mit dem Kapitän!" Doch der Kapitän schrie: „Du hättest wohl gerne eine Meuterei! Ein Glück, dass ich mich gegen solchen Abschaum wie dich vorbereitet habe! Ich bin an der Macht und bleibe es auch!" Mit diesen Worten rannte er auf den Matrosen zu. Während er rannte, zog er aus seiner Weste einen Dolch hervor. Jan war entsetzt. Der Kapitän konnte doch nicht so skrupellos sein, dass er seine Mannschaft umbrachte! Er wollte zu dem Matrosen rennen, doch der Kapitän war schon beim Matrosen angekommen. Der Kapitän war im Begriff, den Arm zu heben, da ging ein gewaltiger Ruck durch das Schiff. Eine riesige Welle schlug über dem Schiff zusammen. Der Kapitän fiel hin und der Dolch wurde ihm aus der Hand geschleudert. „Auf ihn!", rief der Steuermann. Der Matrose am Bug wollte sich gerade auf den Kapitän stürzen, doch in dem Moment sprang ein anderer Matrose auf ihn. „Der Kapitän ist immer ein starker, guter Kapitän gewesen. Du darfst ihm nichts antun!", schrie er wütend. „Aber er wollte Piet umbringen!", warf ein Segelmacher laut ein. Während des Streits wurde der Sturm immer schlimmer. Die Wellen schlugen gegen den Rumpf und der Wind toste hin und her. Wenn die Segel nicht bald eingeholt werden, würde das Schiff untergehen. Doch trotz des Sturmes ging der Streit weiter. Der Maat rief: „Der Kapitän wollte Piet doch gar nicht töten! Er wollte ihn nur zum Schweigen bringen, weil eine Meuterei bei Sturm für alle gefährlich ist!" „Von wegen!", rief wieder ein anderer Matrose. „Dieser fiese Kapitän hat uns doch den Sturm eingebrockt. Wir wollten doch gar nicht nach Stockholm fahren!" Aus dem Streit entwickelte sich inzwischen eine handfeste Prügelei. Der Segelmacher wollte dem Kapitän gerade einen Kinnhaken verpassen, da erschütterte ein Ruck das Schiff und alle fielen hin. „Pah, ihr seid einfach eine schwache Besatzung!", sagte der Kapitän verächtlich. „Na warte!", knurrte der Steuermann und stürzte sich in das Getümmel.

Ohne Steuermann war das Schiff erst recht den Naturgewalten ausgesetzt. Die Wellen waren mittlerweile haushoch und sie warfen das ziellos umhertreibende Schiff hin und her. Außerdem bot es wegen der offenen Segel mehr Angriffsfläche für den Wind, weshalb es zusehends in Schieflage geriet. Jan bekam Angst. Große Angst. Er befand sich auf einem Schiff, mitten in einem Sturm, mit einer Besatzung, bei der jeder jeden verkloppte! Vor Trauer wurde ihm das Herz ganz schwer. Er würde untergehen und seine Mutter nie wiedersehen. Plötzlich sah er im Durcheinander Klaas, den Smutje. Er rief zu ihm hinüber: „Wenn niemand das Ruder in die Hand nimmt und die Segel nicht gerefft werden, gehen wir unter! Weißt du, was wir machen müssen?" Klaas antwortete: „Du musst selbst das Ruder in die Hand nehmen und den Streit schlichten. Du bist zwar nur ein Junge, aber ich weiß, dass du das kannst!" Mühsam kämpfte sich Jan zum Steuer. Gemeinsam mit Klaas gelang es ihm, trotz des Sturmes, das Ruder herumzureißen und das Schiff durch die Wellen zu manövrieren. Doch plötzlich kam eine starke Böe und da die Segel voll waren, wurde das Schiff für kurze Zeit manövrierunfähig. In diesem Moment spülte eine gewaltige Welle über das Deck und alle mussten sich irgendwo festhalten. Die Mannschaft hörte auf, sich gegenseitig zu verkloppen, und Panik brach aus, doch Jan rief laut über das Tosen der Wellen hinweg: „Männer!

Hört auf mit dem Streiten! Wenn wir jetzt zusammenhalten, können wir uns noch retten! Refft die Segel und arbeitet alle zusammen!" Und tatsächlich, es funktionierte! Alle arbeiteten zusammen und nach einiger Zeit war der Sturm überstanden.

Nach dem Sturm trafen sich alle auf dem Deck und berieten sich. „Ich schlage vor, dass wir einen neuen Kapitän wählen. Außerdem sollte der Kapitän noch einen Stellvertreter bei der Mannschaft haben. Für dieses Amt würde ich Jan vorschlagen!", machte Klaas den Anfang. Die restliche Besatzung stimmte johlend zu. Jan war glücklich. Als Stellvertreter des Kapitäns würde er, bis er seine Mutter wiedersah, gutes Geld verdienen. Und außerdem hat er zwei weitere Sachen gelernt, nämlich erstens: Zusammenhalt ist viel wichtiger als Macht und Geld. Und zweitens: Wenn einem etwas nicht passt, muss man das Ruder herumreißen!

*Luis Preuß*
*Gymnasium bei St. Stephan, Klasse 5d*

## Kontrolle in einer Pandemie

Vergangenen Freitag ereignete sich etwas, das mich positiv sowie negativ beeinflusste. Es fing so an, dass ich in einem überfüllten Wartezimmer in der Notaufnahme schon seit einer Stunde ausharrte, doch einige Leute in diesem Raum saßen schon viel länger als ich hier. Ich sah sie an und blickte in ihre Gesichter: Sie alle trugen eine Maske, doch trotzdem sah ich in ihren Augen, wie bedrückt einige aussahen. Den anderen war die Wut und der Zorn auf die Stirn geschrieben. Ich fragte mich, wie ich wohl aussah. Eigentlich war ich nicht wütend oder traurig, ich war nur hier, weil ich meinen Zeh angestoßen hatte und dieser wahrscheinlich gebrochen war. Klar, ich freute mich jetzt nicht, dass ich hier warten musste, doch ich wusste, dass wir uns in einer schwierigen Situation befinden und die Krankenhäuser eben überfüllt und mit Personal unterbesetzt sind. Schließlich kam eine Pflegerin herein und sagte: „Frau Schmidt, bitte!" Eine ältere Dame stand auf und lief auf sie zu. Ich sah die Pflegerin an: Sie sah so erschöpft aus, dass ich mich fragte, seit wann sie heute schon hier war und wie viel Stress sie haben musste. Als die beiden Frauen weg waren, hörte ich, wie eine Frau mit einem Mann tuschelte: „Das kann doch nicht wahr sein! Ich sitze schon viel länger hier als diese Dame und sie kommt trotzdem früher dran als ich." Ich schüttelte meinen Kopf. Mein Zeh schmerzte und mein Kopf auch, mir wurde so heiß, denn so viele saßen und standen hier um mich herum. Ich stand auch auf, nahm meine

Tasche, legte sie mir auf meine Schulter, humpelte nach draußen auf den Gang und wollte mir einen Becher Wasser holen. Ich stand gerade am Wasserspender, da kam trampelnd ein Mann aus dem Wartezimmer heraus. Er schaute so grimmig und tobsüchtig aus, dass man dachte, er würde gleich etwas zerschlagen. Dann brüllte er plötzlich: „Das kann doch nicht wahr sein! Ich sitze seit gefühlten zweieinhalb Stunden hier und warte, dass ich behandelt werde. Ich dreh noch durch!" Ich starrte den Mann mit großen Augen an. Eine Schwester ging zu ihm hin. Ich wusste zuerst nicht, ob sie ihm jetzt Kontra geben oder völlig in Panik geraten würde. Aber sie war nicht feige oder angsterfüllt, sondern sagte in ruhigem Ton: „Entschuldigen Sie bitte, könnten Sie vielleicht Ihre Stimme senken. Ich kann mir sehr gut vorstellen, dass Sie verärgert oder genervt sind, aber das sind wir auch, denn wir können nicht alle Patienten gleichzeitig behandeln. Wir sind in einer Pandemie, arbeiten seit Stunden, haben zu wenige Betten und müssen von Patient zu Patient springen, also bitte ich Sie, dass Sie Verständnis haben und sich wieder ins Wartezimmer begeben!" Ich war erstaunt, wie sehr diese Frau Kontrolle über sich hatte. Obwohl sie so unglaublich viel Stress ausgesetzt war und sich dann noch so etwas anhören musste, blieb sie trotz allem freundlich und bewahrte Ruhe. Zu meinem Erstaunen ging der Mann wieder zurück in Richtung Wartezimmer. Flüchtig blickte ich ins Gesicht der Pflegerin. Ich sah ihr an, dass sie das nicht zum ersten Mal erlebt hatte; mir tat sie schrecklich leid. Ich ging zu ihr hin und bedankte mich bei ihr dafür, was sie leistet in dieser Krisensituation und dass sie so viel Beherrschung hat. Ich hätte das nicht geschafft. Danach merkte ich, wie die Dame hinter der Maske lächelte. Sie bedankte sich und ich spürte, dass sie das dringend notwendig hatte und wie wichtig es ist, auch einmal danke zu sagen. Ich ging wieder zurück ins Wartezimmer und sagte mir, ich würde mir von dieser Frau eine Scheibe abschneiden, denn sie war meine heutige Heldin, weil sie das Ruder in der Hand behielt.

*Laura Lutzenberger*
*Heinrich-von-Buz-Realschule, Klasse 8c*

## Das Salz in der Suppe

Meine Mutter arbeitet im Krankenhaus „Centrum". Sie macht dort Essen für die kranken Menschen. Ihr Job ist sehr anstrengend, denn sie muss schon um 4:00 Uhr morgens aufstehen. Um 5:00 Uhr beginnt ihre Frühschicht im Krankenhaus.

Eines Tages ist ihr etwas Ärgerliches passiert. Beim Würzen der Suppe ist ihr der Salzstreuer aus der Hand gerutscht und das ganze Salz ist in die Suppe gefallen. Sie dachte sich: ‚Oh Mist, was mach ich denn jetzt nur? Vielleicht verteile ich die Suppe einfach und hoffe, dass es niemand merkt.' Gedacht, getan. Sie hat die Suppe an die Bewohner verteilt und bis zuletzt gehofft, dass es niemand merken würde. Plötzlich haben alle Patienten auf einmal die Suppe ausgespuckt und Frau Müller hat gebrüllt: „Pfui, das schmeckt ja schrecklich! Sind Sie verliebt oder wieso ist da so viel Salz in der Suppe?" Meine Mutter wurde rot und hat sich bei den Patienten ent-schuldigt und alles erklärt. Sie hat dann spontan beschlossen, für jeden Patienten Pizza vom Italiener gegenüber zu bestellen und alle damit über-rascht.

Die Menschen auf der Station haben sich gefreut, dass es Pizza gibt, und haben sich bei meiner Mutter bedankt.

*Ilie-Raul Rus*
*Pankratiusschule, Klasse 5a/6a*

## Das umweltschützende Ruder-Spiel mit Todesfallen

Selbstgemacht mit Spaß:
Material: Eine große alte Spielschachtel, die man blau bemalen kann, und einen Karton, den man nicht mehr braucht.
Diesen schneidet man zu 11 Spielkarten zu: Auf drei Karten schreibt man die Zahl 0, auf weitere drei Karten die Zahl 1, auf nochmals drei Karten die Zahl 2, auf nur zwei Karten schreibt man die Zahl 3.
Aus dem anderen Karton schneidet man ein 29 x 39 cm großes Rechteck aus, das man in die 30 x 40 cm große Schachtel legt. Das ausgeschnittene Rechteck hat 3 Löcher an 3 verschiedenen Stellen.
Dann schneidet man 4 Kanus und 1 Ruder aus dem Karton aus.
Das Rechteck klebst du so in die Schachtel ein, dass unten noch Platz übrig bleibt.
Die Schachtel und das Rechteck malst du blau an.
Aus einem Karton schneidest du ein 30 cm langes Stück aus.
Ebenso schneidest du einen Kreis aus in der Größe, dass das 30 cm lange Stück passend um den Kreis geklebt werden kann.
Auf den Kreis malst du ein Ruder und legst die Karten darauf ab. An der Ziellinie malst du Fische zu dem Kreis hinüber so hast du den Anfang und das Ende,
2 Karten schneidest du noch aus und malst ein Ruder und ein Kanu darauf.

So geht das Spiel:

Der Spieler, der dran ist, zieht eine Karte vom Stapel.

Die Zahl, die auf der Karte steht, besagt, wie oft man mit dem Ruder das Kanu anschieben darf.

Pass auf, dass das Loch dich nicht erwischt!

So kommt jeder dran. Am Ziel erwartet dich eine kleine Überraschung, die die Eltern bereitstellen.

Wenn du einen Joker erwischst, hast du Pech, denn du musst zweimal zurückpaddeln.

Die benutzte Karte musst du unter den Stapel legen.

Hier findest du noch eine neue Spielidee, die du selbst anwenden kannst, oder du erfindest selbst eine Spielvariante.

So wünschen wir euch sehr viel Spaß bei dem umweltschützenden Ruder-Spiel mit Todesfallen!

*Sanja Bjelos, Hanna Mlynek und Joulina Peffekoven*
*Maria-Theresia-Gymnasium, Klasse 5c*

## Edina Müller, die ehrgeizige Para-Kanutin

Ich will über Edina Müller schreiben, denn sie ist für mich die kämpferischste und ehrgeizigste Sportlerin, von der ich gehört habe.

Edina Müller ist eine querschnittsgelähmte Para-Kanutin.

Sie fuhr schon viele Siege ein, wie zum Beispiel paralympisches Gold.

Nun zu ihrer einzigartigen Geschichte:

Edina Müller wurde am 28. Juni 1983 in Brühl in Nordrhein-Westfalen geboren und ist dort aufgewachsen.

Mit 16 Jahren hatte die damalige Volleyballspielerin starke Rückenschmerzen. Beim Versuch, ihr einen Wirbel einzurenken, passierte ein folgenschwerer Behandlungsfehler.

Seitdem kann sie ihre Beine nicht mehr bewegen und ist querschnittsgelähmt.

Doch trotz allem blieb sie am Ruder und machte weiterhin Sport.

Aus der Volleyballspielerin wurde eine Weltklasse-Rollstuhlbasketballerin. Mit ihrer Mannschaft gewann sie 2012 in London ebenfalls bei den Paralympics die Goldmedaille.

Als ein Freund sie einmal zum Kajakfahren mitnahm, verlor sie ihr Herz an diese Sportart und blieb dabei.

Die bereits 38-Jährige schrecken Herausforderungen kein bisschen ab, denn sie war zum Beispiel auch schon mit Rollstuhl im Hochseilgarten.

Zu Olympia wollte sie unbedingt ihren Sohn Liam und ihren Partner Nico mitnehmen.

Doch dann hörte sie von einer Kanadierin, die ihr Kind nicht zu Olympia mitnehmen durfte.

Jetzt hing alles davon ab, ob ihre Familie mit einreisen durfte oder nicht.

Sie schrieb an alle, die daran etwas ändern könnten, bekam jedoch nur wenig Antworten.

Mit viel Mühe, Fleiß und Durchsetzungsvermögen schaffte Edina Müller es dann doch, Liam und Nico mit nach Japan zu nehmen.

„Deswegen konnte ich dann so beruhigt aufs Wasser gehen und da wirklich 100 Prozent geben", sagte die 38-Jährige in einem Video.

Am Ende gewann sie Gold und war sehr glücklich, dass alles so geklappt hatte.

*Amina Landmann*
*Rudolf-Diesel-Gymnasium, Klasse 6b*

## Die spannende Kanufahrt

Augsburg hat seit 1972 die erste deutsche Ruderregatta-Strecke. Dadurch hatte ich große Gelegenheit, dort zu trainieren. Am meisten machte es mir Spaß, in einem Dreierboot mit Freunden zusammen die Strecke herunterzufahren. Ich saß als Steuermann ganz hinten und musste das Boot lenken. Für den 15. Juli war ein Wettkampf angesagt. Aus ganz Europa sollten die besten Ruderer nach Augsburg kommen. Deshalb bereiteten wir uns gründlich auf diese Rennen vor. Als es soweit war, schien die Sonne wunderbar vom Himmel. Es waren viele Leute da, um zuzusehen. Meine Familie und Freunde waren auch gekommen und hatten sich an der Strecke einen Platz ausgesucht, von dem aus sie die Wettkämpfe gut beobachten konnten.

Die jetzige Strecke ist circa 308 Meter lang und hat viele Tore, die man umfahren muss, ohne sie zu berühren. Das gibt nämlich drei Punkte Abzug. Deshalb muss ich als Steuermann darauf achten, das Boot genau in der Mitte durchzusteuern. Außerdem muss ich immer genau aufpassen, dass wir nicht auf eines der vielen Hindernisse unter Wasser auffahren. Das könnte gefährlich werden, weil das Boot dann umkippt und wir eine „Wasserrolle" erleiden müssten.

Insgesamt waren 24 Mannschaften gekommen. Unser Boot war an achter Stelle dran. Dadurch konnten wir gut beobachten, wie die sieben vor uns durchkamen. Drei von ihnen hatten ziemliche Schwierigkeiten und fuhren voll auf die Hindernisse im Wasser auf. Dadurch verloren sie viel Zeit. Wir konnten einen guten Start hinlegen. Die ersten vier Tore durchquerten wir problemlos. Als wir auf der Höhe meiner Familie waren, wurden wir von ihr und meinen Freunden angefeuert. Dadurch wurde ich für einen kleinen Moment abgelenkt und dann passierte es. Wir fuhren auf ein Hindernis, es machte „rumms" und wir vollzogen eine Wasserrolle. Aber das kannten wir schon und hatten es bei verschiedenen Trainingsfahrten erlebt. Mit Schwung kamen wir aus dem Wasser heraus und weiter ging es. Wir mussten die verlorene Zeit aufholen. Es gelang mir, gut in die Strömung zu kommen. Wir kamen mit einer Höchstgeschwindigkeit durch die nächsten Tore. Allerdings streiften wir eines der Tore. Das gab wieder drei Punkte Abzug! Aber das spornte uns an, doch noch gut ins Ziel und auf einen vorderen Platz zu kommen.

Als wir durch das Ziel fuhren, hatten wir das Gefühl, ganz gut gegenüber den anderen in der Zeit zu liegen. Aber nach uns kamen ja noch 16 andere Mannschaften. Es war also sehr spannend mitzuverfolgen, wie schnell die durchkamen und ob es ihnen auch so wie uns erging mit der Wasserrolle. Als es immer mehr auf den Schluss zuging, stieg die Spannung ins Unerträgliche. Aber dann war es soweit: Als die letzte Mannschaft durch das Ziel fuhr, hatten wir eine Sekunde Vorsprung vor dem zweiten Platz. Großes Aufatmen bei uns! Wir hatten gewonnen und sprangen vor Freude in die Luft.

*Mert Demirkilic*
*Maria-Theresia-Gymnasium, Klasse 5e*

## Am Ruder — ein Lebensratgeber

Wir beziehen „am Ruder sein" auf das ganze Leben.
Wir wollen dir nun ein paar Dinge mit auf den Weg geben.
Am Ruder sein in deinem eigenen Leben:
Du musst und sollst nach den wichtigen Dingen streben.
Mach Sachen, die dich glücklich machen,
Und hör weg, wenn andere über dich lachen.
Springe auch mal ins kalte Wasser hinein,
Nur so kannst du wirklich glücklich sein.
Mach ungeplante und spontane Sachen,
Lass das Leben richtig krachen.
Sei frei, optimistisch und unbeschwert,
Denn erst das macht das Leben lebenswert.

Verbringe die Zeit mit deinen Guten,
Entdecke mit ihnen abenteuerliche neue Routen.
Reise an all die Orte dieser Welt,
bleibe, wo es dir grade am besten gefällt.
Wenn du mal hinfällst, steh wieder auf:
Wage einen zweiten Anlauf!
Umgib dich mit Leuten, die dich erfüllen,
Mit denen, die auch deine besten Seiten enthüllen.
Auch wenn das Leben mal nicht so rund läuft,
Du aneckst und sich ein Haufen Probleme anhäuft,
Gib dein Lebens-Ruder nicht ab,
Mach auch in schweren Zeiten niemals schlapp!
Bleib dir immer treu und sei du selbst,
Es sollte keinen in deinem Leben geben, für den du dich verstellst!
Nutze die Zeit, die du zur Verfügung hast,
Bevor du das Schönste im Leben verpasst.
Vergiss niemals das Kind in dir,
Denn du lebst im Jetzt und Hier.
Lass dich ab und zu lenken von den Wellen,
Aber nimm auch mal andere, ungewisse Stromschnellen.
Geh nicht immer den Weg, den die anderen nehmen,
Du lebst ja nicht für andere, sondern immer noch dein eigenes Leben.
Respektiere jeden, wie er ist,
Du willst schließlich auch so akzeptiert werden, wie du selber bist.
Schaffe dir einen Berg an tollen Erinnerungen,
Denn nur so ist dir „das Leben leben" auch wirklich gelungen.
Insgesamt sei dir gesagt:
Man kann nur gewinnen, wenn man wagt.

*Vera Hüls und Margaux Vorwohlt*
*Gymnasium bei St. Anna, Klasse 10m*

## Am Ruder? Wohl kaum!

Jeden Tag stehst du auf und schon entscheidet jemand über dich.
Dein Wecker
zwingt dich aufzustehen.
Deine Müdigkeit
zwingt dich, Kaffee zu trinken.
Deine Arbeit

zwingt dich loszufahren und ins Büro zu gehen.
Dein Teamleiter
zwingt dich, deine E-Mails zu beantworten.
Dein Chef
zwingt dich, deinen Urlaub zu verschieben,
denn sie hätten zu wenig Mitarbeiter in der Firma.
Wenn du zu Hause bist,
zwingt dich deine Frau,
in den Supermarkt zu fahren und einzukaufen.
Trotzdem redest du immer davon, in einem freien Land zu leben und die
Kontrolle über dein Leben zu haben. Wo ist denn diese Freiheit?
Du tust, was du nicht tun willst,
stehst auf, auch wenn du weiter schlafen willst,
und das jeden Tag,
bis du 70 bist.
Aber etwas zu ändern, daran hast du noch nicht gedacht, oder? Egal.
Du, ich und alle anderen
sind für ihr ganzes Leben in diesem Kreislauf
und daran wird auch dieser Text nichts ändern.

*Gent Sabani*
*Maria-Theresia-Gymnasium, Klasse 10c*

## Das bedeutet „daheim" für mich:

**D** ach über dem Kopf
**A** nkommen
**H** ilfe
**E** ntspannung
**I** mmer behütet
**M** eine Familie

*Lisa Seibert*
*Justus-von-Liebig-Gymnasium Neusäß, Klasse 5c*

## Ein stürmischer Traum

„Nicht aufhören zu rudern!", schrie mein Vater durch das laute Getöse des
Sturms. Er versuchte verzweifelt dem Strudel, in dem wir steckten, zu
entkommen. Wie wir in den Strudel geraten waren? Vor zwei Stunden
wollten mein Vater und ich auf dem Meer einfach nur angeln gehen. Wir

hatten die bedrohlichen Sturmböen und die dunklen Wolken vor unserem Aufbruch nicht beachtet. Tja, und dann hatten die starken, durch den Sturm entfachten Wellen uns in den Strudel getrieben, dem wir nicht entkamen. „Ich rudere ja die ganze Zeit!", brüllte ich zurück. Inzwischen waren meine Mutter und meine Geschwister nur noch kleine, winkende Punkte auf unserer Urlaubsinsel Kreta. Jetzt fing es zu unserem Pech auch noch an zu regnen. Mein Vater konnte unser Schlauchboot nicht mehr rechtzeitig lenken, weshalb wir uns an einem großen Stein ein Loch in unser Schlauchboot schnitten. Nach ungefähr zehn Minuten war fast die ganze Luft aus dem Schlauchboot entwichen. Nun saßen mein Vater und ich auf einer schlabberigen, halb mit Luft gefüllten Plastikhülle in den Sturmfluten des Mittelmeeres. Und zu allem Überfluss zerbrach mir auch noch das Ruder, auf das wir auf keinen Fall verzichten konnten und weshalb wir dann auch noch vollkommen vom Kurs abkamen. Genau in diesem Moment merkte ich, wie wichtig es ist, am Ruder zu bleiben, weil es meinem Vater und mir das Leben hätte retten können. Aber daraus wurde wohl jetzt nichts mehr, dennoch waren wir nicht verloren. Zusammen mit meinem Vater versuchte ich vergeblich, eine Lösung zu finden, wie wir den wütenden Fluten entkommen könnten. Das Boot fing schon an, sich nach und nach mit Wasser zu füllen. Wir kamen zu dem Entschluss, dass die einzige noch bestehende Möglichkeit war, an Land zu schwimmen. Zögernd sprangen wir dem schäumenden Wasser entgegen, das uns zwischen den Fluten hin und her warf. Eine Zeitlang ging das gut, aber wir merkten, dass das nicht mehr lange gut gehen konnte, weil die Wellen immer höher wurden und die Wolken immer dichter. Das erklärte auch, warum es stärker und stärker anfing zu regnen und schließlich zu gewittern. Nach und nach näherten wir uns mit langsamem Tempo dem Ausgang des Strudels, aber wir entkamen den wütenden Fluten nicht. Sie warfen uns wie Bälle hin und her, bis sie uns schließlich in die Tiefe mitrissen, in das Reich der Fische. Dann wachte ich auf und fand mich mit meinem grinsenden Vater auf einem gelb-roten, noch ganzen Schlauchboot mit intaktem Ruder wieder. Mein Vater sagte: „Jetzt bist du endlich wieder aufgewacht!" Das Schlauchboot alleine zu steuern war ziemlich anstrengend. Ich entgegnete ihm verschlafen: „Entschuldigung, ich muss wohl beim Rudern eingeschlafen sein, das war auch nicht ganz ohne." Danach erzählte ich ihm von meinem stürmischen Albtraum.

*Gustav Kobel*
*Gymnasium Maria Stern, Klasse 6c*

## Am Ruder

**A** erzte, die bei der Pandemie Überstunden gemacht haben.
**M** ittagsbetreuungen, die den Kindern Einsamkeit genommen haben.
**R** ettungswagen, die ohne Pause Menschen abgeholt haben.
**U** nterstützung der armen Länder.
Kin **D** er haben die Schule trotzdem gut geschafft.
Forsch **E** r haben mit Impfung uns gerettet.
Leh **R** er, die den Unterricht bei der Pandemie möglich gemacht haben.

*Sezer und Ömer Yaman*
*Fröbel-Grundschule, Klasse 3b/4a*

## Schulschreck

Was war geschehen? Der Lehrer fiel in Ohnmacht. Stille. Schreie. Plötzlich entstand ein schreckliches Gewirr. Da wurde mir klar, wenn ich nicht sofort das Ruder in die Hand nehme, passiert ein Unglück. Ich rannte zum Direktorat, wo die zwei Direktorinnen ganz steif standen, als ich ihnen die Situation erklärte. Eine eilte zum Telefon und die andere kam mit mir ins Klassenzimmer. Sie beruhigte die Schüler. Dann hörte ich Sirenen. Ein Krankenwagen und die Polizei kamen. Sie kümmerten sich sofort und der Lehrer kam ins Krankenhaus. Kurz darauf kamen auch meine Eltern und ich fiel ihnen in die Arme. Am nächsten Tag durften wir wieder in die Schule gehen.

Wir bekamen eine Aushilfslehrerin – die sich zum Glück nicht vor Mäusen fürchtete.

*Jule Walter*
*Maria-Theresia-Gymnasium, Klasse 6d (Schreibwerkstatt)*

## Du am Ruder

Hey, du am Ruder,
hast du einen Bruder?
Du warst am Fluss,
hattest du einen guten Abschluss?
Es war bestimmt sehr schwer,
aber jetzt hast du keinen Stress mehr.
Was hast du gedacht?
Etwa die Glückszahl acht?

Was hast du dann gemacht?
Etwa an die Nacht gedacht?
Warum denkst du so viel?
War da etwa ein Krokodil?
Hast es aber geschafft!
Das war meisterhaft,
das war nicht Normalie –
nun hast du eine Goldmedaille!

*Labeena Shoaib*
*Agnes-Bernauer-Realschule, Klasse 6b*

## Am Ruder

Helles Licht fällt in meine Augen, ich sehe nur verschwommen.
Das Bild wird klarer, ein Gesicht.
Ein Schuss.
Ich bin wieder zurück.
Ich stürze in die Fluten.
Mein ganzer Körper ist angespannt.
Ich versuche mein Boot im Gleichgewicht zu halten.
Ich schüttle meinen Kopf.
Eine kalte, salzige Welle schlägt mir durch die ungeplante Bewegung ins Gesicht.
Gedanken durchströmen mich.
Erinnerungen.
Ich liege am Boden.
Er sitzt unscheinbar neben mir und flüstert mir etwas zu.
Aber ich höre nichts.
Ich spüre seine Hand in meiner.
Ich sehe seine dunklen, braunen Augen, die direkt in meine Seele blicken.
Ein dumpfer Schlag holt mich zurück.
Ich schmecke salziges Wasser und mein Kopf pocht.
Es fühlt sich an, als würde er explodieren.
Schwarz.
Die Bewegung seiner Lippen bleibt in meiner Erinnerung.
Jetzt kann ich ihn auch hören.
Leise, aber ich höre ihn.
Er sieht mich traurig an, schüttelt seinen Kopf und lässt meine Hand los.
In diesem Moment verlor er sich selbst.

Und mich.
Plötzlich wurde mir klar, ich würde nicht loslassen.
Nicht für ihn.
Ich griff wieder zu.
Ich hatte das Boot wieder unter Kontrolle.
Meine Augen öffneten sich.
Energie durchströmte mich.
Ich holte tief Luft.
Ich würde nicht loslassen.
Niemals.
Nicht denselben Fehler begehen.
Nicht mich selbst verlieren.

*Emilia Monti*
*Maria-Theresia-Gymnasium, Klasse 8c (Schreibwerkstatt)*

## Jolanda am Ruder

Es war einmal ein Schiff. Ein Schiff mit vielen mutigen Piraten. Ein Pirat davon war eine Frau, also eine Piratin, und sie war die Jüngste und Schlaueste von ihnen. Aber eines schönen Tages tauchte ein viel größeres Schiff vor dem Horizont auf und darauf segelten ganz viele Römer.

Sie griffen die Piraten an, aber sie wollten keine Schätze, sondern die Piratin. „Im Namen Julius Caesars!", schrie ein Römer, „diese Frau richtet viel Schaden in diesem Land an!" Da kam der Vater der Piratin und antwortete streng: „Niemals! Das ist meine Tochter Jolanda! Ich gebe sie nicht für 300.000.000 Goldstücke her!" Da packten die Römer die Piratin so schnell sie konnten und rannten weg. Sie fesselten sie und segelten in Richtung Rom.

Nach einem halben Monat waren sie endlich in Rom und führten sie zu Caesar. Er befahl nur: „Bringt sie in den Kerker!" Ein paar Minuten später landete Jolanda auch schon im Kerker. Dort saßen auch noch viele andere Unschuldige. Zum Glück saßen neben Jolandas Zelle zwei, die Schach spielten. Sie spielten aber nicht mit Schachfiguren, sondern mit einer Creme und mit einem Radiergummi.

„He, ihr, gebt mir mal die Creme!" Die zwei schoben die Creme durch das Gitter und Jolanda schmierte sich ein bisschen auf ihr Piratenhemd. Sie schob sich (mit nur wenig Mühe) durch das Gitter. Sie rannte los und wollte gerade den Schlüssel von der Wand nehmen, aber dann bemerkte sie schon den Wachtmeister. Er schlief. Zum Glück. Sie nahm den

Schlüssel und befreite die anderen. Die Piraten nahmen alle Fackeln von der Wand und rannten hoch zu Caesar und der rief auch schon „WACHEEEEEEEEEEEEEEEEEEEEEEEEEE!!!" Natürlich liefen die Wachen auch sofort auf, aber die Piraten entkamen nach draußen. Jedoch standen dort noch mehr Wachen. Sie waren umzingelt.

Jolanda hielt sich aber heimlich am Dach fest, weil das schon ziemlich tief gebaut worden war. Sie zog sich hoch und stieg auf der anderen Seite wieder herunter. Jolanda schlich sich an einen Römer von hinten an, lenkte ihn ab und die Piraten rannten weg.

„So", sagte Jolanda, „jetzt müssen wir nur noch nach Hause kommen – irgendwie." Aber keiner der Piraten hatte eine Idee. „Ah, ich hab's!", schrie Jolanda, „da vorne warten ganz schön viele Boote auf uns." Einer der Piraten erklärte erst einmal: „Aber die sind doch viel zu klein für uns alle." „Ja, deswegen gibt's ja auch mehrere", flüsterte Jolanda geheimnisvoll und sofort wussten die Piraten, was sie damit meinte. Die Piraten klauten mal wieder.

„He, kommt doch mit zu mir, ihr habt doch kein Zuhause, oder?", fragte Jolanda die anderen Gefangenen. Und so wurden die Gefangenen Jolandas Piratenmannschaft.

*Alma Seibert*
*Franz-von Assisi-Schule, Klasse 3 weiß*

### Deine Zukunft bestimmst du jetzt!

Im Sommer war ich in einem Sportlager, wo es viele Spiele, aber auch Überwindungen zu machen gab. Für eine der Überwindungen brauchte man sehr viel Kraft, durfte aber auch nicht so viel Angst haben. Die Überwindung war, dass man über einen kleinen Fluss schwimmen musste. Alle haben es geschafft außer Janine. Ihr habe ich dann viel Mut zugesprochen, so dass sie es schließlich mit sehr viel Stolz geschafft hat. Nach dem Sportlager sind wir dann auch noch in Kontakt geblieben.

Du musst wissen: Bausteine für deine Zukunft sammelst du jetzt!

Egal, in welcher Klasse du bist, ob in der ersten, zweiten, fünften oder zehnten, trotzdem bestimmst du deine Zukunft jetzt.

Ob du rechnen, schreiben und lesen kannst, bestimmst du jetzt.

Alle sagen: „LERNEN! LERNEN! LERNEN!" Lernen ist wichtig. Ob du Lust darauf hast oder nicht, bestimmst du jetzt.

Ob die Ampel für deinen Traumjob grün oder rot ist, bestimmst du jetzt.

Alle träumen von einem großen Haus. Ob du eins haben wirst, bestimmst du jetzt.

Was du dir später leisten kannst oder nicht, bestimmst du jetzt.

Ob deine Ziele wahr werden, bestimmst du jetzt.

Ob du dir in deiner Zukunft die gute oder die schlechte Tür aufmachst, bestimmst du jetzt.

BESTIMMST DU JETZT JETZT JETZT!!!

*Alina Moch*
*Heinrich-von-Buz-Realschule, Klasse 6b*

## Hoffnung

Es lief aus dem Ruder, das wusste ich.

Jedoch hatte ich bereits den Willen verloren, etwas daran zu ändern.

Ich war müde und erschöpft, Unsicherheit und Angst leiteten mich.

Es war mir gleichgültig geworden.

„Wir vertrauen auf dich!", hatten sie gesagt.

Wohlige Erinnerungen an das warme Gefühl dieser Worte stiegen in mir auf.

Ein anderer Gedanke vertrieb die Wärme, erschuf ein dumpfes Gefühl in meiner Brust.

Denn sie würden enttäuscht werden. Ihres Vertrauens missbraucht.

Neugeschöpfte Kraft bildete sich in mir. Entschlossenheit.

Ich durfte es nicht so enden lassen.

Ich musste gegen die Strömung ankämpfen.

Ich musste das Ruder herumreißen.

Ans Ruder zurückkehren.

*Katharina Reifeld*
*Maria-Theresia-Gymnasium, Klasse 10c*

## Bleib am Ruder!

*Bei Jenny zu Hause.*
PAULA: Jenny? Bist du zu Hause?
*Durchsucht die Wohnung. Geht ins Bad.*
*Jenny liegt zusammengebrochen auf dem Boden.*
PAULA: Oh mein Gott! Jenny, was ist passiert?
*Schüttelt sie.*
Bitte wach auf! Komm schon!
*Nimmt einen Becher, füllt ihn mit Wasser und schüttet es Jenny ins Gesicht.*

JENNY: *Prustet.* Was … was ist denn los?

PAULA: *Aufgebracht.* Du hast mich zu Tode erschreckt! Du lagst einfach nur da und ich hatte keine Ahnung, was los war. Kannst du dich an irgendetwas erinnern?

JENNY: *Kopfschüttelnd.* Nein …, aber mir geht's gut.

PAULA: *Besorgt und wütend.* Dir geht es ganz offensichtlich nicht gut. Hast du zu viel genommen?

JENNY: … Vielleicht … kann sein.

PAULA: Du musst unbedingt damit aufhören!

Doch Jenny hörte nicht auf. Es wurde nur noch schlimmer, denn sie wollte die Welt einfach nur ausblenden. Vor zwei Monaten hatten sich ihre Eltern getrennt und seit ihr Vater weg war, hatte sich der Zustand ihrer Mutter nur noch verschlechtert. Zu Hause war es für sie nicht mehr auszuhalten. Sie fand keinen anderen Ausweg mehr, als sich mit den Schlaftabletten ihrer Mutter zu behelfen. Nachdem Paula sich das nun einen Monat lang angesehen hatte, beschloss sie zu handeln und ihrer Freundin zu helfen.

*Paula und Jenny stehen vor einem Altenheim.*

JENNY: Verrätst du mir jetzt endlich, was wir hier wollen?

PAULA: Wart's ab! Du wirst es gleich erfahren.

JENNY: *Murmelnd.* Das ist doch alles Zeitverschwendung.

*Gehen hinein zur Rezeption.*

MITARBEITERIN: Guten Tag, Paula. Björn wartet schon im Aufenthaltsraum auf euch.

PAULA: Okay, danke.

JENNY: Paula, was hast du vor???

PAULA: Siehst du gleich.

*Gehen zum Aufenthaltsraum, zu einem alten Mann, der auf einem Sofa sitzt.*

BJÖRN: *Erfreut.* Hallo, Paula, was für eine Geschichte erzählt du mir denn heute?

PAULA: Ich habe gehofft, heute könntest du mal etwas erzählen. Darum habe ich meine Freundin Jenny mitgebracht.

BJÖRN: *Erstaunt.* Oh, Verzeihung. Dir wünsche ich auch einen guten Tag … Jenny.

JENNY: *Kleinlaut.* Hallo.

BJÖRN: Aber was soll ich schon zu erzählen haben?

PAULA: Über die dunkle Phase deines Lebens. *Nickt unauffällig zu Jenny hinüber.* Du weißt schon, was ich meine.

BJÖRN: Ah, ich glaube ich weiß, was du meinst. Die ganze Geschichte?

PAULA: Ja, die ganze Geschichte. *Zu Jenny.* Hör gut zu.

JENNY: *Verwirrt.* Okay.

BJÖRN: *Erzählt.* Alles begann, als ich vierzehn Jahre alt war. Ich hatte Probleme zu Hause: Meine Eltern waren Alkoholiker und ich für sie nur ein Klotz am Bein. Auch in der Schule lief es nicht gut. Ich hatte keine Freunde, keinen, dem ich mich zuwenden konnte. Niemand wollte etwas mit mir zu tun haben. Ich war einsam und auf mich allein gestellt. Es fühlte sich an, als würde ich ertrinken, doch ich sah keinen Grund mehr, darum zu kämpfen, wieder auftauchen zu können. Ich wollte schwerelos sein. Ich probierte einiges aus. Manches half mehr, manches weniger. Aber es ließ mich meinen Schmerz immer nur für kurze Zeit vergessen, doch ich wollte weiterhin dieses Gefühl von Schwerelosigkeit ohne Schmerzen haben. Ich nahm immer mehr, denn ich hatte jemanden, der mir meinen Stoff besorgte. Irgendwann fühlte ich mich wie in einem kleinen Ruderboot auf der weiten, stürmischen See, das hin und her getrieben wird. Ich war ganz allein, niemand in Sicht. Ich begriff, dass ich das Ruder herumreißen musste, um aus meiner hilflosen Lage herauszukommen.

Doch es war zu schwer. Allein klappte es nicht. Mein letzter Versuch, irgendwie Hilfe zu bekommen, war wie der Abschuss einer Leuchtrakete. Ich hatte wenig Hoffnung, doch es kam jemand. Ich hatte endlich Hilfe, einen Begleiter. In den folgenden zwei Jahren baute er mich wieder auf und zeigte mir, wie ich es schaffen kann, am Ruder zu bleiben. Seine Ratschläge

habe ich bis heute befolgt.

Drei Monate später. Paula besucht Jenny, die nun bei ihrer Oma wohnt.

JENNY: *Fröhlich.* Hi, Paula. Schön, dass du da bist.

PAULA: *Lächelt.* Du siehst gut aus. Wie geht es dir?

JENNY: Besser. Aber noch nicht ganz gut. Die Therapie hilft. Björn hatte recht. Und ich kann dir gar nicht sagen, wie dankbar ich dir bin, denn mit einer Freundin ist es viel leichter, am Ruder zu bleiben.

*Nele Ohmes und Carlotta Schubert*
*Peutinger-Gymnasium, Klasse 10a*

## Gedankenspiel

**A** ufhelfen
**M** ithalten
**R** angeln
**U** nterstützen
**D** ulden
**E** rmutigen
**R** etten

*Carl Weise*
*Lichtenstein-Rother-Grundschule, Klasse 4*

## Am Ruder

„Am Ruder" – viele verbinden diese Phrase mit Booten; ist logisch, immerhin muss der Begriff „Ruderboot" ja auch irgendwo herkommen. Viele verbinden es mit der Vorstellung „an der Macht sein", aber was bedeutet das denn? Ein Herrscher sein? Der Anführer einer Gruppe? Richtig festlegen kann man es nicht, da jeder Phrasen anders betrachtet. Wenn man jetzt aber mich fragen würde, wäre meine Antwort ganz einfach: Jeder Einzelne ist „am Ruder". Warum? Wenn man es nämlich recht bedenkt, ist jeder der „Anführer" seiner selbst, egal, ob es darum geht, was du anziehen wirst, mit wem du befreundet bist oder ob du noch ein paar Minuten im Bett liegen bleibst anstatt aufzustehen. Also: Lebe dein Leben, wie du es willst und für richtig hältst, immerhin bist du ja selbst „am Ruder".

*Nicole Handschuh*
*Maria-Theresia-Gymnasium, Klasse 10c*

## Die da oben

Am Ruder sein.
Wer ist am Ruder?
Die da unten wollen ans Ruder.
Die da oben glauben, sie seien am Ruder.
Wer ist am Ruder?
Corona.

*Johannes Waller*
*Gymnasium bei St. Stephan, Klasse 10c*

# Ein schwerer Tag für die Tierärztin

Hallo! Ich bin Elli und ich bin 37 Jahre alt. Ich arbeite in einer Tierarztpraxis in Augsburg seit ich 21 Jahre alt bin. Ich liebe Tiere und helfe ihnen gerne, wenn sie krank oder verletzt sind.

Eines Tages kam Frau Müller mit ihrem Hund Bello in die Praxis. Er blutete sehr stark und winselte vor Schmerzen. Frau Müller erzählte, dass Bello vor Tagen aus Versehen einen Stein gefressen hatte. Ich musste dann die Not-Operation vorbereiten und dem Tierarzt bei der OP helfen. Außerdem musste ich Frau Müller beruhigen, weil sie sehr traurig und verzweifelt war. Ihr Hund Bello war sehr stark und hat die komplizierte OP überlebt.

Nach drei Wochen ging es ihm schon wieder besser. Frau Müller war sehr glücklich und froh darüber. Ich habe sehr für Bellos Leben gekämpft und ich bin sehr stolz darauf, dass er überlebt hat.

Nach ein paar Wochen kam Frau Müller zu mir, um mir zu sagen, dass es Bello wieder gut gehe. Sie schenkte mir eine Tafel Schokolade. Sie hat sich tausend Mal bei mir bedankt und dann kam Bello zu mir und hat mich abgeschleckt. Ich war sehr erfreut darüber, dass es Bello und Frau Müller gut geht.

Wenige Tage später rief mich Frau Müller plötzlich an und sagte, dass Bello mich vermisse. Es war sehr süß, dass sie mich angerufen hat!

*Emily Erdle*
*Pankratiusschule, Klasse 5a/6a*

# 4 Dimensionen

Ich bin am Ruder – ich habe MACHT,
doch dieses Konzept ist noch nicht durchdacht.
Macht hat man wohl,
doch sein muss man auch ein Idol.
Ein VORBILD zu sein, das ist nicht leicht,
eine Aufgabe, für die nicht jeder reicht:
vorbildlich sein, vorbildlich handeln,
als Idol sollte man unter den Menschen wandeln.
Doch auch ein Vorbild sein zu wollen, reicht nicht aus,
so einfach wird nichts draus,
denn LENKEN sollte man sein Team,
den anderen aber nicht den Respekt entziehn.

Und am Ende dann, wer hätt's gedacht,
wäre VERANTWORTUNG übernehmen angebracht.
Denn Leiten und Lenken ist ja schön,
aber auch die Fehler muss man auf sich nehm'n.
Vier Dimensionen von ‚am Ruder sein':
Sie alle zu erfüllen – diese Aufgabe ist nicht klein.

*Emilia Singer*
*Gymnasium bei St. Stephan, Klasse 10c*

## Am Ruder

Ich stieg in mein Kajak, nahm mein Paddel in die Hand. Das Einzige, woran ich denken konnte, war, nur nicht umzukippen. 3-2-1-LOS! Und ich fing an loszupaddeln. Alles lief gut. Auf einmal sah ich vor mir einen großen Stein, der aus dem Wasser ragte. Das Wasser war so wild, ich wusste nicht, ob ich es schaffen würde. Ich kam dem Stein immer näher. Ausweichen war so schwer. Plötzlich stieß ich mich mit meinem Paddel am Stein ab, wobei meine Paddelspitze abbrach. Immerhin habe ich es geschafft vorbeizukommen. Nach dem Stein wurde das Wasser ruhiger. Mein Adrenalinspiegel fuhr etwas herunter, doch vorbei war es noch nicht. Also paddelte ich so schnell ich konnte, bis das Ziel endlich zu sehen war. Mit einer großen Wasserströmung, die mir noch von hinten einen Schubs gab, kam ich endlich ins Ziel. Vor Freude fing ich an zu weinen, erst recht, als ich erfahren hatte, dass ich auch noch Erster geworden war.

*Nicole Melehov*
*Maria-Theresia-Gymnasium, Klasse 10c*

## Anstrengen lohnt sich

Heute hatten meine Freundin und ich den Lernplan für Mathe bekommen. Als wir zu Hause bei mir waren, begann ich sofort zu lernen. Antonia ließ sich aber von allem ablenken: Zunächst drückte sie meine Knete und formte kleine Tiere. Anschließend vibrierte ihr Handy, worauf sie natürlich sofort schauen musste. So ging das Tag für Tag. Am Nachmittag vor der Schulaufgabe ging ich nochmals alles Wichtige durch, Antonia war hingegen wieder unkonzentriert und kontrollierte nichts. Als die Lehrerin dann die Angaben austeilte, war ich ganz entspannt. Antonia hingeben war total nervös und machte alle verrückt. Ich ließ mich aber nicht aus der Ruhe bringen. Während der Schulaufgabe weinte sie, weil sie viele

Aufgaben nicht lösen konnte. In diesem Moment tat sie mir dann wirklich leid. Eine Woche später bekamen wir die Schulaufgabe zurück. Ich hatte eine Eins, Antonia hingegen eine Fünf. Als sie dann wieder zum Schluchzen anfing, tröstete ich sie und sagte zu ihr: „Nächstes Mal musst du am Ruder bleiben und dich schon beim Lernen mehr anstrengen." Sie befolgte meinen Rat und hatte in der nächsten Schulaufgabe eine Zwei.

*Maria Brummer*
*Holbein-Gymnasium, Klasse 5d*

## Am Ruder

Kennt ihr das Gefühl, dass alles schief läuft und ihr nicht mehr am Ruder seid? Ich kenne das Gefühl. Fangen wir an mit Corona. Ich habe so viele Verwandte verloren und meine besten Freunde sind umgezogen. Meine Oma ist gestorben und der Welpe meiner Cousine. Ich habe mir meine Hand schwer geprellt, dazu die schlechten Noten, die ich deswegen bekommen habe, und meine ganze Familie einschließlich mir selbst hatte Covid. Falls ihr denkt, das sei doch gar nicht so schlimm: Es ist schlimmer, wenn man es selber erlebt! So schwer es auch ist, man muss aufstehen und die Ruder wieder in die Hand nehmen, und genau das habe ich gemacht, also steh auch du auf und nimm die Ruder in die Hand!

*Alara Genc*
*Jakob-Fugger-Gymnasium, Klasse 5b*

## Der Bruder am Ruder

Tim sitzt immer gern am Ruder,
denn er ist ein großer Bruder.
Er gibt stets die Richtung vor,
steht auch meist im Fußballtor.
Seine Brüder Fred und Fritz
lachen über seinen Witz,
schauen staunend zu ihm auf,
denn er hat so manches drauf.
Sitzen sie im Segelboot,
hält Tim die Leinen und das Lot.
Und geht einer über Bord,
rettet Tim ihn fast sofort.
So ist es immer: Tim ist der Held,

dem diese Rolle auch gut gefällt.
Er sitzt immer gern am Ruder,
ist er doch der große Bruder.
Doch so toll das alles klingt,
es gibt auch was, das nicht gelingt.
Tim hadert mit dem Einmaleins,
bei ihm ist einmal sieben eins.
Fred und Fritz übernehmen das Ruder
und helfen ihrem großen Bruder.
In Mathe sind sie richtig schlau
und kennen die Lösungen genau.
Sie pauken mit Tim bis in die Nacht
dreimal sieben und sechsmal acht.
Am nächsten Tag schreibt Tim den Test,
zwei Tage später gibt es ein Fest.
Eine Zwei, wer hätte das gedacht,
Tim ist glücklich und er lacht.
Und ist er auch immer noch der große Bruder,
überlässt er nun manchmal Fred und Fritz das Ruder.

*Jonas Maximilian Leitner*
*Gymnasium bei St. Stephan, Klasse 6c*

## Ein spannender Tag in der Altenpflege

Die Altenpflegerin Frau Sabrina pflegt die alten Omas und Opas. Sie ist 20 Jahre alt und arbeitet im Altenheim. Frau Sabrina muss 11 Regeln beachten, z. B. sich an die Schichtarbeit halten – es gibt Früh-, Spät-, und Nachtschichten –, Arbeitskleidung anziehen und so weiter. Sie wohnt in Augsburg in der Clown-Straße. Frau Sabrina hat nicht nur ihre Arbeit, sondern auch eine große Familie, um die sie sich kümmern muss. Sie hat sich für ihren Beruf bei der AWO entschieden, weil ihr die Omas und Opas sehr am Herzen liegen. Frau Sabrina arbeitet erst seit zwei Jahren in der Pflege. Sie hat ihren Job mit 18 Jahren angefangen.

Zu Beginn ihrer Karriere ist ihr etwas Schlimmes passiert, als sie das Essen an die Senioren verteilte. Frau Koch, eine Bewohnerin, hat sich plötzlich an einer kleinen Erbse verschluckt und Frau Sabrina musste den Krankenwagen rufen. Dieser kam wenig später mit lauten Sirenen und Blaulicht angerast. Die Notfallsanitäter nahmen Frau Koch mit. Frau Sabrina war sehr erschrocken und hatte große Angst. Sie machte sich Sorgen um Frau Koch und hoffte, dass alles gut gehe.

Am nächsten Tag kam Frau Koch wieder zurück und alle freuten sich! Zufällig war genau an diesem Tag ihr Geburtstag! Es gab Kaffee und Kuchen und alle feierten zusammen. Dann sagte Frau Koch zu Frau Sabrina: „Das war ein toller Tag heute! Du hast mein Leben gerettet und ich danke dir dafür! Bleib du auch immer gesund und pass auf die Erbsen auf, die können ganz schön gefährlich sein!" Frau Sabrina war erleichtert und sagte: „Vielen Dank, Frau Koch!"

*Elisha Kirsten*
*Pankratiusschule, Klasse 5a/6a*

## Am Ruder ...

... anders bezeichnet: Verantwortung übernehmen.

Verantwortung muss jeder mal übernehmen, egal ob als Kind, Jugendlicher, Eltern, Lehrer, Politiker ...

Wenn man einem Jugendlichen die Verantwortung gibt, passt er in den meisten Fällen auf Haustiere oder kleinere Geschwister auf.

Doch die Verantwortung, die die Eltern übernehmen, ist etwas komplett anderes. Denn ihre Aufgabe ist es, auf dich aufzupassen, um dich zu versorgen, richtig zu erziehen. Das ist eine sehr wichtige Aufgabe, die sie erfüllen müssen.

Die Lehrer hingegen achten darauf, dass die Klasse keinen Unsinn macht, der Klasse etwas beizubringen und dafür zu sorgen, dass sie aufpasst ...

Politiker wiederum haben die Aufgabe, das Land oder den Staat durch Regeln zu beschützen und zum Wohle der Bevölkerung schwere Entscheidungen zu treffen.

Es ist richtig, für bestimme Ereignisse die Verantwortung zu übernehmen, denn die Person, die dir die Aufgabe erteilt, etwas oder jemanden zu bewachen, hat das Vertrauen in dich gesetzt, dass du reif und erwachsen genug bist, um diese Aufgabe zu bewältigen.

Zum Beispiel musste ich auf mehrere meiner Cousinen, die zwischen zwei und zehn Jahre alt sind, aufpassen.

Das Beste, was man mit mehreren Kleinkindern machen kann, ist, miteinander zu spielen. So hatte ich die Aufgabe, auf die Kinder aufzupassen, sie zu unterhalten und darauf zu achten, dass es friedlich ist, damit sich niemand verletzt. Natürlich kamen Streitereien zwischen den Kindern vor, doch das konnte man einfach mit einem Kompromiss lösen.

Aber alle Beispiele haben gemeinsam, dass man in verschiedenen Situationen verschiedene Entscheidungen treffen muss und dann mit den Konsequenzen klar kommen soll, wenn man einen Fehler begangen hat. Also ist, „am Ruder" zu sein, nicht nur wichtig bei der Kanu-WM, sondern auch in vielen Bereichen des alltäglichen Lebens.

*Anna Nguyen*
*Heinrich-von-Buz-Realschule, Klasse 8c*

## Kreuzworträtsel-Thema: am Ruder

Finde die Wörter: Kanu, Meisterschaft, Gold, Augsburg, Eiskanal, Maskottchen!

BGJJEJXZSDFUIRHNhjakXDKLICVOJDKÖFMEISTERAHJKGDHEFJFNHFRHJ
JQZXBBGOLDHRDTHNJKCSEOIXEILEISKANALZESONIZURTNSEMCMCXRA
FBZASDGJHASDDGAJNQYnzuaNKIUUDFMASKOTTCHENVSCFGTZUQWIB
TUXVTXDDFEGGKEAGZUEABUKGXAJMYAKLMHLEIUNHLNIKANUUFEGB
AUGSBURGJZDHZDBGFCEBGJTZNPYDÜXDSDINJGFZFVBCFLHZNPARCM
IÜCFBZGIVZOIQWPOURBCTGRXQNSYÖY<NYNMEISTERSCHAFTÜÄQUPBI
ÖPPHÖFDIPBFZHFDHKA

*Matis Kladiwa, Lukas Nebelung, Felix Pollich, Gabriel Prihoda und Tom Sauer*
*Maria-Theresia-Gymnasium, Klasse 5c*

## An der Nordsee

Mein Freund und ich hatten in den Ferien ein Motorboot gemietet. In Richtung Nordsee wollten wir hinausfahren. Anton hatte schon mal ein Motorboot gefahren, deshalb übernahm er das. Das Wasser war ruhig. Die glänzende Nordsee bewunderten wir. Wir fuhren immer weiter hinaus aufs Meer. Auf einmal wurde es ganz still und wir blieben stehen. Es musste sich etwas im Motor verfangen haben. Mein Freund holte sich den Taucheranzug, der neben dem Rettungsring lag. Er tauchte hinunter und sah das Problem: Es hatte sich ein Fischernetz verfangen. Anton meinte zu mir: „Ich tauche kurz hinunter." Ich dachte mir nichts dabei und stimmte zu. Es waren einige Minuten vergangen und er war noch nicht wieder aufgetaucht. Da machte ich mir langsam Sorgen. Ich schaute ins Wasser und sah ihn, wie er in Blitzesschnelle zu mir nach oben auftauchte. Doch ich erstarrte vor Schreck: Da schwamm ein Hai hinter ihm her! Anton eilte nach oben, ich warf ihm schnell den Rettungsring zu.

„Lass mich bitte nicht im Stich!", rief er mir zu. „Tue ich nicht," erwiderte ich. ‚Ich habe doch Autismus', dachte ich, ‚wie soll ich das nur schaffen, das überfordert mich alles?', fragte ich mich. Ich zog den Rettungsring an das Boot. Der Hai schwamm neben dem Boot. Anton war mittlerweile wieder an Bord. Ich steuerte das Boot, weil Anton sehr kalt war und er unter Schock stand. Ich beschleunigte auf Vollgas und wir flitzen dem Hai davon. Schließlich waren wir fix und fertig am Ufer angekommen. Wir riefen uns ein Taxi und fuhren zu unseren Eltern zurück und erzählten ihnen alles. Uns war klar, dass wir dieses Ereignis nie in unserem Leben vergessen würden.

*Rafael Reuß*
*Jakob-Fugger-Gymnasium, Klasse 5b*

## Und plötzlich Patchwork

Der Wind blies mir ins Gesicht, als ich aus der U-Bahn stieg und meine Hände in meine Jackentasche steckte. Heute war Mittwoch. Noch zwei lange Tage und dann würde ich endlich mit meinem Vater diese tolle Kanufahrt machen, auf die ich mich schon so lange freute. Nur ich und mein Vater. Wir zwei. Als ich die Straßen entlangschlenderte, dachte ich über die letzten zwei Monate nach. Die waren alles andere als toll gewesen. Für meinen Vater nicht und für mich nicht. Mama und Papa hatten sich getrennt. Wir, und damit meine ich Papa und ich, sind in eine schöne Altbauwohnung gezogen, so weit weg wie möglich von Mama und ihrem neuen Freund. Papa arbeitete seitdem doppelt so viel als jemals zuvor und das mag was heißen, denn früher war er ein totaler Arbeitsmuffel und das Einzige, was er noch gemacht hatte, war, seine Kaffeetasse in die Spüle zu stellen, um sich dann wieder hinter seine Zeitung zu verkriechen. Jetzt sah ich ihn immer die meiste Zeit hinter seinem Computer sitzen. Deshalb freute ich mich ja auch schon so auf Freitag und darauf, dass wir uns einen schönen Tag zu zweit machen wollten.
Als ich die Tür aufsperrte und meine Jacke auszog, kam mir der Duft von Kaffee entgegen. Meine Schuhe stellte ich neben die von Papa. Schwarze Sneakers. Außer dem Kaffee roch ich noch irgendetwas anderes. Vielleicht Pasta? Papa kochte nie, das tat er aber auch schon vor der Trennung nicht. Wenn Mama kochte, gab es immer Gemüseauflauf und wenn Mama mal nicht da war oder sich mit einer Freundin traf, holte Papa was vom Chinesen oder was beim Italiener vorne an der Ecke. Ich hatte mich daran gewöhnt. Mama war diejenige gewesen, die dann

kopfschüttelnd ins Schlafzimmer gegangen war, wenn sie davon Wind bekam. Sie achtete immer auf eine ausgeglichene Ernährung und da passte ihr es gar nicht, wenn Papa das einfach so ignorierte.

Als ich den Flur entlangging, stieß ich gegen eine der Umzugskisten, die sich immer noch in jeder Ecke stapelten. Papa war nicht sehr motiviert, uns die Wohnung gemütlich zu machen. Ich hatte zwar eine bunte Wimpelkette über das Fenster gehängt, aber neben den ganzen Umzugskisten sah auch die ziemlich trostlos aus.

Ich machte die Wohnzimmertür auf und konnte einfach nicht glauben, wer neben Papa auf dem Sofa saß: eine Frau. Ich kannte sie zwar nicht, aber komisch fand ich das schon, dass Papa sich mit einer Frau traf. Nach der Trennung waren eigentlich nur noch ich und seine Arbeit das Wichtigste. Da blieb keine Zeit mehr für Frauen oder andere Sachen. Ich lief zielstrebig zum Sofa und blieb vor den beiden stehen. Nett sah sie schon aus. Sie hatte eine hellblaue Bluse mit weißen Gänseblümchen an. Meine Lieblingsblumen. Und dazu eine schwarze Jeans.

Sie waren wohl sehr in ein Gespräch vertieft, denn Papa schaute überrascht auf, als ich mich räusperte und die Augenbrauen hochzog.

„Oh, Lina! Was machst du denn hier? Ich dachte, du bist noch in der Schule. Ist es etwa schon so spät?", stammelte er vor sich hin und als ich ihn dann fragte, wer die Frau neben ihm sei, sagte er, dass sei die Frau, die die Feuermelder überprüfen wollte. Die waren nämlich vor einer Woche um vier in der Nacht einfach so angegangen. Danach konnte ich nicht mehr einschlafen und hatte die Mathearbeit am nächsten Tag verhauen. Als ich dann eine glatte Fünf kassierte und ich meiner Mathelehrerin erklären wollte, dass ich einfach viel zu müde gewesen sei, wollte sie mir das nicht glauben und ist kopfschüttelnd aus dem Klassenzimmer gebraust.

Ich zog misstrauisch meine Augenbrauen hoch und sagte ihm, dass er mich nicht anzulügen brauchte und dass ich es ja voll okay fände, wenn er sich eine neue Freundin sucht. Hinter meinem Rücken war das aber blöd. Dann atmete er aus, versprach mir, ab jetzt immer die Wahrheit zu sagen (obwohl ich ihm das nicht ganz glaubte, immerhin hat ja jeder schon mal gelogen und bei einem Mal würde das im Leben bestimmt nicht bleiben), und dann stellte er mir die Dame neben ihm vor. Maja hieß sie und sie war mir gleich sympathisch.

Jetzt waren ein paar Wochen vergangen; Papa und ich hatten die Kanufahrt gemacht, Maja und Papa hatten sich inzwischen besser kennengelernt und hatten mir vor zwei Tagen verkündet, dass sie darüber nachdachten zusammenzuziehen. In unsere Wohnung. Nachdem ich diese tolle Nachricht gehört hatte und im Dreieck durchs ganze Wohnzimmer gesprungen war (ich mochte Maya wirklich sehr), zog mich Papa zur Seite und erzählte mir, dass Maya zwei Söhne habe. Zwillinge! Zwillinge, die ich morgen kennenlernen würde. Und diese zwei Jungs hießen Jasper und Arthur. Keine Ahnung, wie ich die auseinanderhalten würde. Ich hatte ja schon Probleme damit, mir Namen zu merken, aber jetzt auch noch Zwillinge auseinander zu halten, war einfach zu viel verlangt. Ich saß am Nachmittag in meinem Zimmer und packte meine Tasche. Papa hatte die grandiose Idee gehabt, einen ersten Familienausflug zu machen. Und da uns die Kanufahrt zu zweit eigentlich richtig Spaß gemacht hatte, hatte er dann kurzerhand vorgeschlagen, dass wir ja eine Kanufahrt zu fünft machen könnten. Ich war sofort begeistert und auch Maja war einverstanden. Die zwei waren die letzte Zeit unerträglich gewesen. Sie hielten beim Einkaufen Händchen, beim Fernsehgucken, und wenn sie grade nicht Händchen halten konnten, weil ich mich zwischen die zwei quetschte, da ich die zwei Turteltauben einfach nicht mehr ausstehen konnte, tauschten sie verliebte Blicke.

Ich war schon sehr aufgeregt, als wir drei im Auto saßen und zur Kanustrecke fuhren. Dort würden wir dann auch die Zwillinge treffen. Maja warnte mich vor, dass ich auf Jaspers blöde Sprüche nicht eingehen und das Gespräch eher mit Arthur suchen sollte. Er war wohl der ruhige Typ und Jasper war der sportliche und unruhige, so sagte mir das jedenfalls Maja.

Als wir ankamen, sah ich die zwei Jungs schon von Weitem. Ich griff nach Papas Arm und hielt mich an ihm fest. Er flüsterte mir zu, dass ich nichts zu befürchten hätte und dass ich besser seinen Arm loslassen sollte. Das sah sonst so aus, als ob ich Angst hätte, meine neuen Halbbrüder kennenzulernen. Das stimmte, ich war ja immerhin schon sechzehn. Also ließ ich schnell seinen Arm los, holte tief Luft und begrüßte die zwei. Die sahen auch sehr sympathisch aus: dunkelbraune kurze Haare und haselnussbraune Augen. Ich musterte die zwei von oben bis unten. Das musste wohl sehr komisch ausgesehen haben, denn Maja knuffte mich kurz in die Seiten und fragte die Jungs, ob sie gut hierher gefunden hatten. Gleich fing Jasper – oder war das doch Arthur? Keine Ahnung – auf jeden Fall fing einer der Jungs an, wie wild loszubrabbeln und Papa hakte sich auch gleich bei Maja ein. Toller Vater!!! Das hatte er mit Absicht gemacht, damit ich mit Arthur reden musste. Und da ich nicht unhöflich rüberkommen wollte, tat ich das auch. Wir sprachen über unsere Hobbys, über die Schule und Freunde, über unsere Freizeit und zum Schluss stellte ich fest, dass Arthur sehr nett war. Vielleicht war es doch nicht so schlimm, ab sofort in einer Patchworkfamilie zu leben.

Fünfzehn Minuten später saßen wir auch schon zusammengequetscht in einem Boot. Der Mann, der uns die Paddel und Rettungswesten in die Hand gedrückt hatte, hatte zwar gesagt, dass es wohl sicherer und vor allem bequemer sein würde, in zwei Booten zu sitzen, das kam aber für niemanden von uns in Frage. Immerhin war das ein Familienausflug – der erste Familienausflug und da durfte man ja nicht in zwei Booten getrennt sitzen! Nein, auf gar keinen Fall!!! Das machte Papa dem Mann auch klar. Danach sagte der nichts mehr und gab uns nur noch eine große Plastikkiste, in die wir unsere Sachen reinlegen sollten.

Jasper flüsterte mir noch zu, dass ich einen richtig coolen Vater hätte. „Ich weiß", sagte ich ihm und grinste bis über beide Ohren.

Wir saßen alle schon im Boot und hatten uns noch nicht einmal richtig hingesetzt, da schnappte sich Jasper auch schon das Paddel und ruderte los. Das konnte ja was werden …

Der Tag wäre aber doch ganz anders verlaufen als geplant, wäre Jasper nicht so schnell gepaddelt und hätte die Sonne nicht so hell geschienen, denn ich hatte plötzlich großen Durst und stand auf, um nach der Wasserflasche zu greifen. Das Boot schaukelte, ich verlor das Gleichgewicht und fiel wie in einem dramatischen Film ins Wasser, nur dass das bei mir nicht in Zeitlupe und auch ohne spannende Musik und nicht so elegant passierte.

Das Wasser war eisig kalt und schmeckte auch irgendwie schlammig. Ich schluckte viel Wasser. Wahrscheinlich aus Panik. Verzweifelt versuchte ich, nach oben zu schwimmen. Doch wie das Glück das so wollte, konnte ich nicht. Mein Fuß hing fest. Ich zerrte wie wild, vermutlich an einer Wurzel. Lockerer wurde sie zwar und ich konnte ein Stück weiter nach oben schwimmen, trotzdem war ich immer noch unter Wasser. Ich brauchte Luft. Ich zerrte und zerrte und schließlich riss sie vollständig und ich schwamm mit letzter Kraft nach oben. Ich holte tief Luft und spuckte das Wasser aus meinem Mund aus. Ich rang immer noch nach Luft, als ich die Stimmen von Papa, Maja und den Jungs hörte. Sie riefen mir irgendetwas zu. Was, konnte ich aber nicht verstehen. Na toll, in meinen Ohren war jetzt auch noch Wasser. Ich hatte mir den Ausflug total anders vorgestellt. Es sollte ein ruhiger Tag werden. Ein ruhiger, aber toller Tag, und in meinen Vorstellungen kam kein Sturz ins Wasser vor. Da war ich mir sicher.

Ich schüttelte meinen Kopf und endlich konnte ich verstehen, was sie sagten. Maja fragte mich, ob alles okay sei, Papa rief immer wieder meinen Namen, Jasper rief mir immer wieder eine Entschuldigung zu und Arthur war der Einzige, der mir mit einer ruhigen Stimme zuraunte, ich sollte mich am Ruder festhalten. Natürlich wusste ich erst einmal nicht, was ich tun sollte. Andererseits sollte ich mich wirklich schnell entscheiden, denn das Wasser war sehr kalt und ich glaubte nicht, dass ich die Kälte noch länger aushalten konnte.

Ich griff also nach dem Ruder und zog mich hoch.

Alles, was danach passierte, kann man sich ja eigentlich schon denken. Alle riefen meinen Namen, fragten, ob alles okay sei oder ob ich irgendetwas brauchte. Das Einzige, was ich zu dieser Zeit aber brauchte, war Ruhe, einen warmen Tee und trockene Klamotten. Das sagte ich auch mit zittriger Stimme und zwanzig Minuten später saßen wir in einem Taxi. Ich in der Mitte, in eine Decke eingewickelt, links von mir saß Papa, vorne saß Maja und rechts neben mir auf einen Platz zusammengequetscht saßen die Zwillinge.

Jasper entschuldigte sich immer noch für das viel zu schnelle Tempo, aber ich hatte keine Kraft und auch keine Muße, mit ihm darüber zu diskutieren, deshalb nickte ich einfach nur immer.

Der Tag war also ganz anders verlaufen als geplant, aber man sagt ja immer, dass genau diese Tage unvergesslich bleiben würden. Und das war mit Sicherheit so ein Tag.

Als ich im Auto einschlief, dachte ich noch an die anderen Tage, die wir zusammen verbringen würden. Immerhin waren wir jetzt eine richtige Familie.

*Carla Abraham*
*Maria-Theresia-Gymnasium, Klasse 6c*

## Tagebuch von Mina Erling

Tagebuch von Mina Erling                                    21.07.2018
Ich fuhr mit dem Fahrrad am Eiskanal entlang und sah eine Nachwuchs-Kajakgruppe. Wie gerne würde ich auch da unten in einem Kajak sitzen, aber das ging nicht, in diese Nachwuchs-Kajakgruppe kamen nur die Besten der Besten. Ich fuhr zwar ganz akzeptabel, aber dafür würde es nicht reichen, da war ich mir sicher.

In zwei Wochen war die Nachwuchs-Kajak WM ab 12 Jahren, ich wäre doch sooo gerne mitgefahren.

„Ich hol mir jetzt erst mal ein Eis bei der Schwarzen Kiste", sagte ich entschlossen und fuhr los. Himbeer-Vanille-Eis: mein Favorit.

Ich sah einen Kajaklehrer, der leise vor sich hin schimpfte. Neugierig geworden, war ich nähergekommen. „Was machen wir denn jetzt, Maik?" Lana war eine unserer besten Fahrerinnen neben Julie und Martha! „Ganz ruhig, Fabian. Wenn wir Glück haben, ist sie bald wieder drin." Fabian hatte braun-blonde Wuschelhaare, die er cool zur Seite gekämmt hatte. Er war um die 20 Jahre alt und trug verwaschene Jeans. Der Junge neben Fabian war wahrscheinlich ungefähr 14 Jahre alt und trug ebenfalls verwaschene Jeans; er hieß anscheinend Maik und hatte schwarze, krass gegelte Haare. „Okay, dann mal wieder an die Arbeit, Maik!"

Ich hatte genug gehört – eine Fahrerin fiel aus. „Na und, ich fuhr niemals so gut." Ich fuhr ein bisschen benommen zum Kajakverleih. „Ein Kinderkajak, bitte." „15,89 €", sagte der Mann hinterm Tresen. Es war ein orangenes Kajak. Ich war schon nach zwei Stunden Kajakfahren total fertig. Gerade in der letzten Kurve erschreckte mich eine Jungenstimme. Ich ging zu sehr in die Kurve und mein Kajak kippte mitsamt mir komplett um. Ich tauchte neben meinem Kajak triefnass und Wasser spuckend auf. „He, sorry, ich wollte dich nicht erschrecken. Ich bin Maik und bei der Nachwuchskajak-WM". In meinem Kopf: ‚Oh. Mann, der Typ ist ja süß!'

„Äh, hi, ich – äh – heiße Mina, Mina Erling."

„Du fährst voll gut! Du könntest fast Kajak-WM Fahrerin werden!", lobte mich Maik. „Äh, hi hi hi."

„Nein, echt, ich könnte meinen Kajaklehrer Fabian fragen; bei uns im Team ist gerade jemand ausgefallen." „WAS!? Ich!?", fragte ich erstaunt. „Auf mich hast du einen sehr guten Eindruck gemacht." „Äh, also ich würde voll gern mitfahren." „Okay, dann komm mit!", sagte Maik geheimnisvoll. Zwei Minuten später waren wir bei Maiks Kajaklehrer Fabian angekommen. „Aha, du bist also Mina?", fragte mich Fabian. „Genau!", stimmte ich zu. „Naja, dann zeig uns mal, was du kannst!", forderte Fabian mich auf. Ich stieg ins Kajak und fuhr los. Nach sensationellen 20 Minuten rief mich Maik wieder aus dem Wasser. „Das war voll gut!", lobte mich Maik. „Ja, also von mir aus bist du dabei, aber bis zur WM musst du noch etwas üben! Maik kann ja mit dir üben, er ist mein bester Schüler", entschied Fabian. „Okay, dann bis morgen. Um 7:30 Uhr", schlug Maik vor. „Okay, bis morgen", verabschiedete ich mich. Ich lag eingekuschelt in meiner Decke und war hundemüde, aber konnte trotzdem nicht einschlafen. Es war alles viel zu unrealistisch – ich sollte auf einer Kajak-WM antreten, unglaublich! Am nächsten Tag war ich pünktlich um 7:30 Uhr am Eiskanal, um mich mit Maik zu treffen.

Wir fuhren mindestens zwei Stunden. Es hat viel Spaß gemacht und Maik war cool und locker. „Das war nicht schlecht. Wenn wir uns morgen und übermorgen nochmal treffen, sieht es vielleicht gut für dich aus bei der Kajak-WM in drei Tagen", schlug mir Maik vor. „Okay, dann bis morgen." Wir trainierten weitere zwei Tage hart.

Und dann kam endlich der Tag – ich hoffe, ihr wisst inzwischen, welchen Tag ich meine.

„Na, Mina, bist du bereit?" „Nicht wirklich...", gab ich vor Fabian zu. „Also gegen uns treten drei Teams an: erstens Fast River, gute und schnelle Fahrer, zweitens Silvermountains, geschickte und kleine Leute, und drittens Holloway, die Besten – sie fahren unbeschreiblich. Sorry, ich wollte dir keine Angst machen." „Nein, ist schon okay." „Dann mal los!"

„Alle Teams stellen sich auf. Als Erstes Marko aus Holloway, Sabrina aus Silvermountains, Mia aus Fast River und natürlich Seaturtle, unsere Außenseiter, mit Julie. Lasst uns die Spiele beginnen!" Die erste Runde ging leider an Holloway, aber es gab ja noch weitere Runden. Weitere zwei Runden gingen an Holloway und eine an Fast River „So, entweder wir reißen uns jetzt mal zusammen oder das war's dann für die Meisterschaft", fauchte Fabian uns an. Die nächsten Runden verliefen auch nicht gerade gut für unser Team. „Und in die letzte Runde starten Jana aus Holloway, David aus Silvermountains, Ella aus Fast River und Mina aus Seaturtle." Immer weiter kämpfte ich mich durch die Wellen und da sah ich es, das Ziel. Ja, wahrhaftig, das Ziel!

„Kommen wir zur Preisverleihung: Der erste Platz geht an das Team Holloway und der zweite Platz geht an Silvermountains" – großer Trommelwirbel – „der dritte Platz geht an die Seaturtle." Wir fielen uns gegenseitig in die Arme. Und übrigens: Ja, Maik und ich sind ein paar Wochen später zusammengekommen.

*Lilo Herz*
*Montessorischule Augsburg, Klasse Merkur 5*

## Am Ruder

Es war ein bezaubernder, sonniger Sommerferientag. Der Schweiß lief mir im Gesicht herunter, als wir endlich am See ankamen. Meine Familie und ich wollten zur Abwechslung einmal Boot fahren, anstatt immer nur zu wandern oder spielen zu gehen. Deswegen sind wir an einen verlassenen, aber wunderschönen See gefahren. Er lag mitten in einem dichten Wald und schimmerte, als wären tausend Diamanten darin. Ich konnte es kaum erwarten, den weiten See zu erkunden. Da wir nur ein Ruderboot und ein Stand-up-Paddle hatten, nahm ich das Stand-up-Paddle, denn ich wollte nicht mit meinem kleinen Bruder und meiner Mutter in einem Ruderboot sitzen. „Alice, zieh dich bitte um!", rief meine Mutter mir zu. Als ich gerade mein Paddle holen wollte, bemerkte ich einen riesigen Strudel in der Mitte des Sees, dachte mir aber nichts dabei, da es so etwas ja öfter gab. Am Anfang fuhr ich noch meiner Familie nach, aber es wurde mir schnell zu langweilig, deshalb beschloss ich, die Mitte des Sees anzusteuern. Das Wasser wurde immer dunkler und die heiße Luft verwandelte sich in eine kalte Brise. Mich schauderte es, als ich merkte, wie tief es war. Ich näherte mich dem Strudel und bekam ein wenig Angst. Dennoch blieb ich tapfer und paddelte dem Strudel entgegen.

Ich war nur noch ein bis zwei Meter vom Gefahrenpunkt entfernt, als mich plötzlich etwas mit voller Wucht von meinem Stand-up-Paddle schubste. Ich fiel geradewegs ins kalte, dunkle Wasser. Ich blinzelte und weit über mir sah ich mein Stand-up-Paddle und die strahlende Sonne. Ich bekam Panik! Alles um mich herum war schwarz. Ich sah keinen einzigen Fisch, nicht einmal Angeln. ‚Der See muss ziemlich tief sein', dachte ich, bevor mich auf einmal etwas in die ewige Tiefe zog und ich mein Bewusstsein verlor. Als ich meine Augen öffnete, hatte ich ein Krankenzimmer und Sanitäter um mich herum erwartet, doch ich sah bunte Lichterketten und eine riesige Muschel, in der ich anscheinend drinnen lag. Als ich meinen Kopf zur Seite drehte, schrie ich laut auf. Ich sah eine wunderschöne Nixe. Ich blinzelte ein paarmal, kniff mir in den Arm, um zu sehen, ob das ein Scherz ist, doch nein – es schien alles echt zu sein. Ich schaute verdutzt in das Gesicht der Nixe und sie sang fast: „Also wenn ihr Menschen so aufsteht, bin ich froh, dass ich keiner bin, ach ja, mein Name ist übrigens Malou!" Alles, was ich in dem Moment herausquetschen konnte, war ein verdutztes: „Wo bin ich? Und warum kann ich atmen?" Malou sagte fröhlich: „Ich habe dir eine Luftblase um den Kopf gepustet." Ich realisierte langsam alles und sagte: „Wir stehen nicht so auf. Ich wollte nur sehen, ob ich träume, weil alles so unreal ist." „Unreal?", sagte Malou. „Ouuuu, dann muss ich dir noch mehr zeigen, danach willst du gar nicht mehr weg!", jauchzte sie laut auf und zog mich mit einer Hand aus der Muschel und hinaus aus dem Haus. Wir rasten auf eine Wiese, wo lauter Wasserblumen blühten. Auf dem Weg dahin rief ich ihr noch ins Ohr: „Übrigens, ich bin Emma!" Ich lächelte und als wir auf der Blumenwiese angekommen waren, überkam mich ein Geruch von Rosen, Veilchen, Tulpen und Lavendel! Als ich gerade ein erstauntes „Wow" herausbringen wollte, tanzten viele bunte Fische um uns herum. Ich lachte und Malou zog mich weiter. Wir waren an der Nixenschule, im Meereszoo und im wunderschönen Muschelschloss! Als wir gerade weitergehen wollten, grummelte mein Magen so sehr, dass das Wasser bebte. Daraufhin zog mich Malou zu „Barkos Crabenburger Laden". Dort aß ich drei Burger und trank fünf Algensmoothies. Es war herrlich! Danach wollte Malou unbedingt noch ein paar Freundschaftsarmbänder knüpfen. Deshalb schwammen wir zurück in ihr Haus. Dort holte sie eine Schachtel mit Perlen, Muscheln und ganz vielen bunten Bändern. Ich machte ihr ein grünes Band und sie machte mir ein wundervolles blau-liliames Perlenarmband! „Es wird Zeit für dich zu gehen", sagte sie mit Trauer in der Stimme. Ich wollte protestieren, aber dachte dann an meine Eltern und meinen kleinen Bruder, also nickte ich widerwillig. Wir schwammen zusammen an die Oberfläche des Sees, ich setzte mich auf mein Stand-up-Paddle und sie schob es von unten bis zum Ufer, dann winkte sie mir hoch und schwamm elegant davon. Meine Mutter winkte mir vom Strand her zu und ich lächelte und zog das Stand-up-Paddle aus dem Wasser. Meine Mutter musterte mich und fragte, woher ich das Amband hätte. Ich lächelte nur und sagte, es sei von einer sehr guten Freundin.

*Maya Auer*
*Maria-Theresia-Gymnasium, Klasse 6b*

## Am Ruder bleiben bedeutet …

RUDERN bedeutet für mich:
Ausdauernd sein oder auch dran bleiben.
Macht besitzen.
Richtungswechsel gehört für mich auch dazu, das heißt,
sich neuen Dingen und Veränderungen anpassen.
Man kann bei schnellen Veränderungen auch sagen:
„Er/sie hat das Ruder herumgerissen!"
Das Ruder in der Hand zu halten, bedeutet,
Mut zu beweisen und die Kontrolle zu behalten.
Wie man sieht, ist Rudern nicht gleich Rudern …
Und jetzt noch etwas zum Nachdenken:
Tom geht jeden Sonntag ins Sportstudio. Sein Freund Oskar möchte gerne mitkommen. Tom trainiert zwei Stunden, Oskar nur 15 Minuten. Kann man sagen, dass Oskar ausdauernd gewesen ist?

Rudern:
- Richtungswechsel
- Kontrolle
- Kraft
- Geschwindigkeit
- Mut
- Macht
- Führung
- Verantwortung
- Ausdauer

*Johannes Schulz*
*Grundschule Göggingen-West, Klasse 3b*

## Besser, am besten, Kontrollverlust

Am Ruder sitzen, das Boot steuern, das Kommando haben, die Kontrolle. Kontrolle worüber? Über Schulnoten, über das, was andere von einem denken, über seinen Körper? Ich wollte die Kontrolle übernehmen. Über mein Leben. Weil ich es allen beweisen wollte. Doch hat mich dieses Ziel mehrmals in die Notaufnahme gebracht und schließlich dazu geführt, dass ich ein ganzes Jahr im Krankenhaus sein musste. Weg von zu Hause, weg von meiner Familie, weg von meinem Leben.

Für eine lange Zeit hatte ich das Gefühl, nicht genug zu sein. Irgendetwas in mir hat immer gesagt: „Du musst besser werden, du bist schwach, bekomme endlich dein Leben in den Griff!" Jeder hat diese Phasen. Man sitzt nur rum, hängt am Handy oder schaut Netflix. Man sieht keinen Sinn darin, sich aufzuraffen und produktiv zu sein, wenn das Jetzt gerade doch so bequem ist. Es fehlt die Motivation, etwas verändern zu wollen. Doch ich war an dem Punkt angekommen, wo ich der Stimme in meinem Kopf glaubte und das schlechte Gewissen nicht mehr ertragen wollte. So fasste ich den Entschluss, das Ruder in die Hand zu nehmen. Ich wollte nicht weiterhin meinem inneren Schweinehund die Entscheidungen meines Lebens überlassen. Ich dachte, meine Zeit sei gekommen, etwas zu verändern. Mein Plan: Ein perfektes Leben kreieren. Aber was ist schon perfekt? Ich stellte mir vor, wie ich vielleicht irgendwann nach den Sommerferien in die Schule gehe und alle sich denken: „Wow, sie hat es geschafft." Sie sollten denken, ich sei hübsch, reich, sportlich, talentiert, was auch immer. Einfach denken, dass mir nichts im Leben fehlt. Tja, das war meine Vorstellung von meinem perfekten Leben. Also begann ich, gesund zu essen, ich trieb Sport, immer mehr und mehr. Ich kaufte sämtliche Beauty-Produkte, um meine Haut, die ohnehin schon sehr schön war, noch weiter zu perfektionieren. Ich lernte und sparte mein Geld, um mir teure Produkte zu kaufen. Ich änderte alles, darauf wartend, dass irgendwann genau der Tag kommt, an dem mein Leben perfekt ist. Wer das hört, wird erst einmal die Stirn runzeln und sich denken, dass ich eingebildet sei, Menschen nur nach ihrem Äußeren beurteile und einen Traum verfolge, der sich nicht von einem auf den anderen Tag erfüllen würde. Ich gebe zu, es klingt wirklich sehr unrealistisch, aber eine Zeitlang hatte ich daran geglaubt. Also machte ich weiter. Irgendwann kam ich an den Punkt, wo ich dachte, wenn ich einen perfekten Körper habe, dann bekomme ich Aufmerksamkeit, dann werde ich endlich gesehen, dann bewundern mich die anderen. Ich verzichtete auf meine Lieblingsessen und schränkte meine Ernährung immer mehr ein. Zu dem Zeitpunkt hatte ich schon ein paar Kilo abgenommen und Leute begannen, es zu bemerken. Meine Familie redete mich blöd an, wenn ich Kuchen verweigerte oder Ausreden suchte, warum ich zum Kaffeeklatsch bei Oma nichts aß. Dann fand ich die optimale Lösung – dachte ich. Ich wurde vegan, denn dann hatte ich die einfache Erklärung, warum ich zum Beispiel die Sahnetorte nicht essen konnte. Abgesehen von den Kalorien, die ich somit sparte, hatte ich mich wirklich ausführlich darüber informiert und entwickelte einen Abscheu gegenüber Tierprodukten, nachdem ich wusste, was alles dahinter steckt. Nach einigen Wochen wusste ich genau, welche Vitamine worin enthalten sind und welche ich supplementieren musste. Es hat etwas gedauert, bis meine Eltern sich damit abgefunden hatten und ich in Ruhe meine kalorienarme Rohkost weiter essen konnte. Es dauerte aber nicht lange, bis auffiel, dass ich Kohlenhydrate mied und Fette wegließ. Demnach kauften meine Eltern Ersatzprodukte, zum Beispiel vegane Schokolade, Käseersatz oder kochten reichhaltige vegane Gerichte. Ich wusste all dies sehr zu schätzen, jedoch konnte ich mich nicht überwinden, das zu essen. Meinem Kopf war egal, wie viel Mühe und Arbeit sich meine Eltern für mich machten, mir war nur bewusst, welche Kalorienzahl mir entgegenschaute, wenn ich auf den Teller blickte. Ich verlor immer mehr an Gewicht. Obwohl mir bewusst war, dass ich nicht weiter abnehmen wollte, schaffte ich es einfach nicht mehr zu essen. Die Sucht war schon zu stark. Zwar sprachen mich Leute auf meinen Körper an, aber nicht so, wie ich es mir vorgestellt hatte. Anstatt einem „Wow, du hast echt eine tolle Figur! Cool, dass du es geschafft hast, deinen Appetit unter Kontrolle zu bekommen" bekam ich ein „Ist alles okay mit dir? Geht es dir gut? Du bist dünner geworden!" Und ich hörte den Klang der Skepsis aus ihren Worten, keine positive Anerkennung. Obwohl ich Tag für Tag schlechter einschlief, mich immer weniger konzentrieren konnte und mehr und mehr die Freude am Leben verlor, verbesserten sich meine Schulnoten. Was mich diszipliniert hat, war der Wille durchzuhalten. Ich wartete immer noch auf den einen Tag, an dem alles perfekt werden würde, obwohl ich genau wusste, dass dieser Tag nie kommen würde, dass der Tag in keinem menschlichen Leben existiert. Man will immer weiter, immer mehr, immer besser, immer höher und immer stärker werden. Der Mensch ist NIE zufrieden mit dem, was er hat, er will immer noch mehr. In meinem Fall war es die Kontrolle. Für mich war es eine Bestätigung, dass ich es schaffte, dem zu widerstehen, was den Menschen abhängig macht. Dass ich es schaffte durchzuhalten, wo andere scheiterten. Jedes Mal, wenn ich auf der Waage stand und sah, dass mein Gewicht gesunken war, hatte ich das Erfolgsgefühl, was mich süchtiger machte. Meine innere Stimme sagte: ‚Sehr gut gemacht, ich bin stolz auf dich! Du machst das super! Schau, was für ein tolles Team wir sind, du und ich gegen den Rest der Welt.' Ich hatte meine Freunde von mir gestoßen und mich von meinen Hobbys abgemeldet, weil der einzige Sinn meines Lebens aus der Bestätigung bestand, Gewicht zu verlieren oder die Note 1 zu erzielen. In beiden Fällen steht die Zahl schwarz auf weiß und mir war klar: wieder hab' ich es geschafft. Ich war allein mit meiner inneren Stimme, meiner Ratgeberin, meiner einzigen Freundin, meiner falschen Freundin, die mich in ihrer Umarmung hielt und mir zugleich ein Messer an die Kehle legte. Die Freundschaft war toxisch. Sie sagte mir ständig: ‚Ich bin deine beste Freundin, ohne mich bist du niemand, du bist schwach ohne mich, ich bin die Lösung all deiner Probleme. Mir kannst du vertrauen, ich bin da für dich, ich lass dich nicht fallen, ich lass dich nicht los, niemals!' Sie schaute mir bei allem über die Schulter, natürlich besonders beim Essen. Obwohl mein Kopf genau wusste, dass ich Essen brauchte, war es, als sagte jede Faser meines Körpers: ‚Du KANNST das nicht essen!' Mir war klar, dass ich Hilfe brauchte, dass ich nicht allein die Kraft hatte, mich von ihr zu lösen. So waren wir schließlich beim Arzt, wo ich zum ersten Mal mit meiner Diagnose konfrontiert wurde. Sie lautete Anorexia Nervosa. Für mich klang das wie jemand anders, ich konnte nicht fassen, dass tatsächlich ich diese Krankheit haben sollte. Erst so wurde mir bewusst, wie schön mein Leben gewesen war, bevor ich den Traum eines perfekten Lebens zu verfolgen begann. Ich bekam sofortiges Schulverbot und war nur noch zu Hause. Ich las sehr viele Bücher in kürzester Zeit, bis ich mich nicht mehr auf den Inhalt konzentrieren konnte, weil sich meine

Gedanken nur noch ums Essen drehten. Da ich nicht einfach nur nichts tun wollte, verbrachte ich den Tag auf Social Media. Bei dem Versuch, meinen mentalen Hunger zu stillen, sah ich mir Essensvideos an und verdrängte den physischen Hunger mit Kaugummi und Wasser. Ich konnte abends nicht einschlafen und wachte morgens mit Schmerzen auf. Der Grund war meine Matratze – oder wohl eher meine Knochen. Die Matratze konnte noch so weich sein, meine Hüften und Schultern standen so stark heraus, dass es unglaubliche Schmerzen verursachte, einfach nur im Bett zu liegen. Öfters, wenn ich in der Früh aufwachte, brach ich zusammen, weil meine Beine mich nicht halten konnten. Ab einem bestimmten Gewicht begannen meine Beine, von der Hüfte abwärts taub zu werden, und durch meine Nerven schossen unvorstellbare Schmerzen. Aus Angst brachte meine Mutter mich eines Morgens in die Notaufnahme, wo sämtliche Untersuchungen gemacht wurden. Ich konnte sehr schwer atmen und mein Herz war so schwach, dass jeglicher Versuch, mir Blut abzunehmen, scheiterte. Zu keinem Zeitpunkt war mir auch nur annähernd bewusst, wie lebensbedrohlich meine Lage war. Selbst als man einen Wasserguss um mein Herz fand, war mir der Ernst der Lage nicht bewusst.

Mehrmals wollte die Notaufnahme mich nicht länger als zwei Tage behalten. Sie meinten, dass sie mir nicht helfen könnten, sondern mich nur überwachen. Also wurde ich dort wieder entlassen.

Zu Hause bin ich wieder stundenlang nur am Fenster gesessen, weil dort die Heizung war, habe Kaffee und Wasser getrunken und geweint. Meine Familie konnte meine Krankheit nicht verstehen, dennoch zwangen sie mich zu nichts. Ich war auch nicht die Einzige, die nie einschlafen konnte. Meine Mutter hatte Todesangst um mich und kam ständig in mein Zimmer, um zu überprüfen, ob mein Herz noch schlug. Ich kann mir nicht vorstellen, wie schrecklich ihre Angst um mich gewesen sein muss. Aus diesem Grund brachte sie mich erneut in die Notaufnahme, diesmal jedoch weigerte sie sich, mich wieder mit nach Hause zu nehmen mit der Begründung, dass ich es bis zum nächsten Mal nicht überleben würde. Ich wurde an Monitore angeschlossen und konnte mein Bett nicht verlassen. Die Minuten in diesen Tagen und Nächten zogen sich ewig und waren die längsten meines Lebens. Mir ging es noch nie in meinem Leben so elend. Ich hatte keine Energie, Schmerzen, innere Unruhe. Ich musste erst an den Tiefpunkt meines Lebens kommen, um dann wieder Glück zu erfahren. Denn ich wurde von der Notaufnahme auf die psychosomatische Station überwiesen. Dass ich dort die kompletten nächsten zwölf Monate verbrachte, damit hatte niemand gerechnet. Zu Beginn war es sehr schwierig, da ich die ersten vier Monate nicht nach Hause durfte wegen des zu starken Untergewichts. Auch zum Laufen war ich zu dünn und wurde nur im Rollstuhl herumgeschoben. Zugegebenermaßen hat es mir aber auf der Station gut gefallen und ich lebte mich sehr schnell ein. Mit anderen Jugendlichen konnte man viel Zeit verbringen und Spaß haben. Dort fand ich Personen, die mir sehr ans Herz gewachsen sind, denn man machte unglaublich viel zusammen durch. Es ist ein sehr harter Kampf gegen die Essstörung und es gibt Hochs und Tiefs. Nach einem Jahr (was sehr lange für einen Klinikaufenthalt ist) war ich einigermaßen stabil, sodass ich entlassen werden konnte. Es war eine große Herausforderung, nach Hause zu gehen, raus aus dem geschützten Rahmen, der mir Sicherheit gab, und weg von Menschen, die mir wichtig sind. Nun sitze ich seit wenigen Wochen zu Hause und versuche durchzuhalten, denn gesund bin ich noch lange nicht. Ich kämpfe die ganze Zeit gegen Gedanken, die mir einreden, dass ich zu dick und zu schlecht sei. Sollte ich zwei Kilo abnehmen, war ausgemacht, dass ich zurück in die Klinik musste, also wandte ich alle Techniken an, die ich gelernt hatte, um die Gedanken beiseite zu schieben. Zum Glück habe ich eine gute ambulante Psychotherapeutin und Ziele gefunden, die mich motivieren, nicht aufzugeben, sondern weiter gegen meine Krankheit zu kämpfen. Meine Krankheit begleitet mich, aber ich versuche zu lernen, damit zu leben. Man kann sich vermutlich denken, was ich mir wünschen würde, hätte ich einen einzigen Wunsch frei, denn es ist unvorstellbar, wie viel schwieriger das Leben mit so einer falschen Freundin ist. Dennoch bin ich dankbar, dass ich durch meine Therapie eine neue Sichtweise auf das Leben bekommen habe und so als achtsamer Mensch durchs Leben gehe. Das Wichtigste für mich ist, dass ich mir weniger Gedanken um das mache, was andere von mir denken, sondern einfach das Leben genieße und versuche, zu mir selbst gut zu sein, indem ich dankbar bin für das, was ich habe.

*Helena Geiß*
*Maria-Ward-Gymnasium, Klasse 10a*

# Tragischer Tod einer 18-Jährigen — die Gemeinde trauert

Da kam ein Baum. Aus dem Nichts. Stellte sich sozusagen direkt vor ihr Auto, mitten in die Fahrbahn, die nicht mehr die Autobahn war. Sie blinzelte und weg war all die Scham, die Wut. Die Freunde, die sie verraten hatten, die Freunde, die sie verraten hatte – es gab da eine gewisse Schnittmenge und allzu klein war sie nicht – die Party, vor der sie geflohen war, im Auto, betrunken. Eine schlechte Idee. Sie würde nicht mehr zu der Erkenntnis gelangen, sie sah nur den Baum, der plötzlich in ihren Weg trat. „Nicht weiter!" Als wolle er ihr sagen, dass sie falsch abgebogen war, schon vor einiger Zeit vom Weg abgekommen. „Wo willst du hin? … Aber dort ist es doch schlecht!" Und eigentlich wollte sie ja auch gar nicht dorthin, was hatte sie sich dabei gedacht? Wollte umdrehen im letzten Moment, aber sie war schon da. Angekommen, gegen den eigenen Willen am Ziel. Und in Erleichterung löste sich ihr Leben auf, der ganze Egoismus, das Besser-sein-müssen, im Klo runtergespült, ging alles mit ihr unter, denn nicht einmal A und B sprachen darüber, nicht einmal miteinander, alleine, nachts, und auf der Beerdigung hörte man davon sowieso nichts. Die Entschuldigung wurde auch nie ausgesprochen, die hatte sie auch nie gedacht, aber nach dem Baum hatte man sie ihr angedichtet, aus der Stille heraus, aus dem Dunkeln, nur in Gedanken ihr in den Mund gelegt für ihre letzten Sekunden. Doch tatsächlich war da nur der Baum gewesen, den hatte sie klar gesehen, die kahlen Äste, in den Himmel ragend, ihr sagend, dass sie aufhören sollte zu rudern, schließlich war sie längst nicht mehr am Ruder, es war ja alles aus dem Ruder gelaufen. Tutto kaputto. Ein Leben für nichts, kurz war es gewesen, unschön, unruhig, rastlos, zerschellte an dem Baum, der wie ein Felsen war, still, starr, ewig, wie es ihr schien.

*Anissia Koller*
*Maria-Theresia-Gymnasium, Q11 (Schreibwerkstatt)*

## Die Ameisenkönigin

Alle sind der Staat. Sie ist die Königin.
Sie befiehlt. Alle gehorchen.
Alle verursachen Chaos. Sie behält die Kontrolle.
Sie beherrscht. Alle ordnen sich unter.
Sie ist das Ruder. Alle sind das Boot.
Alle arbeiten für sie. Sie ruht für alle.

Sie überlebt für alle . Alle sterben für sie.
Alle sorgen für sie. Sie sorgt für alle.
Sie lebt für alle. Alle leben für sie.
Sie ist das Ruder. Alle sind das Boot.
Das Boot ist nutzlos ohne Ruder.
Das Ruder ist nutzlos ohne Boot.
Die Königin ist nutzlos ohne Volk.
Das Volk ist nutzlos ohne Königin.
Sie stirbt, alle sterben.

*Victoria Wohlfarth*
*Gymnasium bei St. Stephan, Klasse 10c*

## Die einsame Insel

Vor langer Zeit existierten auf einem Planeten einmal Drachen. Nicht die feurigen Ungeheuer aus dem Mittelalter, sondern Drachen, die uns Menschen ähnelten. Eines Tages bekam einer der Wikinger-Drachen aus dem Feuerclan, der Vulkan hieß, den Auftrag, zur einsamen Insel zu segeln, um dort Ware abzuliefern. Er nahm als Gefährten fünf weitere Drachen mit: Magma, Salamander, Feuerblatt, Phönix und Krakatau. Ihre Reise dauerte schon zwei Wochen. Sie mussten auch vorsichtig sein, denn die feindlichen Wasserdrachen schlummerten nicht. Die Gefährten wandten sich langsam an die Seite von Krakatau, dem die Mission von Anfang an nicht gefiel.

Vulkan starrte in das weite, dunkelblaue Meer und versank in Gedanken über die Dauer der Fahrt. Im Ernst, sie dauerte schon zwei Wochen – wie lange noch?! Auch die Mannschaft wurde langsam ungeduldig, besonders das Mitglied Krakatau. Er beschwerte sich jeden zweiten Tag. Und da kam er schon: Flügel und Ohren nah am Körper angelegt, in seinen Augen lag Feindseligkeit. „Vulkan, ich habe mit dir etwas zu besprechen", sagte er ohne Umweg. „Was, jetzt?", seufzte Vulkan schwer und drehte sich um, um Krakatau ins Gesicht zu blicken. „Die Mannschaft ist heute ganz auf meiner Seite, Vulkan." Ein schadenfrohes Lächeln huschte über sein Maul. „Wir müssen unsere Mission wohl abbrechen." – „Nein, werden wir nicht!", erwiderte Vulkan. Aber Krakatau wehrte ab: „Wer ist dafür abzubrechen?", rief er in die Runde. Alle hoben ihre Pfoten. Das wäre Vulkans Ende gewesen, aber ein sehr erstaunlicher Umstand rettete ihn.

Das Meer sprudelte auf, obwohl es windstill war. Zuerst zeigten sich Tentakel … dann ein runder Kopf … „EINE RIESENKRAKE!!!", schrie Krakatau, der plötzlich nicht mehr so entschlossen war, und rettete sich in die Kajüte. Aber alle anderen waren viel mutiger. Sie stellten sich auf, um das Schiff zu verteidigen. Doch das mussten sie nicht. Auf einmal sprach das Ungeheuer mit einer hohen Stimme: „Nur zur Information: Ich bin keine RiesenKRAKE, ich bin ein RiesenOKTOPUS." – „Kannst du … ähem … Sie etwa reden???", wunderte sich Magma. Sie hatte mit einem hirnlosen Biest gerechnet. „Ja, ich kann reden!" Der Oktopus war ein bisschen beleidigt. „Wohin wollt ihr? Ich kenne die ganze Inselversammlung, also kann ich euch den Weg zeigen." – „Zur ‚einsamen Insel'", antwortete Vulkan. „Folgt mir, Rotflügel!" Und schon kamen sie viel schneller voran als vorher und das in die passende Richtung.

Am nächsten Tag kamen sie am Ziel an. Da traute sich Krakatau endlich aus der Kajüte heraus. Als er jedoch den Oktopus sah, rannte er schnell zu den anderen Mitgliedern, die nicht mehr so freundlich zu ihm waren. Zusammen gingen sie in den Wald und schon nach einiger Zeit fanden sie einen See. Er war klar wie ein Diamant und am Seegrund lag … „Eine Statue! Aus Mondstein!", rief Krakatau und wollte schon ins Wasser gehen, aber Salamander stoppte ihn. „Ich spüre, dass das Gewässer verflucht ist", sagte er mit seiner dunklen Stimme, die nach Unheil klang. „Wir müssen testen, ob der See gefahrlos ist." Und schon holte Salamander einen sehr langen, knorrigen, halb kaputten Ast, steckte ihn ins Wasser und … „Der wird weiß!", schrie Feuerblatt erschrocken auf. „Ich wusste es!", sagte Krakatau. „Ich gebe dir noch eine Chance", knurrte Vulkan, „und dann werfe ich dich in DIESEN See."

Die Gefährten gingen weiter ohne einen Laut und kamen anschließend an einen steinernen Tisch, der auf einer Lichtung stand und für viele Personen gedeckt war. Ein Platz war schon besetzt von einem weißen Drachen, der sehr freundlich zu ihnen blickte. „Seid gegrüßt, geehrte Wikinger-Drachen!", sagte der Unbekannte. „Woher kennen Sie den Namen unseres Stammes?", fragte Phönix und riss die Augen auf. „Lesen Sie Gedanken?" – „Nein, natürlich nicht", sagte der Weiße. „Können wir das Siezen lassen? Ich heiße Weißer und ihr?" Seine Stimme klang wie ein Windspiel. „Hallo, Weißer. Ich heiße Vulkan und das sind meine Gefährten: Magma, Phönix, Salamander, Feuerblatt und Krakatau." – „Darf ich euch zum Essen einladen? Die Last könnt ihr ablegen. Aber …" – er zog mit der Nase die Luft ein – „ich glaube, hier ist ein Fremder."

Alle schauten Krakatau verdächtig an. „Ich denke, ER", sagte Salamander. Plötzlich passierte alles schnell. Krakatau versuchte wegzulaufen, aber alle versperrten ihm den Weg. Er griff sein Messer heraus und rief: „Wenn ihr mir den Weg nicht freimacht, bringe ich euch alle um!" Weißer hob seine Vorderpfoten und erschuf einen Zauberspruch, so dass Krakatau weich in einem von den Sesseln landete. Sofort umwickelten ihn weiß leuchtende Seile und es geschah etwas: Krakatau veränderte seine Form und seine Farbe. Am Ende war er ein Wasserdrache, der voller Wut an den Seilen riss. „Er muss die Wahrheit über seinen Verrat sagen!", schrie Magma wütend. Weißer legte einen Wahrheitsspruch an. Salamander fing an, kaltblütig Fragen zu stellen: „Wer bist du und was ist deine Mission?" – „Ich bin Megalodon und meine Mission ist es, eure zu ruinieren." Magma wurde noch wütender, Phönix wurde fast ohnmächtig, Feuerblatt musterte Megalodon rasend und Vulkan wechselte einen Blick mit Weißer. „Wer hat dich geschickt?" – „König Orca." – „Warum hat er dich geschickt?" – „Weil er alle Schiffswege eures Clans blockieren wollte. Ihr könntet anstatt Essen auch Waffen und Drachen liefern. Mein Herr findet mich!" Weißer brachte Megalodon zum Verstummen. „Ich schlage vor", sagte Weißer, „wir lassen ihn bei mir. Ich werde mich um ihn kümmern." Mit diesen Worten steuerte Weißer Megalodon irgendwo ins Gebüsch. „Jetzt, wo uns niemand stört, schlage ich vor ... – zu essen!", schrie Feuerblatt ungeduldig. Und so begann das Fest! Es dauerte eine Nacht lang und auch noch ein bisschen in den Morgen hinein. In der Begleitung von Weißer und mit dessen magischer Hilfe hatten sie ihre Mission erfolgreich erfüllt und fuhren heil und glücklich nach Hause ...

und wenn sie nicht geschwommen sind, dann rudern sie noch heute.

*Ksenia Safranova*
*Maria-Theresia-Gymnasium, Klasse 6b*

## Wer ist hier am Ruder?

Auf hoher See schipperte ein kleines Boot. Darin saßen Elefant Edgar, Adler Archibald und Maus Michi. Die drei waren beste Freunde und unternahmen alles zusammen. Heute wollten sie zur grünen Insel, um dort zu angeln und zu grillen. Doch ihre Pläne wurden durchkreuzt. Kaum waren sie losgesegelt, kam ein mächtiger Sturm auf und blies das kleine Boot der drei Freunde auf den Wellen nur so umher.

Elefant Edgar sagte: „Ich bin der Stärkste von uns, nur ich kann dem Sturm trotzen und uns retten. Ich gehe ans Steuer!" Beherzt packte er das Steuer und lotste mutig und sicher das kleine Boot der drei Freunde durch den Sturm.

Als der Sturm endlich nachließ, trauten die drei ihren Augen nicht. Sie waren vom Kurs abgekommen und in die gefährliche Felsenbucht getrieben. Überall ragten Felsen aus dem Wasser oder versteckten sich unter der Wasseroberfläche. Oje, wie sollten sie hier nur jemals wieder heil herausfinden? Adler Archibald sagte: „Ich habe die besten Augen von uns. Ich kann jeden noch so kleinen Felsen erspähen. Ich rette uns!" Schon schwang er sich in die Luft und dirigierte das kleine Boot unserer drei Freunde aus der Felsenbucht heraus mit „Halt!" – „Stop!" – „Nicht so schnell!" – „Etwas mehr rechts!" – „Erst zurück und dann nach links!" und „Nein, das andere Rechts!"

Kurze Zeit später tauchte am Horizont bereits die grüne Insel mit ihrem Landungssteg auf. Doch plötzlich gab es einen heftigen Ruck, der die drei Freunde fast umgeworfen hätte. Verwundert schauten sie, was los war. Im Sturm hatte sich der Anker gelöst und klemmte jetzt zwischen zwei riesigen Steinen am Meeresgrund. Alles Ziehen half nichts. Der Anker wollte sich einfach nicht lösen. Ihr Boot steckte fest. Da sagte Maus Michi: „Ich kann am besten von uns nagen. Ich befreie uns!" Tapfer sprang er ins Wasser, tauchte hinab und knabberte das dicke Ankertau durch.

Als die drei wenig später völlig erschöpft von ihrer abenteuerlichen Reise auf der grünen Insel im Sand lagen, war ihnen klar:

Egal, ob groß, ob klein,
Jeder muss mal am Ruder sein,
Denn nur gemeinsam sind wir stark,
Sonst ist die Welt ganz karg.

*Salvo-Leon Kobor*
*Grundschule Vor dem Roten Tor, Klasse 3b*

## Zurückrudern

Wir vergeben, wer wir sind, für das, was wir gewinnen können.
Ich wünschte, jemand hätte mir das früher gesagt, vor dem Unfall.
Ich höre ihre Schreie immer noch.
Ich war zu spät.
Ich wünschte, ich könnte zurückrudern in der Zeit und sie retten.
Meine Fehler verschwinden lassen.
Wie gerne würde ich zurückrudern in der Zeit.
Ich dachte wirklich, ich hätte dich an meiner Seite, aber jetzt ist niemand an meiner Seite.
Ich brauche dich gerade.

Ich brauche dich so sehr.

Ich glaube, ich werde langsam wahnsinnig.

Ich erinnere mich an ihre letzten Worte, bevor sie von der Klippe fiel.

Sie waren.

„Hannes, das ist unsere letzte Nacht zusammen."

„Was meinst du?", hatte ich damals geantwortet.

„Auf Wiedersehen, Hannes."

„Leyla? LEYLA!" Und dann fiel sie, um mich zu retten.

Im selben Moment starteten alle Feuerwerke.

Die Erinnerung an diesen Tag ist schmerzhaft.

Ihre Schreie jagen mir jedesmal Angst und Trauer ein und die Erinnerung an ihre wunderschönen goldenen Augen.

Alles verschwamm.

„HANNES! HANNES!"

Ich höre jemanden meinen Namen rufen.

„Leyla?"

„Hannes … Leyla ist tot, du musst sie gehen lassen."

„Ich kann nicht, Sophie."

„Ich will zurückrudern in der Zeit."

„Wenn es dein Wunsch ist …"

Und dann war ein lautes Peng zu hören und um mich verschwamm die Gegend und ich stand wieder dort.

Auf dem Balkon.

Und bin in der Zeit zurückgerudert.

Ich hatte eine zweite Chance.

*Finja Schipper*
*Maria-Theresia-Gymnasium, Klasse 7a (Schreibwerkstatt)*

## Vom Loch zum Eis

Es war ein sonniger Nachmittag und ich fuhr mit meiner Freundin Lisa an den nahegelegenen See.

Als wir angekommen waren, liefen wir ein Stück, um die frische Luft zu genießen, doch nach ein paar Metern sahen wir einen Bootsverleih. Wir dachten uns beide: ‚Wo kann man die Sonne denn besser genießen als auf einem Boot, das auf dem leisen, rauschenden Wasser treibt!' An dem Bootshaus angekommen, stellten wir uns hinter die Menschen, die auch alle auf ein Boot warteten. Am Schalter fragte ich nach einem kleinen Ruderboot. Der Mann wies uns ein Boot zu, das noch frei war. Mein erster

Gedanke zu diesem Boot war: ,Ist das überhaupt noch fahrtüchtig?' Meine Freundin überredete mich aber schlussendlich, doch mit einzusteigen, und somit ruderten wir mit dem schon leicht modrig riechenden Boot bis zur Mitte vom See, wo die Sonne ihren heißesten Punkt erreichte. Lisa und ich plauderten über Mädchenkram, wie beispielsweise Jungs, aber auch über unser Studium. Nach zwei Stunden entschieden wir uns dann dafür, doch ins Wasser zu gehen, da es wirklich sehr warm war. Nach dieser Erfrischung fiel mir ein, dass wir unseren gepackten Picknickkorb noch gar nicht angerührt hatten, obwohl wir schon seit fast drei Stunden auf dem Boot waren. Lisa nahm sich den Korb und packte alles aus, was wir eingepackt hatten. Wir aßen zusammen und genossen dabei noch diesen tollen Ausblick. Seit ein paar Minuten hörte ich jedoch immer mal wieder ein leises Zischen; bis zu diesem Zeitpunkt konnte ich aber nicht wirklich sagen, woher das kam, also ignorierte ich es einfach und redete mit Lisa weiter. Doch mich ließ dieses Zischen nicht in Ruhe; meiner Freundin hatte ich aber bis dahin noch nichts davon erzählt, denn sie würde sich so hineinsteigern, dass sie mich verrückt machen würde. Ich sah mich unauffällig um, doch mir fiel im ersten Moment nichts auf. Nachdem ich ein paarmal auf die gleiche Stelle gestarrt hatte, sah ich es und fühlte es: Da war ein Riss im Boot und das Wasser im Boot stieg zusehends. Mittlerweile bemerkte es meine Freundin Lisa auch und fragte mich ganz aufgeregt, was wir jetzt machen sollten. Ich sagte zu ihr: „Wir müssen versuchen, noch so weit zurück zu rudern, wie es nur geht." Doch weit kamen wir nicht, denn das Boot sank immer tiefer mit jedem Ruderschlag, den wir machten. Also sprangen wir aus dem Boot und ließen alles zurück. Lisa war schon nach den ersten Metern am Ende, aber es half nicht zu jammern. Ein letzter Blick nach hinten und man sah nur noch die Spitze vom Boot, die langsam nach unten trieb. Nach gefühlten zweihundert Metern Schwimmen und einem Liter Wasser intus war Land in guter Sicht. Als Lisa und ich am Ufer angekommen waren, erholten wir uns erst einmal und kamen zu Atem. Frisch erholt liefen wir langsam zu dem Bootshaus und beschwerten uns, dass wir ein defektes Ruderboot bekommen hatten. Der Mann war zuerst skeptisch, doch nach einiger Zeit gab er dann zu, dass niemand dieses Boot haben wollte, daher kontrollierte er auch nicht, ob es defekt war oder nicht. Lisa und ich bekamen das Geld, das wir fürs Ausleihen bezahlt hatten, zurück und der Mann entschuldigte sich vielmals.

Anschließend gingen Lisa und ich noch ein Eis essen, um diesen schrecklichen wie schönen Tag abzuschließen. Danach fuhren wir nach Hause und erzählten alles sofort meiner Mama, die darüber nur lachte.

*Fabienne Vogele*
*Heinrich-von-Buz-Realschule, Klasse 8c*

## Zusammen bleiben wir am Ruder

In einer Woche ist es soweit, die Cheerleader-Meisterschaft steht an.
Wie jeden Tag bereiten sich die 17-jährigen Freundinnen Soleil, Nataly, Sofia, Delia und Katja zu ihrem gemeinsamen Training vor. Sie treffen sich meistens bei Nataly zu Hause, da sie näher an der Trainingshalle wohnt. Die Mädchen machen ihre Lieblingsaufwärmübung, die die Cardio unterstützt. Sie haben eine bestimmte Aufstellung, die ihnen hilft, die Laufrunden länger durchzuhalten. Diese Aufwärmphase zieht sich von Natalys Zuhause bis zur Trainingshalle. Nach knapp 30 Minuten Laufweg sind die fünf Mädchen angekommen, wo sie herzlich von ihrem Coach Lia – die 5 Jahre älter ist als die Mädchen – in Empfang genommen werden, um dann mit dem Training zu beginnen.
Der größte Bestandteil im Training liegt darin, Vertrauen in die anderen aus der Gruppe zu haben, denn ohne die anderen Mädels und ohne das Vertrauen kommen sie nicht weit. Eine typische Aufgabe dafür ist die menschliche Pyramide im Stehen. Dabei ist das Vertrauen zu allen Beteiligten fundamental. Hier stehen die Belastbareren unten, für die höher Springenden gilt, so elegant wie möglich nach oben zu springen. Die sogenannten Flieger müssen dafür das nötige Vertrauen in die unten Stehenden haben um sorgenfrei ihre Posen durchzuführen. Kann die nötige Vertrauensbasis nicht entstehen, so werden die Posen schwieriger zu schaffen und es passieren Fehler: Fehler, die im schlimmsten Fall dazu führen würden, die Tricks nicht vorführen zu können. Delia und Katja haben hierzu auch schon vorgeschlagen, die Fire-Girls eventuell mit ein paar Jungs oder gar einer Jungs-Truppe zu vergrößern. Somit steigen die Chancen für ihren großen Traum, bei der Meisterschaft ins Finale zu kommen. Bei dem heutigen Training kommen einige neue Truppen an die Schule, um dort zu trainieren, unter anderem ein sehr guter Freund von Lia namens Joe. Joes Truppe besteht aus sechs starken, motivierten und zielorientierten Jungs, die – so wie es der Zufall will – auf der Suche nach einer passenden Mädels-Truppe sind. Leo (17), Tony (17) und Lincoln (17) sind Brüder – Drillinge, um genau zu sein. Und sie sind mit

Teo (17), Davide (18) und Alex (18) schon von ihrer Kindheit an befreundet. Die Lepards – so nennen sich die Jungs – waren schon fünf Mal bei der Meisterschaft und haben drei Mal in Folge den ersten Platz belegt. Dabei haben sie jedes Mal ihren vorherigen Auftritt übertroffen und erhielten dafür sehr viel Respekt und Lob für das ‚Am-Ruder-bleiben'.

Gerade bekommt Sofia extreme Zweifel, ob sie auch wirklich ihren Part perfekt schaffen kann, ohne jemanden der anderen oder sich selbst total zu blamieren oder gar zu verletzen. Lincoln und Davide sehen Sofias zweifelnde Blicke und beschließen, sie darauf anzusprechen, vielleicht können sie helfen. Die anderen Jungs schlendern ahnend hinterher. Die Mädels erstarren kurz, begrüßen die Jungs nett und fragen daraufhin, ob sie etwas für sie tun können. Lincoln fragt Sofia gerade heraus: „Du siehst nicht gerade begeistert aus über den nächsten Schritt, den du durchführen willst. Wovor hast du Angst?" Nach dieser Frage laufen Sofia sofort Tränen über die Wangen, sie setzt sich auf die Turnmatten und schildert ihre Angst: „Ich habe Angst, alles zu vermasseln, Angst davor, dass wir wegen mir nicht bis ins Finale kommen und dass unsere Trainingseinheiten umsonst sind. Einfach Angst, euch zu enttäuschen …"

Soleil setzt sich zu Sofia und nimmt sie in den Arm. „Weißt du, Sofia, wir trainieren hier nicht seit gestern und sind auch keine Anfänger ohne Erfahrungen. Jeder kann Fehler machen, keiner wird dir dafür böse sein. Wir haben damals alle nur aus einem Grund angefangen: aus Spaß! Erst als uns Lia entdeckt hat, weil sie unser Potential sah, bot sie an, uns für Meisterschaften und Wettkämpfe zu trainieren. Seitdem fingen wir an, intensiver zu trainieren, dadurch sind wir immer besser geworden!" „Ja, genau! Außerdem wissen wir alle, was wir drauf haben. Vor allem weil wir immer am Ruder geblieben sind und ein gemeinsames Ziel vor Augen sehen. Natürlich wissen auch wir, es wäre nicht schlecht, unsere Truppe zu vergrößern, um mehr Spielraum für tolle Stücke zu haben und bessere Chancen beim Präsentieren zu ergattern", fügt Nataly hinzu. Danach brechen die Mädels in Freudengelächter aus. Alex und Leo rufen im Chor: „Dabei können wir euch bestimmt behilflich sein!" „Genau, wir sind ebenfalls auf der Suche nach motivierten und starken Mädels, die Lust und Interesse haben, sich mit uns zu verbinden, um etwas Außergewöhnliches zu starten", ergänzt Teo enthusiastisch. Nach einer ausführlichen Aussprache von Gefühlen und Ideen entschieden sie sich, die Fire-Girls und die Lepards zusammenzuführen. Lia und Joe waren ebenfalls davon überzeugt und fingen an, zusammen mit ihren Truppen einen hervorragenden Plan auszuarbeiten. Es gab dabei nur einen Feind – die Zeit, denn sie hatten nur noch sechs Tage, um eine komplett neu strukturierte Choreographie einzustudieren, damit sie perfekt für die Meisterschaft sitzt …

Die nächsten Tage waren für alle Beteiligten sehr anspruchsvoll, trotzdem haben alle riesigen Spaß, die Neuheiten einzustudieren, und das ist die Hauptsache. Darin sind sich beide Coaches einig. Es sind intensive Trainings, aber Lia und Joe sind sehr zuversichtlich, dass die neue Truppe Fire-Lepards die Meisterschaft mit Bravour meistern wird. Die Mädels haben sich direkt von Beginn an bei den Jungs wohl gefühlt und ihnen blind vertraut bei jeder Hebefigur oder schwierigeren Pose, die für das Schlussbild wichtig ist. Am Abend vor der Meisterschaft gehen alle zusammen Pizza-Essen und lassen den Abend nach dem erfolgreichen Training entspannt und mit Spaß ausklingen.

Heute ist der große Tag, der Meisterschaftstag. Heute ist der Tag der Tage, an dem gemessen werden kann, ob sich das konsequente ‚Am-Ruder-bleiben' gelohnt hat. Heute wird sich zeigen, ob Sofia sich ihrer Angst ohne zu zögern stellt oder ob wegen ihr das ganze Team zittern muss. Heute wird es spannend für alle. Bei der Meisterschaft nehmen 13 Mannschaften, bestehend aus mindestens fünf bis maximal 22 Mitgliedern, teil. Alle haben sowohl ihre Stärken als auch ihre Schwächen. Die einen kommen nur bis zur dritten oder vierten Runde und werden dann disqualifiziert, andere kommen weiter. Welches Team gegen wen antritt, wird durch ein Zufallsprogramm auf dem Jurylaptop festgelegt. Der Moderator erhält immer kurz vor der nächsten Runde einen kleinen Umschlag mit zwei Namen, die gegeneinander antreten werden. Die Fire-Lepards sind unter den Top vier und sind somit im Halbfinale. Sie treten nicht parallel gegeneinander an, denn dafür ist die Bühne zu klein, deswegen fängt erst die eine Mannschaft an und dann folgt der Gegner. Wer startet, wird anhand des Anfangsbuchstabens des Teamnamens entschieden. Mit einem eindeutigen Ergebnis schaffen es die Fire-Lepards ins Finale gegen die Giant Stars – zweimalige Weltmeister. Im Hintergrund hört man den Moderator sagen, es seien die letzten Aufführungen für die heutige Meisterschaft. Währenddessen geben Lia und Joe noch eine kurze Ansprache in Form ihres neuen Mottos: „Wichtig ist nicht, ob wir gewinnen oder verlieren. Wichtig ist nur, dass wir Spaß haben. Und wichtig ist, dass wir immer am Ruder bleiben, denn dann können wir alles erreichen – zusammen, als Team! Fire-Lepards!"

Die finale Aufführung ist nun zu Ende. Das Ergebnis wird gerade überprüft, bevor es bekannt gegeben werden kann. In der Zwischenzeit gibt es die Möglichkeit für die Zuschauer, ihre Favoriten nach Fan-Fotos und Autogrammen zu fragen. Nach circa 20 Minuten ist es endlich soweit. Der Moderator macht es sehr spannend bei der Verkündung, er gibt auch ehrlich zu, es sei ein sehr knappes Rennen gewesen. Nun teilt dieser mit einem großen Lächeln mit: „Die Gewinner der diesjährigen Meisterschaft sind …" – kurze Stille und Trommelwirbel – „… die Fire-Lepards!!!" Jubel steigt im ganzen Publikum auf, die Leute pfeifen, Konfetti wird über die gesamte Bühnenfläche geschossen und der Pokal wird auf einem Wagen vorgefahren. Der goldene Pokal wird nun an das Gewinner-Team übergeben. Die Fire-Lepards sind ganz aus dem Häuschen vor Freude und können diesen Sieg kaum fassen. Joe und Lia nehmen den Pokal glücklich und dankend für das Team an. Sie halten diesen stolz nach oben und feiern ihren Sieg auf den Matten kurz weiter. Nachdem sich die Veranstaltung schon dem Ende zu neigt, teilen die beiden dem Team eine Adresse zu einem Bootshaus mit. Auf dem Bootshaus geben Lia und Joe eine kleine Grillparty, um den gemeinsamen Sieg ordentlich zu feiern.

*Isabella Rosolio*
*Berufsschule IV, Klasse BM 10 E*

## Über die Menschheit

Ich ruder und ruder,
frag mich: Wann komm ich an?
Du ruderst und ruderst,
kommst doch nicht voran.
Ich will nach vorn.
Du willst nach vorn.
Wir rudern und rudern,
kommen nicht ans Ziel.
Wir rudern und rudern,
das endlose Spiel.
Wir sitzen im selben Boot
und merken es nicht.
Beide nur eines im Blick:
die eigene Sicht.
Wir rudern und rudern,
entgegengesetzt.
Ich ruder, du ruderst,
wer rudert zuletzt?

Wir rudern und rudern
mit Mühe und Not.
Wir rudern und rudern
bis in den Tod.

*Veronika Meier*
*Berufsschule II, Klasse DMG11C*

## Gefängnis gedachter Gedanken

Dein ganzes Leben lang hattest du alles unter Kontrolle.
Du hattest alles im Griff, du hast alles geplant, du hast an jede Kleinigkeit gedacht.
Geschickt hast du dein Boot durch jede Strömung gesteuert.
Dein ganzes Leben lang.
Doch du willst nicht mehr rudern, du willst es loslassen, du willst frei sein, du willst dein Leben leben ohne die Ruder in der Hand.
Ein neues Leben starten.
Eines Tages fasst du den Entschluss.
Eines Tages fasst du den Entschluss, ein neues Leben zu starten, nicht mehr alles zu überdenken und jeden Tag aufs Neue das zu tun, was dich glücklich macht.
Und dir gelingt es. Dein Griff hat sich gelockert, du hast das Ruder losgelassen.
Du spürst deine gedankliche Freiheit.
Du spürst die unendliche Schar an Möglichkeiten, die du hast.
Und mit einem Lächeln steigst du aus dem Boot.

*Justine Okhrin*
*Gymnasium bei St. Stephan, Klasse 10c*

## Zwischen Menschen + Macht

Am Ruder zu sein bedeutet, Kontrolle über das gesamte Schiff zu haben. Das eröffnet den Herrschenden, meistens also dem Staat, weitreichende Entscheidungsmöglichkeiten. Die Herrenklasse hat nun – ob demokratisch-parlamentarisch gewählt oder mit eiserner Hand monarchisch diktierend macht hierbei wohl nur wenig Unterschied – breitgefächerte Potentialitäten: Sie kann eigene Interessen durchsetzen, sich korrumpieren lassen oder tatsächlich das machen, was ihre eigentliche Existenzgrundlage in ebendieser Position bildet: gemeinwohlorientiert regieren und so bestmöglich herrschen. Welche Faktoren begünstigen nun also eine Entwicklung in eine der beiden Richtungen? Wieso werden Menschen egoistisch, warum geben sie sich selbst auf & wieso werden sie zu Menschenfeinden? Grundsätzlich lässt sich nicht sagen, dass der Mensch von Natur aus ‚gut‘ oder ‚böse‘ ist. Er wird vielmehr durch sein Umfeld, also Freunde, Familie & Gesellschaft geprägt. Nicht selten werden Kinder von Diktatoren auch Diktatoren – sei es nun im klassischen Falle eines vererbten monarchischen Ranges oder wie in Peru, wo Keiko Fujimori, Tochter des langjährigen Militärdiktators Alberto Fujimori, 2021 als Präsidentschaftskandidatin antrat. Werte- & Normenvorstellungen werden also in herausstechendem Maße vom Elternhaus vermittelt; man könnte hierbei fast schon von elterlicher Indoktrination sprechen, mit dem Ziel, ein kleines Mini-Ich mit u.a. ähnlichen politischen Ansichten zu kreieren. Hat es nun mal eine Generation an die Macht eines Landes geschafft, so wird sie, insofern sie nicht einen besonders hervorragenden Charakter hat, der – von tiefgreifenden ethischen Grundsätzen geprägt – stets die Interessen der Gemeinschaft vor die der eigenen Person stellt, danach süchtig werden. Die autoritäre Überordnung & das Ausüben von Macht können unfassbar berauschende Gefühle sein – im Kleinen lässt sich das auch bei Lehrer*innen und Eltern beobachten. Liegt eben jener außerordentliche moralische Kompass nicht vor, so wird es, eher früh als spät, zur bekannten Korrelation ‚Macht‘ & ‚Korruption‘ kommen. Schuld daran sind die Demokratiedefizite des Westens, ganz konkret die gigantische Macht der Lobbyist*innen & Großkonzerne in der Politik. Macht korrumpiert also fast automatisch, hierbei müssen nicht mal unbedingt Charakterdefizite bei der offiziell regierenden Person vorliegen, nein, viel eher lässt sich das wohl als Sogwirkung beschreiben, die eine Person mit eigentlich altruistischen Zielen so tief in den Abgrund des Egoismus zieht, dass sie ihre eigenen Werte alsbald vergisst. Nicht selten gibt es Fälle, in denen Vertreter der Arbeiterklasse als Hoffnungsträger an die Spitze von Regierungen gewählt werden, es jedoch nicht lange dauert, bis das Schauerspiel Politik sich ihrer annimmt & sie in Kürze verschlingt. Die Redensart ‚Geld verändert Menschen‘ ist weitläufig bekannt – jedoch ist es wohl viel eher die Macht, die Menschen verändert – hin zu eben jener negativen Konnotation des Sprichwortes.

Allgemein ist das wohl eher eine ernüchternde Feststellung. Jedoch ist es keinesfalls so, dass es keine Hoffnung auf eine gerechte Welt, in der wirklich ausschließlich a l l e Macht vom Volke ausgeht, gibt. Graswurzelbewegungen überall auf der Welt geben Grund zur Hoffnung, dass es der Menschheit gelingen wird, die Herrschaft der Wenigen zugunsten einer der Mehrheit ein für alle Mal zu überwinden und so eine Welt zu kreieren, in der für jeden vorgesorgt ist, in der niemand Angst um seine Zukunft haben muss & in der jeder ein Recht auf die Verwirklichung persönlichen Glückes hat.

*Luca Heitzer*
*Rudolf-Diesel-Gymnasium, Q11*

## Der Ruder-Unfall

An einem Samstagmorgen hat Herr Mai für einen Ruderwettbewerb trainiert.
Er ruderte und ruderte – es lief sehr gut.
Nach dem Rudern machte er eine Pause und dachte sich: ‚Ich freue mich schon sehr auf den Wettbewerb.'
Am nächsten Tag ruderte er wieder, denn am Dienstag war schon der Wettbewerb.
Es lief immer besser und besser. Am Montag lief es perfekt.
Endlich war der Wettbewerb da. Herr Mai war sehr aufgeregt.
Als er dran kam, zitterte er sehr, aber er wusste, dass er es gut konnte.
Er ruderte los und war blitzschnell unterwegs, doch auf einmal war er so schnell, dass sich das Boot umdrehte und auf ihm landete.
Die ganzen Zuschauer waren unter Schock.
Nach kurzer Zeit kam der Krankenwagen und fuhr Herrn Mai ins Krankenhaus. Sein Bein war gebrochen.
Das war das Ende. Er wollte nie mehr rudern.

*Hanna Seemüller*
*Maria-Theresia-Gymnasium, Klasse 5c*

## Bootsabenteuer

Ich packte meinen Rucksack und schlich mich aus meinem Zimmer. Um 21 Uhr erreichte ich endlich den Bootsverleih, er war totenstill und ich bekam Gänsehaut. Aber für einmal in meinem Leben Kanufahren tat ich das gerne. Meine Eltern hassten das Wasser und leider auch rudern. Ich konnte aber dem nicht widerstehen, deswegen schlich ich mich heimlich zum Bootsverleih. Ich packte ein Boot und schleppte es aus der Hütte. Es war schwer, doch ich schaffte es dann. Den Rucksack legte ich zuerst hinein, ich wollte auch einsteigen, doch plötzlich fuhr das Boot los! Schnell nahm ich ein Ruder und versuchte, es damit einzuhaken, doch es funktionierte nicht. Das Boot entfernte sich weiter von mir weg und immer weiter … Ich hatte keine Wahl, ich musste ins Wasser springen. Noch ein Boot wollte ich nicht gefährden, also wagte ich den Sprung! Es war eiskalt und meine Zähne klapperten. Ich schwamm so zügig, wie ich konnte, doch auch das Kanu wurde immer schneller und schneller. Mein Herz raste. Was Mama und Papa dazu sagen würden! Nun dachte ich an meinen kleinen Bruder, der immer zu mir stand, aber auch eine gemeine Petzte sein konnte. Ich vermisste sie, doch im Moment hatte ich etwas anderes Wichtiges zu tun. Von Weitem konnte ich schon sehen, dass da vorne ein Wasserfall war! Oh nein! Ich wollte aufgeben, doch mein Instinkt sagte mir: Rudere mit deinen Armen! Ich bekam neuen Mut und beschloss, mich letztendlich nicht aufzugeben. Mit voller Kraft kraulte ich auf das Kanu zu und es klappte. Nur leider war ich schon sehr nah am Wasserfall. Da plumpste das Kanu hinab in die Tiefe, jetzt auch ich! „AAhh, Mama! Bitte hilf mir!" Keiner half mir und mir wurde plötzlich schwarz vor Augen. Das Licht schien hell und das Kanu lag neben mir. Wo war ich? Anscheinend war ich ohnmächtig geworden. Ich konnte mich an nicht mehr viel erinnern und ein neuer Tag hatte auch schon begonnen. Da fiel mir ein, dass ich ja in meinem Rucksack auch ein Fernglas eingepackt hatte. Eifrig holte ich es aus meinem nassen Rucksack heraus. Mit dem Fernglas konnte ich mein Zuhause sehen. Ich hatte noch eine Chance auf mein warmes, weiches und kuscheliges Bett. Als ich daran dachte, bekam ich das erste Mal richtig Heimweh. Ich schnappte mir das Ruder und setzte mich ins Kanu hinein. Es war toll, richtig zu rudern und dann auch noch ein Ziel vor Augen zu haben.

*Marlena Kreutzfeld*
*Holbein-Gymnasium, Klasse 5a*

### Ein windiges Abenteuer

Zu meinem neunten Geburtstag habe ich ein Kanu mit zwei großen schwarzen Paddeln bekommen. Ich wollte es sofort am Friedberger Baggersee ausprobieren. Gleich am Vormittag fuhren meine Mama und ich mit dem Rad zum See. Wir pumpten das Boot auf und befestigten eine Flosse am Boden. Endlich ging es ins Wasser! Als wir auf der Mitte des Sees waren, fing es an, stürmisch zu werden. Wir wollten zurück, doch der Wind war so stark, dass wir nicht vorankamen. Wir paddelten so fest wir konnten, doch wir kamen nicht vorwärts. Wir paddelten immer stärker und stärker und stärker! Es reichte einfach nicht. Plötzlich fiel ein Paddel ins Wasser und trieb davon. Nun hatten wir nur noch eines und der Wind wehte immer heftiger. Doch dann hatte ich einen verrückten Einfall. Ich sagte: „Wir lassen uns einfach vom Wind treiben." Das Paddel brauchten wir nicht mehr. Nach fünfzehn Minuten waren wir nur noch fünf Meter vom Ufer entfernt. Die restliche Strecke haben wir dann wieder richtig kräftig gepaddelt und erreichten ganz nass das Ufer. Als wir uns umsahen, konnten wir es nicht fassen, dass genau an der Stelle das Paddel lag, das wir verloren hatten. Zum Glück hatte das Kanu kein Loch bekommen und die beiden Paddel waren noch da!

*Matthias Fischer*
*Werner-von-Siemens-Grundschule, Klasse 4c*

## Am Ruder

**A**nführer
**M**iteinander
    **R**ichtig
    **U**mweg
    **D**urchsetzen
    **E**ntscheiden
    **R**ichtung

*Marla Konnerth*
*St. Anna-Grundschule, Klasse 3bgt*

## Kinderreime

Manu rudert gerne auf dem Meer
und nicht auf dem Teer.
Sie mag auch gerne Fisch
und keinen Tisch.
Herr Luder
hatte einen Bruder,
der ruderte über den See
und trank 'ne Tasse Tee.
Der Tee war leer
und er wollte noch mehr.
Das Ruderboot der Familie Bäck
hatte ein Leck und das ganze Gepäck
und Gebäck schwamm weg
und alles war Dreck.

Im See lag viel Klee,
da pflückt
man Glück
und die Welt ist kunterbunt.
Da strahlt sogar ein Hund.
Auf dem Boot lag ein Mann tot.
Alle weinten
und reimten.
Auf dem See fährt ein Ruderboot.
Der Mann, der da saß, trank Tee und aß ein Butterbrot.
Damals fuhr Familie Buchenholz.
Die Kinder der Familie waren sehr stolz.
Doch was passiert mit einem Boot aus Holz?
Der Papa sagt: „Ach ja, das wusste ich doch.
Ach, das ist ein Loch!"
Die Kinder spotten: „Ach ja, das wusste ich doch."

*Maya Singh, Vanessa Hölzl und Hanna Seemüller*
*Maria-Theresia-Gymnasium, Klasse 5c*

## Der Sturm

Das Boot auf dem Wasser, es schaukelt ganz sacht,
ach, hätten sie nur an das Wetter gedacht!
Denn am Horizont die dunklen Schwaden!
Ach, werden sie später darüber klagen.
Die Wolken kommen näher und näher,
die Wellen klatschen unruhig aufs Meer.
Die Mannschaft bibbert vor Angst und Bange.
Ach, wären sie nur gestrandet an Lande!
Das Boot, es treibt nicht mehr friedlich daher,
die Wellen, die schaukeln hin und her.
Sie reißen am Ruder, sie wollen nur fliehn,
aber der Sturm wollte sie mit sich ziehn.
Doch plötzlich – ein Sonnenstrahl bricht herein!
Schien dort etwa Hoffnung zu sein?
Und da, ein zweiter und ein dritter,
das Wetter, es schien nicht mehr so bitter.
Endlich! Sonnenschein umgibt das Boot,
der Himmel versinkt im Morgenrot.

So prachtvoll und magisch schlägt die Gischt an den Strand,
vor ihnen die Wunderinsel stand.
Sie jauchzen und jubeln voller Gesang,
die Insel zieht sie in ihren Bann.
Die Jahre vergingen, doch sie wollten nicht gehen.
Sie haben die ganze Welt gesehen,
Doch diese Insel war wahrlich ein Wunder,
sie wollten hier nie und nimmer runter.
Und so verbrachten sie ihr ganzes Leben
auf der großen Wunderinsel, die ihnen gegeben.

*Tabea Kohl*
*Mädchenrealschule St. Ursula, Klasse 7b*

## Finjas Tagebuch

17.01.2022
5 Tage vor der Lateinschulaufgabe
Liebes Tagebuch, ich bin verzweifelt. Latein ist so schwer!!! Nur noch fünf Tage und außerdem ist da auch noch der Kader im Fechten. Meine Eltern sagen, ich soll aufhören zu fechten. Aber Fechten ist mein liebstes Hobby und ich würde es niemals für etwas anderes eintauschen. Jedoch muss ich an Latein dran bleiben, sonst schaff ich das gar nicht mehr! Ich muss noch lernen und in einer halben Stunde ist Training!
18.01.2022
4 Tage vor der Lateinschulaufgabe
Liebes Tagebuch, es geht nicht mehr anders. Ich muss Fechten aufhören, um bei Latein den Anschluss nicht zu verlieren. Ich bin so traurig. Mittlerweile geht es mir besser, aber da ist immer noch die blöde Lateinschulaufgabe. Es hilft nichts mehr. Ich muss Tag und Nacht lernen und kann nichts anderes mehr machen. Deshalb muss ich jetzt aufhören zu schreiben.
19.01.2022
3 Tage vor der Lateinschulaufgabe
Liebes Tagebuch, gerade feiert meine beste Freundin eine Party. Und wo bin ich? ZU HAUSE!!! Sie war so enttäuscht, als ich ihr gesagt habe, dass ich nicht kommen könne, sondern Latein büffeln müsse. Auch hier habe ich es nicht geschafft, am Ruder zu bleiben, ohne irgendjemanden zu enttäuschen. Doch jetzt ist der nächste Lektionstext an der Reihe. Ich schaff das nie!!!

20.01.2022

2 Tage vor der Lateinschulaufgabe

Liebes Tagebuch, heute ist mein Geburtstag und was muss ich machen? LERNEN, LERNEN, LERNEN!!! Aber langsam bringt das Lernen wenigstens was. Glaub ich zumindest. Ich habe einen ganzen Text fehlerfrei übersetzt. So langsam denke ich, dass es machbar ist. Bloß jetzt nicht den Faden verlieren! Juhu! Der nächste Wortschatz wartet!

21.01.2022

1 Tag vor der Lateinschulaufgabe

Liebes Tagebuch, ich habe es geschafft! Ich habe ALLE Texte, Wortschätze und die Grammatik wiederholt. Hoffentlich reicht das! Meine Eltern haben mir nämlich versprochen, dass ich, wenn ich in der Lateinschulaufgabe mindestens eine Drei schreibe, wieder jeden Tag zum Fechttraining gehen darf. Das ist mein großes Ziel!!! Auch wenn ich dafür vieles nicht machen konnte.

22.01.2022

Tag der Lateinschulaufgabe

Vor der Lateinschulaufgabe: Ich habe heute schon gefühlt tausend Beruhigungstabletten geschluckt. Ich bin so aufgeregt!

Nach der Lateinschulaufgabe: Ich habe es überlebt und überall etwas hingeschrieben. Mein Lateinlehrer hat uns sogar noch Nimm2-Bonbons ausgeteilt! Ich habe ein sehr gutes Gefühl.

29.01.2022

Eine Woche später …

ICH HABE EINE ZWEI!!! Ich bin so glücklich, froh – ach, ich kann es gar nicht in Worte fassen. Ich bin einfach überwältigt. Ich war heute das erste Mal nach zwei Wochen wieder im Kader-Training. Es war wunderbar, endlich wieder seine Freunde zu sehen. Und die Party von meiner besten Freundin holen wir auch nach. Bis bald, liebes Tagebuch! Danke, dass du mich begleitet hast!

*Helene Nordmeyer und Clara Maucher*
*Gymnasium bei St. Stephan, Klasse 6c*

# Am Ruder

In Reichenland herrscht zur Zeit ein sehr junger König mit Namen Andrew von Reichenland. Der allerdings denkt, dass er sein Land noch nicht regieren kann. So lässt er seinen Finanzminister alle wichtigen Dinge übernehmen. Dieser nutzt seine Chance und verlangt Geld vom König, um das Dorf auszubauen. In Wahrheit behält er dieses Geld und macht den Dorfbewohnern Angst vor dem König. Auch dem König macht er Angst, so dass sich dieser nicht in die Nähe des Dorfes traut, weil er einen Anschlag befürchtet. Er bleibt deshalb immer auf der Burg und war noch nie in seinem Dorf. Der Minister zeigt dem König immer wieder falsche Pläne des Dorfes, in denen es wunderbar dargestellt wird. Doch in Wahrheit ist das Dorf eine Ansammlung von morschen, zerstörten Bretterbuden.

Eines Tages, als der König wieder einmal durch seine Burg wandelt, hört er merkwürdige Geräusche aus der Schmiede. Er geht hinein und sieht, dass der Schmied und sein Sohn an einem Stein in der Mauer herumdrücken. Sie hatten den König scheinbar nicht bemerkt, denn als dieser die beiden fragt, was denn Besonderes an diesem Stein sei, erschrecken sich beide fast zu Tode und bringen keine Wort mehr heraus. Der König drückt einfach selbst einmal gegen den Stein. Dieser gibt nach und eine in der Wand versteckte Tür öffnet sich. Durch ein großes Fenster kann der König das Dorf sehen, das aus Sicht des Königs wider Erwarten sehr ramponiert und heruntergekommen aussieht. Er hatte bislang immer daran geglaubt, dass der Finanzminister im besten Sinne für das Volk handeln würde. Doch nun musste er sich eingestehen, dass der Minister gelogen hatte. Der König beschließt, am nächsten Tag in Richtung Dorf aufzubrechen. Doch sein Minister versucht, das – wie bisher bei jedem der Versuche des Königs – zu verhindern, indem er ihm Angst macht. Diesmal lässt der König den Minister einfach stehen und geht mit seinen Wachen los. Als er gegen Abend im Dorf eintrifft, versammelt sich rasch die gesamte Dorfgemeinschaft. Der König ordnet an, dass er mit dem Oberhaupt sprechen wolle. Ein älterer Herr tritt aus der Menge nach vorne. Er sagt, dass er das Oberhaupt sei, und erzählt dem König von der Lage des Dorfes, nachdem der König bestätigt, dass er seinen schurkischen Finanzminister mit dem Ausbau des Dorfes beauftragt hatte. Der König kommt nach dieser Konfrontation ins Zweifeln. Er überlegt, ob es das Richtige ist, immer andere mit den Dingen zu beauftragen, die man eigentlich selber machen sollte. Am späten Abend sagt er sich: „Ich muss selber arbeiten, denn ich bin am Ruder, auch wenn ich mich nicht traue." Der heimtückische Finanzminister wird kurz darauf auf der Flucht, bei einem Versuch, die Grenze zu überqueren, gefasst und verhaftet. Der König regiert, vom Tage der Konfrontation mit dem alten Mann an, selber und baut das Dorf zu einem der schönsten Orte des großen Landes aus. Alle sind mit seiner Arbeit zufrieden, auch wenn sie nicht leicht getan war. Der König sieht nun ein, dass er zu oft Fehler gemacht hatte, und beschließt, das alles nun wieder zum Guten zu wenden.

*Tim Rose*
*Maria-Theresia-Gymnasium, Klasse 6b*

## Der Klassenausflug

Hallo, mein Name ist Tim und ich möchte von meinem Schulausflug erzählen. Es begann alles gestern an einem Donnerstag, als meine Lehrerin uns eine Woche vorher damit überrascht hatte, dass wir in einer Woche einen Klassenausflug machen würden. „Wir gehen an einen See und zelten dort", sagte sie. Sie gab uns auch eine Checkliste für Sachen, die wir mitnehmen sollten: Auf der Liste standen Dinge wie Sonnencreme, Schlafsack, ein Kissen und so weiter drauf. Ich fragte also meine Mutter, ob ich mitdürfe und wenn ja, ob sie mir die Sachen auf der Liste besorgen könnte. Sie sagte zu beidem ja und ermahnte mich jeden Tag ungefähr einhundertmal, dass ich auf mich aufpassen solle. Dann, am besagten Donnerstag auf dem Weg zur Schule, war ich so aufgeregt, dass ich beinahe meinen Rucksack vergessen hätte. An der Schule angekommen, wiederholten wir die Regeln, die wir während des Ausfluges einhalten mussten, ungefähr fünf Minuten. Und dann ging es auch schon los. Wir fuhren mit dem Bus etwa eine halbe Stunde lang, als wir endlich ankamen. Es war eine schöne Wiese mit hohem Gras und direkt daneben war der klarste See, den ich je gesehen hatte. „So", sagte die Lehrerin, „da wären wir." Wir bauten unsere Zelte auf. Bei mir lief es relativ gut mit dem Aufbau, bei anderen eher weniger. Nachdem wir damit fertig waren und auch alles eingerichtet hatten, sahen wir uns mal um. Es gab nicht wirklich interessante Dinge hier. Nach einer Weile rief uns die Lehrerin alle zusammen und sagte, dass es jetzt mal Zeit sei, zum See zu gehen. Fast die ganze Klasse war begeistert, endlich mal von der Wiese wegzukommen. Unten war es weitaus interessanter, als es oben auf der Wiese aussah. Der Strand war voller Steine und einige Schüler versuchten vergeblich, eine Steinburg zu bauen. Ich sah am Rand des Strandes Ruderboote und ich fragte meine Lehrerin, ob wir danach mit diesen Ruderbooten fahren dürften. Sie sagte, die, die sich gut benehmen, dürften dann nachher mit ihnen fahren. Ab sofort benahm ich mich – voller Vorfreude – wie ein kleiner Engel. Nach einiger Zeit, in der ich den anderen Schülern zuschaute, wie sie versuchten, Steinburgen zu bauen und es natürlich nicht schafften, rief unsere Lehrerin uns ein zweites Mal zusammen. Sie sagte, wie erhofft, dass wir alle nun einzeln ein Ruderboot fahren dürften. Die ganze Klasse schien begeistert und erfreut. Als unsere Lehrerin damit fertig war, uns zu sagen, wie man so ein Ding fährt und uns ermahnte, nicht weiter, als sie sehen könne, zu fahren, durften wir einsteigen. Jeder von uns hatte einen Schwimmreifen hinter uns liegen und wir konnten oben auf einer Art Turm die Wasserwacht sehen. Ich fuhr vorsichtig unter dem Blick der Lehrerin nach vorn. Und nach einer Weile hatte ich es echt drauf! Ich fuhr und fuhr bis der Schüler auftauchte, den ich von allen am meisten hasste. Er sagte zu mir: „Siehst du diese kleine Höhle dort?" Ich sah nach hinten und erblickte wirklich eine kleine Höhle, in der ich samt Boot hineinpassen würde. „Wenn du dich traust, da rein zu gehen, schwör ich dir, dass ich dich nie wieder aufziehen werde." Ich sah ihn an und dachte über sein verdattertes Gesicht nach, wenn ich es schaffen würde. Ich fuhr also genau in dem Moment los, als die Lehrerin gerade wegsah. Als ich dort angekommen war, wollte ich gerade zurück, weil ich doch Angst hatte, als mich die Höhle hineinzog. Zum Glück sah mich die Wasserwacht, eilte sofort los und zog mich noch im letzten Moment heraus. Daraus gelernt habe ich, dass ich nicht immer alles machen sollte, nur weil jemand sagt, dass ich es tun soll, denn nur ich alleine habe mein Ruder in der Hand und steuere mich.

*Santino Moor*
*Heinrich-von-Buz-Realschule, Klasse 6b*

## Einmal alles anders ...

Es war ein ganz normaler Vormittag. Der Mond schien hell und ich spielte zu Hause Switch, während meine Eltern in der Schule waren. Als Kleidung trugen wir wie immer tagsüber Schlafanzüge und schliefen nachts in T-Shirts und Jeans.
Meine Eltern kamen um Punkt 13:00 Uhr nach Hause und sagten: „Heute ist der schlimmste Tag meines Lebens: Wir haben keine Hausaufgaben auf!"

Wir spielten zu Hause und hatten viel Spaß.

Am Abend brachte ich meine Eltern ins Bett, schaute noch ein bisschen fern und ging dann auch schlafen.

Doch als ich am nächsten Morgen aufwachte, war alles anders.

Es schien die Sonne und ich ging zur Schule, während meine Eltern zu Hause spielten. Wir trugen am Tag T-Shirts und Jeans und schliefen im Schlafanzug!

Es war so lustig, als die Kinder am Ruder waren, aber die Erwachsenen sind einfach geeigneter dafür, der Boss zu sein.

*Philipp Knechtel*
*Jakob-Fugger-Gymnasium, Klasse 5b*

## AM RUDER

motiv**A**tion
weiter**M**achen
e**R**folg
nicht a**U**fgeben
**D**ranbleiben
kämpf**E**n
Teama**R**beit

*Emil Müller*
*Maria-Theresia-Gymnasium, Klasse 5c*

## Immer am Ruder bleiben

Leni und Selina sind beste Freundinnen und lieben das Segeln, weil sie jeden Sommer mit ihren Eltern zum Segeln fahren. An einem heißen Sommertag wollen sie am See in einem kleineren Segelboot segeln gehen. Der Wind ist super und die beiden freuen sich schon total darauf. Ihre Eltern haben sie zum See gebracht und lassen sie dort nun alleine segeln. Das können die beiden auch schon ganz gut. Als sie alles aufgebaut und ihre Schwimmwesten angezogen haben, geht es endlich los. Leni übernimmt das Ruder und sie segeln mit viel Spaß auf und davon. Doch plötzlich kommt eine starke Bö und treibt die beiden Freundinnen weit hinaus auf den See. Zuerst haben sie noch keine Angst. Aber auf einmal wird das Boot so schnell und die Bugwelle so groß, dass sie ins Boot schwappt. Jetzt bekommen Leni und Selina eine Riesenangst, mit dem Boot unterzugehen. Sie wollen sofort an Land. Leni schreit: „Lass uns ins

Wasser springen und zurückschwimmen!" Doch als sie das Ruder gerade loslassen will, sieht sie, dass Selina schon angefangen hat, das Wasser mit der Pütz aus dem Boot zu schöpfen. Wenn sie ausgerechnet jetzt das Ruder loslässt, werden sie beide mit dem Boot kentern. Also hält Leni das Ruder weiter fest in der Hand und steuert in Richtung Land. Mit großer Erleichterung schaffen sie es, ans Ufer zu kommen. Leni ist richtig stolz und Selina auch, weil Leni das Ruder nicht losgelassen hat und weil sie wieder sicher an Land sind. Selina umarmt Leni und sagt: „Wenn du das Ruder losgelassen hättest, dann wäre wohl alles aus dem Ruder geraten."

*Lucia Hanrieder*
*Fröbel-Grundschule, Klasse 4 a*

## Am Ruder

Am Ruder, da hat jeder Spaß,
der Himmel blau, das Wasser nass.
Die Wolken ziehen durch die Luft
und dann noch dieser Naturduft.
In meinem kleinen Boot,
da fühl ich mich frei,
die Ruhe stille,
ganz ohne Geschrei.
Der Wind bläst dir ins Gesicht,
die Sonne strahlt ihr helles Licht.
Das alles erlebt man nur am Ruder.
Hier draußen am Meer ist es einfach nur super!

*Jeremias Grüßhaber und Jeremias Geistbeck*
*Maria-Ward-Realschule, Klasse 7b*

## Eine schlechte Idee

Alles fing damit an, dass Shifu und ich in den Sommerferien beschlossen, nach Frankreich zu fahren. Trotz dieses Missgeschicks war es ein toller Urlaub.
In den Sommerferien beschlossen Shifu und ich, irgendwo hinzufahren, da es uns zu Hause sehr langweilig war. Wir wussten noch nicht, wo wir hinfliegen sollten, aber dann meinte Shifu zu mir: „Wir könnten doch nach Paris in Frankreich fliegen!" Da ich aber dort schon war, lehnte ich ab, doch dann sagte er: „Du warst vielleicht schon in Frankreich, aber ich noch

nicht, also hopp-hopp! Unser Flug startet in fünf Stunden, also haben wir nicht so viel Zeit." Daraufhin rannte ich zu meiner Wohnung, packte meinen Koffer und traf mich am Flughafen mit Shifu. Wir waren beide zum Glück rechtzeitig da. Der Flug war sehr angenehm. In Paris angekommen, fuhren wir mit einem schwarzen Taxi zu unserem Hotel. Das Hotel war sehr schön und von innen sehr luxuriös. Da wir auch sehr müde waren, liefen wir direkt zu unseren Zimmern. Shifus Zimmer war Nummer 186 und meines war 187. Am Morgen weckte mich Shifu mit einem lauten Klopfen an meiner Tür auf. Ich öffnete ganz verschlafen und Shifu meinte aufgeregt zu mir: „Aufstehen, du Schlafmütze! Wir müssen in die Innenstadt und den coolen Laden, von dem alle reden, finden!" Ich stimmte zu und wir waren schnell auf dem Weg in die Innenstadt; allerdings hatten wir uns verlaufen. Shifu meinte panisch zu mir: „Da wir uns verlaufen haben, sitzen wir im gleichen Boot. Hiermit überlasse ich dir das Ruder und ich hoffe, du wirst uns in die Innenstadt führen." Während er mir das sagte, schaute ich mir die Straßenschilder an und ich wusste auch tatsätzlich, wo wir waren. Nach dieser Aufregung fanden wir den Laden und blieben noch vier Tage in Paris; danach flogen wir zurück. Trotz dieser Aufregung war es ein toller Urlaub!

*Teodor Kostevski*
*Heinrich-von-Buz-Realschule, Klasse 6b*

## Der alte Traum vom Sieg

Schuldbewusst und endlos erschöpft von der enormen Last, die ich nun schon viel zu lange mit mir herumschleppte, trat ich noch vor den anderen hinaus. Das grelle Blitzen der Kameras blendete mich und als ich wieder klare Sicht hatte, sah ich die schiere Meute von Journalisten, die mich umgaben. Sie alle schossen Bilder und redeten wild durcheinander. Von allen Seiten wurde ich mit Fragen gelöchert. „Stimmt es, dass etwas an den Doping-Gerüchten dran ist?" „Nahmen Sie an allen Wettkämpfen gedopt teil?" „Möchten Sie sich äußern?"
Ich war sprachlos. Langsam drehte ich mich zu ihnen, unserem Team, um. Ich blickte in ihre teils erschöpften, teils unfassbar enttäuschten Gesichter und das schlechte Gewissen traf mich wie ein kräftiger Schlag in die Magengrube. Ich konnte mich noch genau daran erinnern, wie vor einigen Wochen alles angefangen hatte:
Es war der letzte Lauf dieses Wettkampfes; die zwei besten Sprintteams unseres Bundesstaats traten gegeneinander an. James lief gegen einen der

besten Spieler des gegnerischen Teams, der sich soeben an Bahn Nummer 2 aufstellte. Ich blickte seine siegessicheren, arroganten Teamkollegen an und spürte, wie eine unglaubliche Wut in meinem Inneren zu brodeln begann. Ja, sie würden gewinnen. James hatte keine Chance gegen einen so starken, noch dazu zwei Jahre älteren Sprinter. Die Running Cougars würden wie jedes Jahr Floridas Wettkämpfe im Sprint gegen das Team der Cypress Bay High School verlieren. Es war zum Verrücktwerden. Ich konnte kaum hinsehen, als sich die beiden Sprinter an den Bahnen aufstellten und in die Startposition gingen. Der Schiedsrichter führte die Starterklappe zusammen und gab schließlich das Startsignal. Einen kurzen Moment lang verfiel die Welt um mich herum in Zeitlupe. Ich sah, wie James sich mit all seinen Kräften vom Startblock abdrückte, um einen guten Start hinzulegen. Dies gelang ihm zunächst auch, doch schon nach wenigen Sekunden wurde er von seinem Gegner überholt. Er gab sein Bestes, doch es war zwecklos. Der Sprinter des gegnerischen Teams erreichte das Ziel gut eineinhalb Sekunden früher als James. Am Ziel wurde der Läufer auf Bahn Nummer 2 schon freudig vom Rest seines Teams erwartet. Alle grinsten sie hämisch. Ihr Teamkapitän nickte mir höhnisch zu und zog dann arrogant die linke Augenbraue hoch. Ich fühlte meinen Puls steigen und merkte, wie sich meine Fäuste ballten. Ich hatte es so satt zu verlieren! Kurz dachte ich darüber nach, einfach zum Team der gegnerischen Mannschaft hinüberzugehen und auf Liam, ihren Kapitän, loszugehen. Doch dann besann ich mich und beschloss, mich nicht provozieren zu lassen. Dann fiel auch James wieder in meinen Blickwinkel. Er stand mit vor das Gesicht geschlagenen Händen immer noch an der Ziellinie und fühlte sich vermutlich wie ein Häufchen Elend. Herrgott, so elend ging es wahrscheinlich nicht nur mir und James, sondern unserem ganzen Team. Ich blickte auf die Zuschauerbänke. Die Frustration und die Enttäuschung stand unseren Fans förmlich ins Gesicht geschrieben. Mit einem Blick, der wohl tausend Bände sprach, nickte ich in Richtung James und dann sprangen sie alle auf und liefen auf ihn zu, um ihn, falls das überhaupt möglich war, aufzumuntern. Auch ihm konnte man den Frust ansehen und wir alle wussten, was er höchstwahrscheinlich gerade dachte. Er glaubte, dass er allein es vermasselt hatte. Und so sehr wir versuchten, ihm dies auszureden – der Selbstzweifel in ihm blieb. Noch ein Grund mehr, warum ich einfach keine Niederlagen mehr hinnehmen wollte. Sowohl körperlich als auch emotional völlig erschöpft, trotteten wir zu unserem erstaunlich gut gelaunten Trainer, der mit Niederlagen offensichtlich deutlich besser umgehen konnte als wir. Er klopfte uns auf die Schultern, lobte uns und beteuerte, dass wir ja zumindest unser Bestes gegeben hatten. Nachdem wir geduscht und uns umgezogen hatten, lud er uns zum Pizza-Essen ein. Obwohl ich wusste, dass das nicht sonderlich sozial war, lehnte ich dankend ab. Ich war einfach nur fertig und wollte nach Hause, in mein Zimmer, und da es auch schon später am Abend war, sehnte ich mich langsam nach meinem Bett. Also verabschiedete ich mich von allen und versuchte, ihnen so optimistisch wie möglich zu versichern, dass es das nächste Mal sicher besser laufen würde. Wahrscheinlich klang ich nicht sehr überzeugend, doch mir schien totale Niedergeschlagenheit am Tag des verpatzten Laufs, noch dazu in der Anwesenheit unseres Coachs, fehl am Platz. Pessimistisch konnten wir alle beim nächsten Training wieder sein.

Dann machte ich mich auf den Weg zur Bushaltestelle und versuchte, die kühle, doch trotzdem sommerliche Abendluft zu genießen. Ich stieg in den nächsten Bus und fuhr nach Hause. Als ich dort ankam, fand ich meine Eltern nachrichtenschauend in unserem Wohnzimmer vor. Ich begrüßte sie und gesellte mich dann zu ihnen auf die Couch. Ich schenkte den Nachrichten nur meine halbe Aufmerksamkeit, vielmehr war ich damit beschäftigt, meinen E-Mail-Account mal wieder durchzuchecken: hauptsächlich Spammails, doch auch Menschen, die gerne mal an unserem Training teilnehmen wollten. Gerade war ich dabei, eine dieser Mails zu beantworten, als mich die Worte des Moderators aus meinen Gedanken rissen:

„Erneut wurden einige Spitzenspieler der amerikanischen Football-Mannschaft positiv auf Dopingstoffe getestet. Experten rechnen mit weiteren Disqualifikationen einiger Top-Spieler." Kopfschüttelnd saß mein Vater in seinem Sessel mir und meiner Mutter gegenüber und sagte wie so häufig: „In meiner Jugend trieb man noch Sport nicht nur, um zu gewinnen, sondern hauptsächlich, weil es einem Spaß machte oder man für das Teamerlebnis mitmachte. Doch heutzutage geht es nur noch ums Gewinnen und fast jeder Spitzensportler nimmt irgendwelche Aufputschmittel. Für mich ist das nicht das, worum es beim Sport einmal ging." Meine Mutter nickte verständnisvoll und ich wusste, dass sie seine Meinung teilte. Unter anderen Umständen hätte ich ihm auch zu 100 % zugestimmt, doch nach den heutigen Ereignissen war ich etwas zwiegespalten, ob es beim Sport denn wirklich bloß um Spaß oder Teamgeist ging. Und dann, in diesem Moment, ploppte eine neue Mail in meinem Spam-Ordner auf. Sie lautete: Sie sind ein junger, sportbegeisterter Athlet und Sie wollen wirklich nie wieder verlieren? Dann probieren Sie mal unsere neuen Booster-Pillen! Die treiben Sie garantiert zu Höchstleistungen an.

Wären die Umstände anders, hätte ich die E-Mail einfach belächelt und sie direkt gelöscht, doch aufgrund der heutigen Ereignisse war der Anreiz, sich nicht wenigstens ein bisschen zu informieren, viel zu groß. Also wünschte ich meinen Eltern eine gute Nacht, erklärte ihnen, dass ich lieber morgen bei klarem Kopf über den heutigen Wettkampf sprechen wolle und verschwand dann die Treppe hinauf in mein Zimmer. Dort ließ ich mich auf meinen Schreibtischstuhl fallen und begann, meinen PC hochzufahren. Ich benutzte einen Browser und gab dann die in der E-Mail angegebene Website in die Suchleiste ein.

Langsam öffnete sich die Seite und der Browser teilte mir mit, dass diese nicht vertrauenswürdig sei. Doch das war mir egal, ich akzeptierte die Cookies und gab dann bei der Registrierung ein falsches Geburtsdatum an, das mein Alter um einige Jahre nach oben setzte und mich volljährig werden ließ. Wieder benötigte die Website einige Sekunden, um zu laden und mich dann unverzüglich an einen russischen Onlineshop weiterzuleiten. Der Shop hatte ein enorm großes Sortiment, das von stärkeren Energydrinks bis zu extrem wirksamen Aufputschmitteln wie zum Beispiel Speed reichte. Ich klickte mich ein wenig durch das gesamte Angebot und fand schließlich ein paar harmlos wirkende Pillen, die eine leicht aufputschende Wirkung haben sollten. Normalerweise hatte ich ein wirklich ungutes Gefühl, mich auf solchen ominösen Seiten herumzutreiben, doch an diesem Abend dachte ich einfach nicht genauer darüber nach. Ich loggte mich mit dem Profil meines Vaters ein und klickte auf „bestellen". Eigentlich hätte ich das schlechte Gewissen schon jetzt spüren müssen, doch merkwürdigerweise blieb es an diesem Tag aus. Ich wollte es ja nur einmal versuchen, dachte ich mir. Vermutlich würde ich eh keinen Unterschied spüren und dann hatte ich, beziehungsweise mein Vater, eben ein paar Dollar an einen russischen Onlineshop verloren. Ich wusste, dass meine Neugierde am Ende sowieso siegen würde, deshalb wollte ich es einfach nur einmal ausprobieren. Die Website gab eine Lieferzeit von etwa zwei Tagen an, die Pillen würden also rechtzeitig zum Training am nächsten Montag nach dem Wochenende ankommen. Plötzlich spürte ich die Erschöpfung wieder in meine Knochen fahren und ich ließ mich rücklings auf mein Bett fallen. Schon nach wenigen Minuten schlief ich ein. In dieser Nacht träumte ich von unserem Wettkampf, doch dieses Mal gewannen wir. James kam deutlich früher als sein Gegner ins Ziel und wir waren diejenigen, die siegessicher an den

Tribünen herumgrölten. Lautstark wurden wir bejubelt und unser Trainer nickte uns überglücklich zu. Doch dann, ganz plötzlich, wie aus dem Nichts, tauchte ein Journalist auf und lief geradewegs auf uns zu. Er hatte ein Aufnahmegerät in der einen und eine Kamera in der anderen Hand. Lautstark rief er uns zu: „Sie werden mit diesen Betrügereien nicht durchkommen, ich weiß, was Sie getan haben, um so gut zu werden." Er stapfte auf mich zu, stellte sich direkt vor mich, reckte sich und straffte seine Schultern, so dass er mindestens eineinhalb Köpfe größer als ich war. „Ich weiß, dass Sie dafür verantwortlich sind, und Sie werden dafür bezahlen! Sie haben unsere Mannschaft mit Ihren unehrlichen Methoden in den Dreck gezogen!", keifte er, während er langsam immer näher an mein Gesicht herantrat. Mittlerweile war er mir so nah gekommen, dass ich sogar schon seinen Atem hören konnte. Erschrocken wich ich zurück, bis ich schließlich nach einigen Schritten gegen eine Betonwand prallte. Jetzt saß ich in der Falle. Der Journalist, der anfangs noch nicht wirklich bedrohlich gewirkt hatte, starrte mich jetzt mit zu Schlitzen verengten, katzenartigen Augen an und schien immer größer zu werden. Gerade als er mit der Faust ausholte, riss mich ein Knall aus dem Schlaf. Schweißgebadet fuhr ich aus meinem Bett hoch und realisierte, dass den Krach, der mich geweckt hatte, nur meine staubsaugende Mutter verursacht hatte. Wahrscheinlich war sie wieder einmal gegen einen Türpfosten gerammt. Ich atmete einige Male tief durch und merkte, wie sich mein Puls schlagartig senkte. Langsam stieg ich aus dem Bett, setzte mich auf meinen Schreibtischstuhl, gähnte ausführlich und seufzte bei einem Blick auf meinen Radiowecker laut auf. Es war gerade mal halb sieben. Kein Wunder, dass ich so dermaßen müde war, sogar unter der Woche stand ich nie vor sieben Uhr auf. Aber nun gut, dachte ich, dann hatte ich jetzt wenigstens noch Zeit, vor dem Frühstück meine Gedanken zu sortieren und mich darauf vorzubereiten, meinen Eltern von dem verpatzen Wettkampf zu berichten. Schon gestern Abend war mir klar gewesen, dass sich das schlechte Gewissen spätestens am nächsten Morgen zurückmelden würde, doch ich hatte nicht erwartet, dass es sich in massiver Erschöpfung und Selbstzweifeln äußerte. Aber musste ich mich denn wirklich so schlecht fühlen? Immerhin hatten Energydrinks oder Kaffee auch eine aufputschende Wirkung und viel stärker als das würden die Pillen aus dem Onlineshop wohl sowieso nicht wirken.

Lustlos zog ich den Vorhang vor meinem Zimmerfenster auf, nur um dann den Ausblick auf eine nebelige, triste Einöde zu erlangen. Die Sonne war von vielen kleinen Wölkchen verdeckt und es begann leicht zu nieseln.

Da das Wetter nicht wirklich dazu beitrug, meine Stimmung zu verbessern, zog ich den Vorhang prompt wieder zu und lief dann die Treppe hinunter in die Küche, um zu frühstücken. Noch während des Frühstücks fasste ich einen Entschluss. Ich würde mir ab jetzt bis zur Ankunft der Pillen keine weiteren Gedanken darum machen, ob das, was ich getan hatte, denn so moralisch vertretbar war oder ob die Tabletten überhaupt wirken würden. Es half ja nichts, ich hatte sie schon bestellt und ich war ohnehin erst nach ihrer Ankunft in der Lage weiterzusehen.

Das restliche Wochenende verbrachte ich damit zu lesen, zu lernen, mich mental auf das nächste Training und zehn unmotivierte Athleten vorzubereiten.

Montag mittags kam ich etwas früher als gewöhnlich nach Hause, um zu vermeiden, dass meine Eltern etwas von der Ankunft des Päckchens mitbekamen. Es lag gemeinsam mit einer Lieferbescheinigung vor unserer Haustür. Mit einem leichten, vorfreudigen Kribbeln in der Magengegend nahm ich es mit hinein und stellte es dann erst einmal auf dem Küchentisch ab. Ich nahm eine Schere und durchtrennte dann langsam das Klebeband, das den Karton noch geschlossen hielt. Im Paket befanden sich zwei kleine Plastiktütchen und ein Zettel, der einen Warnhinweis enthielt. Offenbar konnten einige dieser Aufputschmittel bei ständigem Konsum zu Halluzinationen oder weiteren Psychosen führen. Außerdem konnte es vor allem bei ersten Anwendungen zu Schwindel oder Kopfschmerzen, langfristig aber auch zu Herz-Kreislauf-Erkrankungen kommen. Ich schluckte und spürte, wie mein Hals trocken wurde. Langsam aber sicher bekam ich ein wirklich schlechtes Gefühl bei der Sache. Doch tief in meinem Inneren fühlte ich immer noch die nicht stillbare Neugier, die schlussendlich siegte und alle Zweifel beiseite schob. Ich griff nach einer der beiden Tütchen, um sie genauer zu betrachten. Vorne stand nur etwas in kyrillischer Schrift, also öffnete ich die Schachtel und bückte mich dann nach dem Beipackzettel, der soeben aus der Verpackung gefallen war. Glücklicherweise war dieser außer auf Russisch und Chinesisch auch in Englisch beschriftet. Er gab an, dass die Wirkung der Tabletten ein bis eineinhalb Stunden nach Einnahme einsetzte und dann bis zu zwei Stunden anhielt. Da ich in weniger als einer Stunde zum Training aufbrechen würde, beschloss ich, die Pille jetzt gleich zu schlucken. Ich griff also nach dem Blister und drückte mit zittrigen Händen eine der Tabletten heraus.

Außerdem füllte ich ein Glas mit Wasser, doch kurz bevor ich die Kapsel in den Mund nehmen wollte, zögerte ich, denn es gab immer noch diese verantwortungsbewusste Stimme in meinem Kopf, die mir vom Einnehmen der Tablette abriet und die sich vor möglichen Nebenwirkungen fürchtete. Im Gegensatz zu ihr stand die andere neugierige, an nichts zweifelnde Stimme, die versuchte, alle Zweifel aus meinem Kopf zu verbannen. Sie waren wie zwei Gegenspieler, die einen erbitterten Kampf um meine Überzeugung führten. Nach kurzer Zeit hielt ich es nicht mehr aus und steckte mir die Kapsel in den Mund. Ich atmete tief ein und aus, schluckte sie hinunter und goss dann Schluck für Schluck die Flüssigkeit hinterher. Zunächst spürte ich nichts außer die Aufregung auf die bald eintretende Wirkung des Stoffes, gleichzeitig allerdings auch das leichte Gefühl von Furcht und Panik, das aber langsam immer weiter abgedämpft wurde, bis es irgendwann gar nicht mehr da war. Da es noch etwas dauern würde, bis die Wirkung einsetzte, entschloss ich mich dazu, noch etwas an meinem Englischaufsatz zu arbeiten. Um jeden Preis wollte ich vermeiden, dass meine Eltern etwas vom meinem „Experiment" mitbekamen, deshalb schnappte ich mir das Päckchen und schob es, verdeckt von einigen Bücherkartons, unter mein Bett. Danach setzte ich mich an meinen Schreibtisch und begann mit der Arbeit. Anfangs gelang es mir noch halbwegs, mich zu konzentrieren, doch schon nach einer Dreiviertelstunde merkte ich, wie es mir immer schwieriger fiel, meine Konzentration nur auf das Verfassen des Aufsatzes zu richten. Einige Minuten später setzte auch ein starker Schwindel ein und mir lief kalter Schweiß den Rücken hinunter. Ich trank ein Glas Wasser und aß eine Kleinigkeit, doch es besserte sich nicht und ein Blick auf die Uhr ließ mich zusätzlich in Panik verfallen. Auf keinen Fall wollte ich beim Training fehlen, also schnappte ich mir meine Sporttasche, schwang mich auf mein Fahrrad und trat dann, das enorme Schwindelgefühl ignorierend, in die Pedale. Ich wusste, wie idiotisch ich mich gerade verhielt, doch es gab eine nahezu fanatische Stimme in meinem Kopf, die nicht aufhören wollte, bevor ich nicht herausgefunden hatte, ob sich meine Leistung steigerte. Außerdem hatte der Beipackzettel ja schon vor Nebenwirkungen nach dem ersten Konsum gewarnt. Das ohrenbetäubende Hupen der Autos hinter mir riss mich aus meinen Gedanken. Die Ampel vor mir war offenbar schon seit Längerem auf Grün umgesprungen. Schnell bog ich links ab und fuhr direkt auf die Einfahrt unseres Trainingsplatzes zu. Schweißgebadet und außer Atem stieg ich von meinem Rad und schlenderte auf den Fahrradständer zu. Zu meinem großen Erstaunen war mir nicht mehr schwindlig und auch der kalte Schweiß hatte aufgehört. Stattdessen war ich jetzt hochmotiviert, mit dem Training zu beginnen. Vielleicht setzte jetzt endlich die Wirkung der Pille ein. Voller Euphorie betrat ich deshalb die Umkleide, nur um einen Stimmungsdämpfer dank der zehn griesgrämigen, mich begrüßenden Gesichter zu erleiden. Doch schon als ich frisch umgezogen hinaus an die frische Luft trat, um zum Aufwärmen einige Runden zu laufen, fühlte ich die Kraft in meine Muskeln und Knochen zurückkehren. Ich lief und lief und kam nicht außer Atem. Begeistert wie selten stellte ich mich an den Startblock und bat unseren Coach, diesmal die Zeit zu messen, damit ich sie mit den Werten der letzten Trainings vergleichen konnte. Kaum angestrengt und immer noch euphorisch beendete ich das Training für den heutigen Tag. Unser Trainer, der mich während des gesamten Trainings schon misstrauisch beobachtet hatte, sprach mich sogar auf meine herausragende Leistung an und scherzte, dass man ja denken könne, ich hätte etwas eingenommen. Mit dem schlechten Gewissen, ihn anzulügen, winkte ich ab und meinte, dass ich eben nur einen guten Tag gehabt hatte. Zu Hause angekommen, setzte ich mich gleich an den Schreibtisch, fuhr meinen Computer hoch und öffnete eine Datei mit meinen Leistungswerten, die mir der Coach zukommen hatte lassen. Wahnsinn! Meine Zeit im 100 Meter Sprint war um eineinhalb Sekunden gesunken und diesmal hatte es 15 Bahnen gebraucht, um mich wirklich auszupowern. Vermutlich spornte mich auch dieses Ergebnis dazu an, die Pillen weiterhin auszuprobieren.

So ging das also die nächsten Wochen und Trainings weiter und schon nach dem dritten Konsum fiel der anfänglich so starke Schwindel komplett aus. Wenn unser Coach Wind von meinen Aufputschversuchen bekam, ließ er es sich nicht anmerken, denn er lobte mich nur weiterhin für meine außerordentlichen Leistungen. Und dann, am Freitag, kurz vor einem wichtigen Wettkampf, beschloss ich, meine Teamkollegen auch einmal mit den Aufputschmittelchen bekannt zu machen und brachte die Tabletten mit zum Training. Wir, oder eigentlich sie, erzielten in der letzten Zeit nicht gerade Höchstleistungen, vermutlich trauerten sie immer noch der letzten Niederlage hinterher. Dementsprechend gering waren also auch unsere Chancen, beim morgigen Turnier zu gewinnen. Als wir uns also, wie vorher abgemacht, vor dem Training trafen und ich ihnen die Pillen das erste Mal unter die Nase hielt, guckten die einen mich ungläubig, die anderen verstört an. Ich erklärte ihnen, dass die Tabletten nur minimal leistungssteigernd seien und die Nebenwirkungen ganz harmlos. Vor allem aber versicherte ich ihnen, dass wir den Sieg morgen somit quasi in der Tasche hätten. Also schluckten wir alle, nun ja, zumindest fast alle, bis auf James, der Angst vor den Nebenwirkungen hatte, und Michael, der Doping für unmoralisch und unsportlich hielt, eine Pille und kurz darauf standen wir so motiviert wie noch nie auf dem Platz und waren bereit zu trainieren. Insgeheim hatte ich mich ein wenig gewundert, dass sie das Einnehmen der Tabletten so auf die leichte Schulter genommen hatten. Ich hatte schon erwartet, dass sie mich dafür scharf kritisieren würden und versuchen würden, mir diesen Unfug auszureden. Um so mehr freute ich mich also darüber, sie alle so euphorisch vor mir stehen zu sehen. Michael hatte mir, als wir nur noch zu zweit in der Umkleide gewesen waren, einen ewig langen Vortrag darüber gehalten, wie unverantwortlich er es von mir als Teamkapitän empfand, alle zu dopen. James hatte sich nach einiger Zeit doch überreden lassen, eine Pille zu schlucken. Ihm war nur so, wie einigen anderen auch, ein wenig schwindlig geworden und er hatte ein bisschen Kopfschmerzen bekommen. Wir waren also alle „gedopt" (obwohl man das ja eigentlich nicht so sagen konnte, da die Tabletten nur eine sehr schwache aufputschende Wirkung hatten), sagte diese teuflische Stimme in meinem Kopf – alle außer Michael, der weiterhin den Moralapostel spielte. Er ließ sich von unserer Euphorie nur bedingt anstecken und schnitt auch beim Sprinten deutlich schlechter ab, sodass unser Coach ihn sogar um ein Gespräch bat. Uns war das ziemlich egal, denn er war ja selbst schuld, es war seine eigene Entscheidung gewesen.

Einige Wochen machten wir weiter so und gewannen alle folgenden Wettkämpfe. Hin und wieder hackten wir ein wenig auf Michael herum, bis er sich endlich geschlagen gab und auch eine Pille probierte. Wir waren heilfroh, da wir demnächst, genauer gesagt in zwei Tagen, einen der wichtigsten Wettkämpfe dieses Jahres haben würden, bei dem er immer noch als einer unserer Spitzenläufer antrat. Er nahm die Pille allerdings erst am Ende des Trainings ein, weshalb er uns versprach, uns morgen über die Wirkung zu informieren. Als wir uns also am nächsten Tag zum Training versammelten und Michael schon hämisch grinsend empfingen, schaute dieser uns nur entgeistert an. Er erzählte uns, dass bei ihm schon eine halbe Stunde nach Einnahme der Pille enormer Schwindel und sogar Halluzinationen aufgetreten waren. Für die nächsten Stunden war er quasi unansprechbar gewesen und nachdem das Mittel seine Wirkung verloren hatte, habe er sich hundeelend gefühlt. Er schwor uns, nie wieder eine dieser Pillen zu schlucken, und riet uns ebenfalls eindringlich davon ab, dies weiterhin zu tun. Laut ihm hatten wir alle den Sinn für das, worum es im Sport ging, verloren. Inständig bat er uns, damit aufzuhören, die Mittelchen zu nehmen, wir seien auch so gut genug. Eigentlich hätten wir ihm spätestens an diesem Punkt völlig recht geben müssen, doch die Wirkung der Tabletten, die offensichtlich auch die Aggression förderte, hatte unseren Verstand völlig im Griff. Wir zischten Michael nur an, was für ein Egoist er doch sei und dass wir alle nur wegen ihm verlieren würden. Michael ließ sich nicht provozieren, er beschwor nur unsere Unvernunft und meinte, dass wir ja sehen würden, was wir davon haben werden. Mit diesen Worten und einem lauten Knallen der Tür der Umkleidekabine verließ er uns trotzig. Wir ließen uns davon nicht einschüchtern und ich verteilte die Pillen für den morgigen Wettkampf. Danach verabschiedeten wir uns und wünschten uns schon einmal Glück für morgen. In dieser Nacht schlief ich mit einem siegessicheren Lächeln im Gesicht ein und war mir sicher, dass unsere Mannschaft unschlagbar war.

Am nächsten Mittag standen wir alle umgezogen, bestens vorbereitet und bereit, sie alle fertigzumachen, in einer unserer Umkleidekabinen. Michael saß am Rand auf einer Bank musterte uns verzweifelt und zog die Stirn kraus. Er verhielt sich schon den ganzen Tag merkwürdig, fast so, als habe er ein schlechtes Gewissen. Doch ich hatte keine weitere Zeit mehr, darüber nachzudenken, denn jetzt wurde unser Team von einem der Moderatoren an den Start gebeten.

Als wir hinaus auf den Platz traten, wurden wir von allen Seiten von lauten Jubelrufen beschallt. Wir blickten uns um und unser Blick fiel auf die nahezu überquellende Fantribüne. Der Großteil von ihnen applaudierte und pfiff in die Zähne. Erst nach einiger Zeit fielen mir ihre Schilder auf. Aus der Entfernung konnte ich zuerst nicht erkennen, was auf ihnen stand, doch als ich nun auch einige Buhrufe aus den Reihen der „Fans" hörte, konnte ich ihre Aufschrift erkennen. Auf ihnen stand geschrieben: „Wir kämpfen für den sauberen Sport" oder auch „Gemeinsam gegen Betrug im Sport! Weg mit den Running Cougars!" Auf einem von ihnen stand sogar unser Mannschaftsname, doch das „Running" war durchgestrichen worden und wurde durch „Doping" ersetzt.

Ich fragte mich, wie um Himmels Willen die Zuschauer herausgefunden hatten, dass wir gedopt waren, und dann ging mir auf einmal ein Licht auf. Plötzlich ergab auch Michaels merkwürdiges Verhalten Sinn. Es war zwar nur eine Theorie, doch das allein reichte schon aus, um mich rasend werden zu lassen. Eine Welle von Adrenalin durchflutete meinen Körper und ich versuchte, diese in meine Muskeln übergehen zu lassen. Es hatte nun mal keinen Sinn, das Ganze jetzt zu klären, denn zunächst musste ich mich darauf konzentrieren, den Wettkampf zu gewinnen.

25 Minuten später war alles vorbei und wir stellten uns zur Siegerehrung auf. Wir wurden mehrfach ausgebuht, als wir uns auf das Siegertreppchen des 1. Platzes begaben. In diesem Moment fühlte ich nichts außer Erschöpfung. Die Euphorie, die ich nach unserem Sieg erwartet hatte, blieb aus und auch die anfängliche Aggression Michael gegenüber war nun stark gedämpft. Ich sah die anderen an, denen es offensichtlich genauso ging. Mit hängenden Schultern und einem Ausdruck von Resignation in ihren Gesichtern hatten sie sich für das Siegerfoto neben mich aufgestellt. Als dies erledigt war, trotteten wir, unseren enttäuscht dreinschauenden Trainer außer Acht gelassen, in die Umkleidekabine und stellten Michael zur Rede. Er beteuerte, wie sehr es ihm leid tat, uns verraten zu haben. Niemals hätte er geahnt, dass sich das Gerücht so schnell verbreiten würde, er hätte es anfangs doch nur an ein Klatschmagazin wietergegeben. Offenbar hatten nun aber auch die überregionalen Zeitungen etwas davon mitbekommen und so hatte sich das Gerücht wie ein Lauffeuer verbreitet. Keiner sagte oder tat etwas, sie alle erwarteten eine Reaktion von mir. Aber ich wusste in diesem Moment auch nicht wirklich, wie ich reagieren sollte. Deshalb tat ich einfach das, was sich am Besten anfühlte: Ich entschuldigte mich bei ihnen – dafür, dass ich so egoistisch gewesen war und sie alle mehr der weniger dazu gezwungen hatte, die Pillen zu schlucken, außerdem dafür, dass ich sie belogen hatte, was die Nebenwirkungen der Tabletten anging, dass ich nicht auf Michael gehört hatte, dass ich sie alle mit in den Schlamassel gezogen hatte und dafür, dass ich so ein schlechter Verlierer war. Niemand zeigte irgendeine Art von Reaktion und so herrschte eine Totenstille. Ich war derjenige, der diese nach einigen Sekunden brach und ihnen erklärte, dass ich mich nun ganz allein der Presse stellen würde. Bedrückt stand ich auf und fand mich einige Sekunden später in der Menschenmasse aus Journalisten und wütenden Fans wieder. Das alles war also bis zum jetzigen Zeitpunkt passiert und ich war dafür verantwortlich, die Sache aufzuklären.

Ich weiß nicht, ob unser Team jemals wieder in der Lage sein wird, an Wettkämpfen teilzunehmen. Ich war mir nicht einmal sicher, ob man uns überhaupt noch wirklich ein Team nennen konnte. Das Einzige, was ich mit Sicherheit sagen konnte, war, dass ich derjenige gewesen war, der sie in diese Situation gebracht hatte und dass es jetzt an der Zeit war, Verantwortung für mein Handeln zu übernehmen. Also fasste ich all meinen Mut zusammen und stellte mich dem Blitzlichtgewitter der Journalisten.

*Karlotta Koch*
*Maria-Ward-Gymnasium, Klasse 7c*

# Am Ruder

Das Leben. Das Leben ist wie eine Wasseroberfläche. Mal schwimmen wir und genießen einfach den Lauf der Dinge, mal rudern wir so schnell, bis wir fliegen. Wir wollen uns vom Rest der Menschheit abheben und groß rauskommen, denn im nächsten Moment rudern wir vielleicht, um nicht unterzugehen, um nicht verloren zu gehen, um nicht das Ruder über unser Leben zu verlieren. Wenn wir das Gefühl haben, uns zu verlieren, fangen wir an zu rudern. Zu rudern in den tiefen Gewässern der Menschheit. Zu rudern nach Anerkennung, Erfolg, Aufmerksamkeit, Glück und vor allem Liebe. Und irgendwann, wenn das Ruder dem Land wieder näher kommt und Halt am Boden findet, dann geht der Kreislauf des Lebens weiter. Genießen und mit dem Leben rudern, wünschen, träumen und schneller rudern, bis sich das Leben irgendwann entscheidet, dir das Ruder erneut zu entziehen, dich vor Herausforderungen zu stellen. Denn das Leben ist dazu bestimmt, das Ruder zu verlieren, um es wieder einzufangen, damit wir als Individuen wachsen. So lange, bis wir es endgültig abgeben.

*Greta Toth*
*Maria-Theresia-Gymnasium, Klasse 10c*

# Traum oder Wahrheit?

Wo bin ich hier? Überall um mich herum sind Menschen, die mich voller Neugier und Erwartungen anschauen. Ich fühle mich wie ein Star, doch bin ich denn überhaupt einer?
Ich realisiere, dass ich in einem Stadion stehe und meine Mannschaftskollegen mir zurufen: „Schieß!"
Eigentlich ist es nicht möglich, den Ball aus dieser Position ins Tor zu schießen, doch alle schauen mich voller Hoffnung an.
Ich nehme all meinen Mut zusammen, nehme Anlauf, laufe auf den Ball zu und schieße ihn letztendlich in Richtung Tor. Eigentlich ist mir bewusst, dass ich es nicht geschafft habe, will mir den Anblick ersparen, doch plötzlich nehme ich laute Jubelrufe wahr.
Auch meine Spielkollegen laufen auf mich zu, bis ich realisiere, dass ich es doch geschafft habe und der Ball im Tor ist.
Er fühlt sich glücklich und erleichtert.
Ab jetzt ist er „am Ruder" und wird im Fußballsport nach Erfolg streben.

Durch die Türklingel werde ich plötzlich geweckt und merke, dass alles nur ein Traum war. Wäre ja auch nur zu schön gewesen, einmal „am Ruder" zu sein.

*Sina Gnandt und Lea Schulz*
*Berufsschule V, Klasse ST10B*

## Das bunte Ruder

Wenn ich ein Bild male, dann muss ich am Ruder bleiben. Denn manchmal wollen die Farben nicht so wie ich. Einmal wollte die Grün zur Rot rüber, was ich eigentlich nicht wollte. Das ergibt nämlich braun und mein Bild sollte nicht braun werden, sondern bunt und farbenfroh. Und ein anderes Mal war es so, dass die Blau zur Gelb wollte und das ergibt ein Grün. Ich mag die Farbe grün, aber auf diesem einen Bild sollte das nicht so sein. Darum muss ich den Pinsel, der mein Farbenruder ist, immer gut in der Hand halten.

*Isabelle Hanrieder*
*Fröbel-Grundschule, Klasse 2 a*

## Einmal Vergangenheit und zurück

Wir befinden uns im Jahr 1850. Es ist ein lauer Sommertag. Gerade beuten die Männer von König Friedrich Warsar III. wieder die Bauern aus. Kinder weinen, Peitschen knallen. Doch verlassen wir erst einmal diese triste Vergangenheit und reisen ins Jahr 2021, an dieselbe Stelle, an der früher das Bauernhaus stand. Mittlerweile fließt dort ein Fluss und Kinder spielen an seinen Ufern. Dort, neben den großen Steinen, sitzen vier von ihnen. Sie heißen Lilli, Nora, Tobi und Rick und beraten gerade, was sie in den nächsten Tagen machen wollen. Es sind nämlich Sommerferien. Lilli schlägt gerade vor: „Wir könnten doch eine kleine Reise machen. Mit unserem Zeitruderboot!" Und Tobi stöhnt: „Wir brauchen dringend einen cooleren Namen für das Ding!" Das Zeitruderboot haben sie vor ein paar Tagen am Fluss entdeckt. Die vier haben natürlich keine Ahnung, was für ein krasses Teil sie da vor sich haben, aber trotzdem schläg Nora vor, eine Spritztour zu machen – im wahrsten Sinne des Wortes. Ihr Vater ist vollwertiges Mitglied eines Rudervereins und verbringt teilweise Stunden auf dem Wasser. Als sie alle unter großem Geschaukel in das altmodische Boot steigen, ruft Rick: „Jetzt könnten wir, würden wir 1972 leben, an den olympischen Ruderwettbewerben teilnehmen." Auf einmal wackelt das

Ruderboot ganz seltsam und als sie losfahren, fängt plötzlich die Umgebung an, sich zu verändern. Die Bäume werden lichter, der Fluss breiter und mit einem Mal sind sie von Ruderbooten umringt. Es braucht geschlagene zehn Minuten, in denen die vier nur dasitzenen und staunen und Lilli schließlich einen Blick auf ihre Smartwatch wirft, bis sie kapiert: „Leute, das klingt jetzt vielleicht verrückt, aber ich glaube, wir sind in die Vergangenheit gereist!"

Nora, die sonst immer einen kühlen Kopf behielt, gellt: „Was!? Das kann doch nicht wahr sein! Was sollen wir denn hier? Ich will zurück ins Jahr 2021!" Und da passiert es wieder: Die Umgebung verändert sich und kurz darauf treiben sie auf dem ihnen wohlbekannten Fluss mit den großen Steinen am Ufer. Keiner von den vieren kann verbergen, wie geschockt er ist. Jetzt, drei Tage später, sehen sie das alles ein wenig lockerer. Außerdem will niemand als Feigling dastehen, also widerspricht keiner, als Lilli sagt: „Gut, dann treffen wir uns heute Nachmittag um drei beim Boot. Okay?" Doch sie wartet die Antwort ihrer Freunde gar nicht ab, sondern flitzt sofort zu ihrem Rad und fährt davon. Um kurz vor drei sind alle da. Nora steigt zuerst ein, dann Rick, Tobi und zuletzt Lilli. „Moment!", ruft Tobi, bevor das Boot an Fahrt aufnimmt. „In welche Zeit wollen wir denn überhaupt?"– „Vielleicht so ins Jahr … 1850?", meint Nora. Und da alle einverstanden zu sein scheinen, schreit sie diese Jahreszahl laut über das Wasser. Nach drei Sekunden macht es … rums! … und das Ruderboot kracht auf einen Acker. „Anscheinend war vor über 100 Jahren hier noch kein Fluss", bemerkt Nora. „Aber wie sollen wir dann nach Hause kommen?", ruft Lilli panisch. „Wir müssen doch rudern und …" „Darum kümmern wir uns später", sagt Nora ruhig.

Sie verstecken das Boot unter einem Gebüsch und gehen zu dem altmodischen Bauernhaus hinüber. Plötzlich zuckt Nora zurück und flüstert: „Versteckt euch! Schnell!" Sie ducken sich hinter die Hausecke und können von dort aus beobachten, wie drei bewaffnete Männer an die Tür klopfen, dem öffnenden Mann ein Schwert unter die Nase halten und ihm sein ganzes Geld abknöpfen. Die Freunde sind empört. Sie beschließen, mit dem Bauern zu reden. Er öffnet ihnen nur zögerlich die Tür und ist sehr erleichtert, dass es nur vier Kinder sind. Er erzählt: „Diese Männer sind die Schergen von Friedrich Warsar III., unserem König. Sie rauben uns regelmäßig in seinem Auftrag aus. Aber niemand traut sich, ihm die Stirn zu bieten." Lilli sieht auf einmal sehr besorgt aus und sagt: „Oh nein, bitte Nora, ich weiß, wenn du so guckst, hast du irgendetwas Dummes vor!" Doch Nora ist nicht mehr aufzuhalten: „Wir werden diesen König

von seinem Thron fegen! Und ich weiß auch schon, wie …" Der Bauer beschreibt ihnen den Weg und die vier machen sich auf zum Schloss …
Nora erklärt den anderen unterwegs ihren Plan mit der Smartwatch und setzt ihn am Schlosstor sofort um. Die Wachen flüchten beim Anblick des mysteriösen Teils, das leuchtet und Geräusche macht. So kommen sie tatsächlich bis zum Thronsaal, doch dann wird es noch einmal knifflig. „Hast du auch eine Idee, wie wir den König fertigmachen?", fragt Tobi, an Nora gewandt. Diese meint: „Naja, ich dachte an Erpressung …?" „Wenn du meinst …", zweifelt Rick. Sie betreten den Thronsaal.
Friedrich Warsar III. ist ziemlich erstaunt, als plötzlich vier Kinder vor ihm stehen. „Was wollt ihr denn hier? Und was habt ihr da an?" „Wir sind Freunde und hier, weil Sie die Bauern ausrauben! Und wenn das nicht aufhört, dann werden Sie in dieses Gerät gesaugt!", ruft Lilli plötzlich sehr mutig und hält dem König das Handy unter die Nase. Dieser fängt an zu zittern und stottert: „I-i-in Ordnung … Ich ergebe mich. Ich werde keine Bauern mehr überfallen und keine Ritter mehr losschicken. Ich schwöre es." – „Gut," sagt Lilli. „Doch wenn Sie Ihr Wort nicht halten, kommen wir wieder!" Der König verzieht das Gesicht, nickt aber. Eine halbe Stunde später stehen Nora, Lilli, Tobi und Rick wieder neben ihrem Ruderboot. „Das war vorhin echt mutig von dir!", sagt Rick zu Lilli. „Schon gut. Ich würde lieber wissen, wie wir nach Hause kommen sollen", wehrt diese ab. „Versuchen wir doch einfach, hier zu rudern", meint Tobi. Und so steigen sie alle ein und fangen an, in der Luft zu rudern. Dann schreit Nora: „Auf ins Jahr 2021!" Und kurz darauf treiben sie wieder im gluckernden Wasser des Flusses. Nachdem sie das Boot an Land manövriert haben, steigen die Freunde aus und fallen sich in die Arme. „Das", keucht Nora, „war das Coolste, was ich je erlebt habe!"

*Hanna Göckeler*
*Maria-Theresia-Gymnasium, Klasse 6b*

## Am Ruder

Ich saß das erste Mal in meinem Kanu. Ich war eingequetscht zwischen den Bootwänden und hielt mein Kanu fest. Meine Trainerin sagte: „Stoße dich vom Ufer ab!" Doch ich hatte zu große Angst, trotz Schwimmweste, unterzugehen. Sie kam ins Wasser und hielt mein Boot fest. Sie schob mich im Kreis herum und ich versuchte, das Gleichgewicht zu halten. Plötzlich ließ sie mich los und gab mir einen Schubs. Ich war erstarrt und schipperte mit meinem Boot dahin … Dies war meine erste Kanufahrt. Ich blieb ‚am Ruder' bis ich 15 war. Doch dann musste ich eine Klasse wiederholen. Ich beschloss schweren Herzens, den tollen Kanu-Sport aufzuhören. Nun bin ich 28 und erinnere mich an diesen wunderbaren Tag zurück, an dem ich das erste Mal im Kanu saß. Nun bereue ich es, nicht ‚am Ruder' geblieben zu sein.

*Leonie Dehmel und Clara Maucher*
*Gymnasium bei St. Stephan, Klasse 6c*

## Der Ruderer

Sanft und ruhig fließt das Bächlein,
Bahnt sich in der Morgenröte schlängelnd seinen Weg.
Auf ihm, schunkelnd und wiegend, ein Bötlein,
An Bord eine zarte Gestalt, das Ruder locker in der Hand.
Und das Wasser plätschert.
Sprudelnd und rauschend strömt der Fluss,
Eilt vorüber in der heißen Mittagssonnen.
Das Bötlein beginnt zu beben und schwanken,
Zunehmend bemüht, der Strömung standzuhalten.
Und die Gestalt hält, überrascht von der Kraft des Flusses,
Das Ruder fest in der Hand.
Und das Wasser strömt.
Brausend und wild tost die Strömung,
Reißt inmitten der Abenddämmerung alles mit sich.
Das Bötlein kämpft dagegen an, steigt auf und ab, wehrt sich
Gegen die sich aufbäumende Gewalt des Wassers.
Und die Gestalt klammert sich, verängstigt und zitternd,
Mit beiden Händen an ihr Ruder.
Und das Wasser braust.
Doch im Mondschein beruhigt sich der Strom, der Fluss, das Bächlein.
Das Bötlein aber ist nun schwach, es taumelt und es schwankt Und es sinkt.
Das Bächlein aber sprudelt weiter, voll Vorfreude auf den neuen Tag.
Und das Wasser plätschert.

*Sina Abold*
*Gymnasium bei St. Stephan, Klasse 10c*

## Am Ruder

Die meisten Leute wussten nicht, wer ich war. Für sie war ich ersetztbar; angesehen, ja, aber nicht einzigartig. Wussten sie nicht, dass ich es war? Dass ich es war, die die Zügel in der Hand hielt, das Ruder in den Händen? Dass ich es war, die uns vor Krieg und Krise schützte? Dass ich nicht nur eine rechte Hand, sondern Gesetz und Ordnung war?
Ich war ihr Hirn und ihr Herz. Ich war ihr Blut, das wie ein Strom durch das Land floss, als Wasser getarnt. Und dieser Strom würde versiegen, wenn es mich nicht gäbe, und es gäbe dann niemanden, der darin schwimmen oder paddeln könnte. Keinen, der uns wieder zum Fließen bringen könnte. Sie war nur die Hülle, und sie hatte alles. Ich lenkte uns in die Zukunft und wurde belächelt. Aber wie lange würde es brauchen, bis ich versagte und wir auf den Grund des Meeres sanken?

*Christine Fischer*
*Maria-Theresia-Gymnasium, Klasse 8c (Schreibwerkstatt)*

## Elfchen

Ruder
Chef Verantwortung
Disziplin Mut Fürsorge
Macht Einfluss Respekt Verständnis
Zuversicht

*Isabelle Bartmann*
*Gymnasium bei St. Stephan, Klasse 5d*

## Am Ruder

WER sitzt am Ruder?
Ich sitze am Ruder.
Du sitzt am Ruder.
Eltern sitzen am Ruder.
Lehrer sitzen am Ruder.
Politiker sitzen am Ruder.
NATURKATASTROPHEN
CORONA
Wir müssen das Ruder herumreißen!!!
Wer?

Ich
Du
Eltern
Lehrer
Politiker
ALLE

*Luca Christian*
*Maria-Ward-Realschule, Klasse 7a*

## Halbe Wahrheiten

Am Ruder. Alles unter Kontrolle. Du machst deine Witze und alle lachen darüber. Sie kommen gerne zu dir, weil du sie machen lässt, sind ja nicht deine Leben. Du verstehst sie, balancierst zwischen Distanz und Empathie, hast immer eine trockene Antwort und manchmal sind sie unglaublich banal oder unangebracht, aber zusammen mit denen, die etwas zu kitschig sind, ergeben sie ein schönes Bild. Die kleinen Unsicherheiten gehören dazu, genauso jeder staksige Schritt und deine peinlich kleingeistige Kleiderwahl. Alles unter Kontrolle. Sie akzeptieren dich, kennen von dir, was du ihnen zeigst, und denken, es seien ganze Wahrheiten. Laute Musik in deiner Wohnung, für jede Situation hast du ein Lied, und so spielst du ihnen, Lied für Lied, deine Lebensgeschichte. Eine Spur, die vor ihren Füßen nur aus Einzelteilen besteht. Alles unter Kontrolle.
Und wer weiß, was in deinem Kopf spukt, wenn du wortlos auf der Treppe stehst? Am Rudern. Haben wir sie nicht alle, diese tonlosen Momente, in denen morgen naiv wird? Aber eigentlich hast du sie vergessen lassen, dass du auch ein Mensch bist. Ein Freigeist und Einzelgänger, sicher, aber doch glücklich damit? Wie laut kann ihr Lachen in deinem Kopf hallen und wie oft kannst du darin ertrinken? Deine Worte unter Kontrolle, wohin deine Füße laufen, und dein Lächeln. Was deine Gedanken rufen, hört niemand.
Und manchmal wünsche ich mir, du würdest von ihren Rufen erzählen. Ihnen zeigen, dass Menschlichkeit nicht nur kleine Missverständnisse und Fehltritte bedeutet, sondern auch bereuen, vermissen und verzweifeln, an den eigenen Ansprüchen kaputtgehen und unbeteiligte Gesichter anschreien, hassen, verlieren und nicht vergessen können. Du würdest ihnen erzählen, was dich an den Liedern fasziniert, auf die Gefahr hin, dass sie es nicht verstehen, Geschichte für Geschichte, bis sie alle kennen und du

nicht mehr darauf achten musst, was du sagst. Und es wäre das Mutigste, was du je getan hast, und es würde viele Dinge einfacher machen.

Dafür erzähle ich dir alle meine Ideen, wie es vielleicht in deinem Kopf aussieht. Sie hätten all ihren Glanz verloren. Nichts als Wahrheit.

*Neele Walter*
*Maria-Theresia-Gymnasium, Q12 (Schreibwerkstatt)*

## Am Ruder

Als ich eines Tages mit meiner Familie paddeln ging, dachte ich: ‚Was für ein schöner Tag zum Kanufahren!' Aber da wusste ich ja noch nicht, was uns da passieren wird. Wir legten das Kanu ins Wasser und paddelten los. Da sagte Papa: „Es ist sehr warm heute, vielleicht können wir ja noch am See baden." „Au ja!", riefen meine Mutter und meine Schwester im Chor. „Aber jetzt ist erst einmal Zeit für ein Picknick", schlug mein Papa vor. Wir schoben das Kanu an Land und breiteten unsere Picknickdecke aus, danach holte Mama den Picknickkorb aus dem Boot. Wir setzten uns hin und aßen unsere Brote, als plötzlich meine Schwester schrie: „Mama, Papa, das Kanu schwimmt weg!" Ich reagierte als Erstes und sprang auf. Ich rannte zum Kanu und hüpfte darauf. Ich versuchte, zurück zu paddeln. Mein Papa schrie: „Schnell, paddel näher ans Ufer hin, dann kann ich das Kanu an Land ziehen!" „Ok!", rief ich zurück. ‚Ob ich das aschaffen würde, so allein am Ruder?', dachte ich. Ich paddelte los und das Kanu bewegte sich langsam zurück zum Ufer. „Noch ein kleines Stück!", feuerte mich mein Papa an. Jetzt hatte ich es geschafft. Mein Papa zog das Kanu an Land und sagte: „Jetzt kriegst du zur Belohnung am See ein Eis." „Und du natürlich auch, Lilly!", fügte meine Mama hinzu und meine Schwester und ich freuten uns. ‚Gut, dass wir das geschafft haben', dachte ich, ‚aber das nächste Mal binden wir das Kanu besser fest.'

*Maximilian Wedler*
*Jakob-Fugger-Gymnasium, Klasse 5b*

## Klarissas Idol

Logbuch
1. Eintrag                                                        20.06.2022
Heute haben wir eine anstrengende Busfahrt und langweilige Stunden hinter uns: von Triesdorf in die Allgäuer Alpen. Morgen geht es los. Wir steigen in unsere Kanus und fahren innerhalb einer Woche nach Augs-

burg zu den Rudermeisterschaften, wo ich mein größtes Vorbild Andreas treffen werde. Wir, Rudi, Anja, Tom und ich, Klarissa, haben uns viel vorgenommen. Hoffentlich gelingt es!

2. Eintrag                                                        21.06.2022

Wir sitzen am Lagerfeuer. Es war wettertechnisch ein ziemlich ungemütlicher Tag, weshalb niemand gute Laune hat. Nur Rudi versucht die ganze Zeit schon, uns durch lahme Witze zum Lachen zu bringen. Wenigstens hat es aufgehört zu regnen, es weht ein lauer Sommerwind. Heute sind wir an regennassen Wiesen, Feldern und Wäldern vorbeigekommen und entdeckten außer ein paar Wanderern keine Menschenseele. Am Forggensee übernachten wir in einer alten Scheune, die nach Erzählungen der einheimischen Wanderer schon seit Jahren leer steht.

3. Eintrag                                                        22.06.2022

Da heute dank strahlendem Wetter große Motivation da war, sind wir noch etwas weiter als die eigentlich geplante Etappe gefahren. Danach waren alle sehr erschöpft, nur Anja war bester Laune. Sie redete schon fröhlich über die nächste Etappe! Da wir alle sehr müde von diesem anstrengenden Tag sind, verschieben wir die Marshmallows und das Lagerfeuer auf morgen und essen nur Brot. Dann sehen wir uns an, wie weit wir gerudert sind. Wir haben bereits ein Viertel der nächsten Strecke geschafft!

4. Eintrag                                                        23.06.2022

Heute war es bis Mittag sehr sonnig, dann aber kamen die Wolken und als es plötzlich zu regnen begann, ließ Tom vor Schreck seine veganen Fleischklößchen in das tiefe Wasser fallen. Er aß dann den Notfallproviant (einen Laib Brot) auf, da wir ihm nichts abgeben konnten und er sonst eine Ration vom nächsten Tag aufessen müsste. Zum Glück hatten wir gestern schon vorgefahren, sonst hätten wir es bei dem Sturm nicht bis nach Landsberg geschafft. Dort banden wir unser Boot im Hafen an und buchten uns von unserer Gemeinschaftskasse zwei Zimmer in einem netten Hotel mit Lechblick.

5. Eintrag                                                        24.06.2022

In der Nacht stürmte es noch einmal stark, doch am nächsten Tag spürte man kein Lüftchen mehr. Es war wunderbar! Zur Mittagszeit, als wir die Hälfte der Strecke bereits geschafft hatten und es schon ziemlich heiß wurde, kam Wind auf, aber nur so stark, dass die Boote leicht schaukelten, aber nicht so stark wie bei dem Sturm am Vortag. Als wir in Augsburg ankamen, waren wir alle ganz schön k.o. Wir aßen noch und checkten im vorgebuchten Motel ein, aber mehr schafften wir auch nicht mehr.

Letter Eintrag                                                    25.06.2022

Ich habe Andreas getroffen. Er war so cool! Aber der Reihe nach: Nachdem die anderen mich wach gekriegt hatten, machten wir eine Stadtführung, die uns der Ruderklub gezahlt hatte. Wir sahen den aufgeschütteten Sand am Rathausplatz, die Stände, das Rathaus, den Kö, den Moritzplatz, die Innenstadt … Ich könnte hier noch so viel hinzufügen. Die Stadt Augsburg ist so schön! Am Mittag aßen wir in einem empfohlenen Restaurant und fuhren dann mit der Tram zurück, wo mich mein Idol schon empfing. Wir gingen in ein Café namens „Der Ruderer" und aßen Kuchen und unterhielten uns. Andreas erzählte uns auch ein paar „Rudererlifehacks" die sehr nützlich sein könnten. Wir erzählten ihm auch von unserer aufregenden Reise, die er sehr lustig fand, besonders die Geschichte, als Tom seine Fleischklößchen ins Wasser geworfen hatte.

Na, weißt du noch alle Eigenschaften der jeweiligen Ruderer Anja, Tom, Rudi und Klarissa?

*Sophie Ding*
*Maria-Theresia-Gymnasium, Klasse 6b*


## Elfchen: „Am Ruder"

verantwortungsbewusst
selbstsicher mutig
gemeinschaftlich diszipliniert ideenreich
klug mächtig interessiert einflussreich
zuversichtlich

*Isabelle Bartmann*
*Gymnasium bei St. Stephan, Klasse 5d*


## Am Ruder

Wir verstehen drei Dinge unter dem Thema „Am Ruder":
Wir denken als Erstes an ein Boot, aber das ist nicht alles. Nämlich hinter den zwei Worten steckt noch viel mehr.
Stell dir vor, du sitzt allein in einem Boot, du hast keine Kraft mehr, weiter zu rudern. Du schwimmst mit deinem kleinen Boot auf dem einsamen Meer, du versuchst zu überlegen, was du jetzt machen kannst. Da kommt dir plötzlich ein Geistesblitz: ‚Es wäre bestimmt einfacher, wenn ich hier nicht allein rudern würde.' Du rufst deine Freunde an, sie kommen mit dem Wasserboot daher geschwommen und fragen: „Brauchst du Hilfe?"

Du antwortest: „Ja, bitte! Ich habe keine Kraft mehr, weiter zu rudern!"
Gleich darauf kommen deine Freunde auf dein kleines Boot und alle
rudern gemeinsam wieder zurück in das kleine Dorf. Die Moral dieser
Geschichte lautet: ZUSAMMEN SIND WIR STARK!
Jetzt wollen wir euch noch etwas über die zweite Sache, die zum Thema
„Am Ruder" passt, sagen: Vertrauen!
Ein Bootfahrer muss sich auf seine Kameraden zu 100 % verlassen können,
sonst kann es nämlich sehr gut sein, dass das Boot sinkt. So ist es auch
im normalen Alltag: Du musst deinen Freunden vertrauen können, damit
sie deine Geheimnisse nicht verplappern.
Nun, wie es so schön heißt, aller guten Dinge sind drei:
Verantwortung und Kontrolle passen auch zu dem Thema „Am Ruder".
Schließlich gehört die Verantwortung zum Leben dazu, ohne sie werden
viele Dinge schieflaufen und ins Wackeln kommen.
Kontrolle ist auch ein sehr wichtiger Bestandteil des Lebens, denn wenn
man sie verliert, könnte es nur Chaos geben. Genauso ist es auch auf
einem Boot. Wenn man die Kontrolle beim Rudern verliert, bewegt sich
das Boot nicht mehr. So ist es auch im echten Leben, man gerät dabei aus
dem Ruder. Wenn man nicht mehr weiter macht, kommt man nicht mehr
voran. Die Moral lautet: NIE AUFGEBEN, EGAL, WAS PASSIERT!

*Emily Letizia Reisig und Selina Ludwig*
*Liroschule Augsburg, Klasse 4*

## Verloren im Boot

Es war jener Sommer in Kroatien am Meer in Split. Meine Familie und ich
beschlossen, an diesem Abend einen Spaziergang entlang der Küste zu
machen. Es war eine ziemlich dunkle und sehr ruhige Nacht. Die Geräusche von Wellen und Schiffen waren zu hören. Der Himmel war dunkel,
dunkelblau, aber man wollte meinen, er sei schwarz. Nach einer Weile fing
es an zu regnen und wir eilten alle zum Appartement. Als wir rannten,
stolperte ich über einen Felsen und fiel in ein Boot. Ich hatte einen Moment
Angst und dann setzte sich das Boot in Bewegung. Ich rief: „Hilfe! Mama!
Papa, hilf!" Aber vergeblich. Niemand konnte mich hören, weil es stark
regnete. Als sie auf die Wohnung zurannten, bemerkten sie, dass ich nicht
unter ihnen war, also machten sie sich auf die Suche nach mir. Ich hatte
große Angst und wusste nicht, wo ich war. Ich erinnerte mich, dass ich
nicht einmal ein Handy hatte, also konnte ich weder meine Eltern noch
sonst jemanden anrufen. Nach ein paar Minuten sah ich etwas Licht. Es

waren Straßenlaternen. Ich erblickte auch viele Boote in der Nähe. Es waren alte, hölzerne Ruder im Boot, so dass ich ans Ufer rudern konnte. Vor mir war ein Restaurant. Dort auf der Terrasse saß eine ältere Frau am Tisch. Ich wusste, dass ich nicht mit Leuten reden sollte, die ich nicht kannte, aber das war der einzige Weg, nach Hause zu kommen. Ich begrüßte sie höflich und fragte: „Kann ich mir bitte Ihr Handy ausleihen, um meine Eltern anzurufen?" – „Ja, kein Problem", antwortete sie. Ich rief meine Eltern an und beschrieb ihnen, in welchem Restaurant ich war. Zum Glück war ich nicht weit von ihrer Wohnung entfernt und sie wussten gleich, wo das ist. Sie kamen zu diesem Restaurant und wir gingen alle zusammen zu unserer Unterkunft zurück. Ehrlich gesagt, es war ein interessantes, aber ein bisschen beängstigendes Abenteuer.

*Monika Horvat*
*Agnes-Bernauer-Realschule, Klasse 6bx*

## Am Ruder

Heut' gibt's sogar eine Medaille dafür,
fragt man sich doch nur: wofür?
Doch was bringt´s, wenn man nur an Reichtum denkt?
Gibt´s nichts Besseres, als dass man sich in solchen Gedanken verfängt?
Bei Olympia irgendwelche Pokale zu haufen!
Wird man sie dann irgendwann verkaufen?
Am Ruder zu sein, dabei zu sein, Spaß zu haben –
zusammen kann man so vieles packen!
Allein kann man so wenig erreichen,
doch die Zusammenarbeit eines Teams ist damit nicht zu vergleichen!

*Klara Santos-Krawczyk*
*Jakob-Fugger-Gymnasium, Klasse 5b*

## Und jetzt?

„Und jetzt?" Diese Frage überforderte mich. Und jetzt? Ich hatte doch selbst keine Ahnung, wie es weitergehen sollte. Das hatte ich schon eine ganze Weile nicht mehr. Vor zwei Jahren hätte ich noch nicht einmal daran gedacht, dass mein Leben so laufen würde, wie es gerade lief. Aber ich konnte ja ohnehin nichts mehr daran ändern. Oder konnte ich das doch? Vielleicht war ich ja einfach zu starrsinnig oder zu erschöpft, um die Dinge selbst wieder in die Hand zu nehmen. Ich hatte bestimmt noch nicht alle

Möglichkeiten in Betracht gezogen. Aber irgendetwas in meinem Inneren hinderte mich daran, genauer nach Auswegen zu suchen. Vielleicht war es Erschöpfung, vielleicht aber auch Lustlosigkeit. Oder ein Gemisch. Oder doch etwas ganz anderes. Das Einzige, was ich wusste, war, dass die Dinge momentan ziemlich schlecht für mich aussahen und dass ich, aus welchen Gründen auch immer, nicht in der Lage war, aktiv an dieser Tatsache zu arbeiten. Ich ließ mich immer von den Ereignissen leiten, aber leitete nie die Ereignisse. Denn gegenüber den großen, gravierenden Ereignissen, die zum Schicksaal gehörten, war ich sowieso machtlos. Ich war nämlich im tiefen, endlos blauen Meer versunken und obwohl mir die Luft zum Überleben nicht ausging, bekam ich trotzdem keine frische, energiegeladene Luft. Egal, wo ich hinsah, es war trüb und blau. Zwar kein zu dunkles Blau, aber hell war es auch nicht. Ich schwamm nicht, denn ich war kraftlos und wusste auch nicht, wohin ich schwimmen sollte. Und wenn ich mich bewegte, dann nur, weil eine kräftige Meeresströmung mich mit sich riss und mich an einem ähnlich blauen Ort wieder ausspuckte. Ich seufzte. Und jetzt? Die Frage kam mir verspottend vor. Diese Erwartung eins Plans, den ich nicht hatte. Die Antwort auf diese Frage war im Prinzip sowieso schon klar, zumindest für mich: „Die Dinge sind aus dem Ruder gelaufen.“

*Elina Kaiser*
*Maria-Theresia-Gymnasium, Klasse 10c*

## Im Kanu: ein Achrostichon

I ndie – Afrikaans
M adhyë – Bengalisch
K ya aap – Hindi
A r gali – Litauisch
N avak – Armenisch
U kugwedla isikibhe – Zulu

*Amaya Bruchner del Río und Mia Borbely*
*Montessorischule Augsburg, Klasse 6 Pegasus*

## Ruder meines Lebens

Ich sitze am Ruder meines Lebens. Es gibt viele Einflüsse in meinem Leben. Vor allem Freunde und Familie, aber auch die Schule, die mir oft zu schaffen macht. Ich kann nicht kontrollieren, wie die Personen alle in meinem Leben auftreten, sich mir gegenüber verhalten oder was sonst so in meinem Leben passiert. Ich kann nur beeinflussen, wie ich darauf reagiere. Macht es mich glücklich? Nicht wirklich. Macht es mich wütend? Nein. Macht es mich traurig? Ja. Ich muss mich ablenken. Mit Musik. Mit Sport. Shoppen gehen mit Freunden. Telefonieren. Ein Buch lesen.

Verliere ich teilweise die Kontrolle? Ja, das kann passieren. Manchmal auch öfter. Aber das kann jedem passieren. Wir sitzen alle am Ruder unseres Lebens mit den verschiedensten Einflüssen. Wir haben Freunde und Familie. Gehen in die Schule oder zur Arbeit. Sind gesund oder leider krank. Uns geht es gerade gut oder wir stecken in einem Tief. Wir brauchen Dinge, die uns ablenken und uns wieder neue Kraft geben, um die Ruder wieder in die Hand nehmen zu können und unser Boot ins Gleichgewicht zu bekommen. Allerdings sollten wir unser Ziel wenigstens immer im Hinterkopf behalten. Es nicht komplett aus den Augen verlieren. Damit wir nicht ganz vom Kurs abkommen.

*Lilly Schwarzer*
*Gymnasium bei St. Stephan, Klasse 10c*

## Am Rudern

Erinnerst du dich an die Zeit, als wir gemeinsam ruderten? Ich schon. Erinnerst du dich an das wackelige Boot? Wie ich vor Schmerz weinte: Noch einmal durchziehen und wir sollten da sein?

Wir waren mitten im Meer und hörten nicht auf. Du saßt vor mir und ich konnte nicht mehr sehen, in welche Richtung wir rudern. Finger bluten, kalter Schweiß und rote Augen. Du und ich versuchten zusammen, aus diesem magischen Kreis herauszukommen, ohne zu ertrinken.

Du hast es mir am Anfang versprochen, uns zu helfen, dorthin zu gelangen, wo wir hin wollten. Du hast mir gesagt, dass du den Weg besser sehen wirst, wenn du vorne sitzt. Doch jetzt, wo wir auf dem Weg sind, kann ich ihn nicht erkennen. Er ist düster, das Meer ist dunkel, die Luft ist kalt und ich erinnere mich kaum an dein Gesicht. Nicht ein einziges Mal hast du dich umgedreht, um mich anzusehen. Nicht ein einziges Mal hast du mir gesagt, wohin wir wirklich gehen. Und wir sitzen seit Monaten im selben Boot.

Du bist mir jetzt fremd. Und ich bin mitten im Nirgendwo mit dir.

Ich will aussteigen. Ich will nicht mehr an deiner Seite rudern. In diesem Boot habe ich zwei Möglichkeiten: abspringen und versuchen, im eisigen Wasser zu überleben oder in meinem Unglück mit dir zu ertrinken.

*Elitsa Yotova*
*Maria-Theresia-Gymnasium, Q11 (Schreibwerkstatt)*

# Brief an Xaver

Lieber Xaver!

Schade, dass du uns doch nicht besuchen kannst! Wieder wurde die Reise verschoben, schon wieder kannst du nicht kommen. Du freust dich sicher auf die riesigen, sandigen Strände und unsere Heimatstadt Kiel. Wie geht es dir denn in Augsburg? In der letzten Zeit passierte hier nicht viel, aber gestern war es richtig spannend!

Meine Familie und ich waren im Urlaub auf Rügen. Auf der Rückfahrt war das blaue Wasser der Ostsee ruhig und es wehte mir eine sanfte Brise ins Gesicht. Plötzlich schrie der Ausguckposten, der mein Vater war: „Eine Sandbank! Eine Sandbank!" Doch es war schon zu spät. Unser Schiff rumpelte auf die Sandbank und knarzte dann heftig unterm Kiel. Dann herrschte eisiges Schweigen. „Alle Mann von Bord!", schrie der Kapitän, den wir extra für die Fahrt angestellt hatten. Wir versuchten, das Schiff zurück ins Wasser zu schieben, aber es rührte sich keinen Zentimeter. Uns verließ der Mut. Auf einmal aber erschien mir ein Geistesblitz! Vor Aufregung kreischte ich: „Wenn wir das Schiff mit Wasser umspülen und dann schieben, könnten wir das Schiff sicher bewegen!" Papa war wenig begeistert davon, doch er brummte: „Einen Versuch ist es wert." Ich übernahm das Ruder und blieb auf dem Boot, um es dann nach vorne zu steuern. Schnell erteilte ich noch die letzten Befehle und schrie: „Jetzt!" Unsere Mannschaft umspülte das Boot, während ich die Holzkiste nach vorn steuerte. Dann hielt ich den Atem an … Es klappte! Das Boot tuckerte langsam nach vorne und die ganze Besatzung war erleichtert. Zum Dank durfte ich dann das Schiff nach Hause steuern, worüber ich mich riesig freute. Das Steuern des Schiffes beeindruckte mich so, dass ich meine Zukunft als Seemann gestalten möchte. Bis zu diesem Zeitpunkt hätte ich das nie gedacht.

Jetzt mache ich Schluss. Heute muss ich den Brief nämlich noch einwerfen. Drücke mir die Daumen, dass häufiger etwas Aufregendes passiert und wir uns bald wieder sehen können.

Bis bald!

Dein Dominik

*Dominik Schrumpf*
*Gymnasium bei St. Stephan, Klasse 5d*

## Das Ruder in der Hand

Auf dem Boot – die Sonne scheint dahin –
sitzt ein kleines Baby drin.
Es strahlt und lacht mit leuchtenden Augen,
ja so, das mag man kaum glauben.
Schmetterlinge fliegen über ihm her,
unter ihm das schimmernde Meer.
Und plötzlich, ein paar Jahre später,
da war der Bub schon viel älter.
Vielleicht sechs oder sieben, man weiß es nicht,
doch das Leuchten in den Augen verglühte nur schlicht.
Aber er merkte, dass er nicht auf dem Meer bleiben kann,
denn er spürte den unglaublichen Drang,
weit in die Welt hinaus zu gehen,
ohne dem Alten nachzusehen.
Also nahm er das Ruder in die Hand
und fuhr über den heiligen Rand,
um zu erfahren, was da draußen ist,
ob er das alte Leben wohl vermisst?
So fuhr er, bis er nicht mehr konnte
und sich am Ende nur noch sonnte.
Das tat er sein ganzes Leben lang,
zog mit dem Wasser an einem Strang.

*Emma Fiehl*
*Mädchenrealschule St. Ursula, Klasse 7b*

## Wie kann ich mein Ruder steuern?

Ich habe ein Ruder
    in meiner Seele kann ich es steuern
    wenn ich froh bin, steche ich in See
    wenn ich traurig bin, wird es morsch und zerfällt
    ich kann es mit Freundschaft reparieren
    und mit Wut zerstören
    es wird größer mit Freude und Spaß

*Karla Lehmann und Franka Sonnberger*
*Maria-Theresia-Gymnasium, Klasse 5b*

# In der Schwebe

Ruhig, kaum spürbar, strich der Wind sanft am Bug vorbei und Thilo durchs ergraute Haar. Modrig und alt roch das knorrige Holz, dessen dunkle Farbe an schwarzes Öl erinnerte und im kalten Licht glänzte. Mit zugekniffenen Augen versuchte Thilo die Wellen zu sehen, die das Schiff ähnlich wie eine Nussschale hin und her schaukeln ließen. Schmunzelnd konnte er sich noch gut daran erinnern, wie er als Kind zahlreiche Nussschalen in ein Becken voll Wasser warf und heroisch den Untergang der Titanic spielte. Es hatte ihm gefallen, sie zu versenken und zu sehen, wie die kleinen Wassermassen sie auf den Grund des Bodens drückten. Damals hatte er sich immer griechische Schiffsflotten vorgestellt, die sich einem Sturm Poseidons ausgesetzt sahen. Seltsamerweise löste dieser Gedanke in ihm zunehmend Unbehagen aus. So war denn dieses Schiffchen für das Meer nichts weiter als ein lächerlich kleines Spielzeugboot, ein Nichts gegenüber göttlichen Naturgewalten. Sich selbst schüttelnd, vergaß er das Bild sterbender Griechen in seinem Kopf und beobachtete wieder die Wellen, die noch immer im gleichen Rhythmus zu tanzen schienen. Trotz allem ein beruhigendes Bild. Stirnrunzelnd musterte Thilo seine runzeligen Hände. Ganz alt waren sie geworden. So wie er. Gestern noch hatte er das Ruder übernommen und drollig kichernd Nussschalen versenkt und nun saß er selbst in einer, den Launen der Natur ausgeliefert, die ebenso willkürlich wie die eines Kindes schienen. Wieder sah er auf das Meer und atmete die frische Brise des salzigen Wassers ein. Tausend Jahre mochte er so verbringen, doch so viel Zeit war ihm nicht gestattet. Also genoss Thilo diesen Augenblick, wenn er auch nur kurz weilte. Wer hätte es denn nicht getan? Während er so vor sich hinvegetierte und immer wieder an Poseidon denken musste, fing er an, sich plötzlich über etwas zu wundern. Wieso war er denn alleine auf dem Meer? Wieso ist kein Mond zu sehen? Warum war weit und breit kein anderes Schiff zu erkennen? Da brach die Scheinwelt in sich zusammen. Wie ein dumpfer Schlag wurde ihm klar, dass er vollkommen verlassen war. Nicht einmal Sterne begleiteten ihn, obwohl keine einzige Wolke am Himmel zu sehen war, und dennoch war es hell. Das Dunkel erhob sich hinter ihm und er fühlte sich so, als würden beide Seiten von ihm zehren, als wäre er in einer Welt zwischen Himmel und Hölle. Unheilvoll schimmernd sah er das Meer, welches mit dem Himmel zu verschmelzen begann. War das alles? War es nun für ihn vorbei? Doch was war vergangen, wenn es doch nichts gab, woran er sich zu erinnern gedachte? Panisch rannte er zum Steuer und beobachtete die Wellen, die sich wie Poseidons Hände um sein Schiff wanden und immer mehr zu wachsen schienen. Schweißgebadet strich er sich die langen Haare aus dem Gesicht und versuchte den Kurs seiner Nussschale zu wechseln. Vergeblich. Ohne Vorwarnung sah er sich nun wirklich nicht mehr in einem großen Segelschiff. Eingepfercht in ein kleines Ruderboot fürchtete er die Wellen nur noch mehr, die ihn zu erschlagen drohten. Sich verzweifelt Mut zusprechend, versuchte er, gleichzeitig um Vergebung bittend, all dem, was ihn zu verschlucken versuchte, zu entkommen. Die Augen schließend, begann er zu rudern, denn nur er konnte sich gegen diese Naturgewalten helfen, so dachte er. David gegen Goliath. Immer weiter ins Dunkel treibend, merkte er, dass sein Versuch der Kontrolle, der Versuch des Ruderns ihn nur noch mehr verfluchte. Von den Wellen hin und her geworfen, fasste er schließlich einen Entschluss, gab sich dieser Urgewalt gänzlich hin und überließ ihr das Ruder. Als wäre ein Wunder geschehen, löste er sich von den Fängen des Meeres. Als er wieder frischen, ruhigen Wind spürte, öffnete er die Augen und sah sich völlig schwerelos zwischen dem Himmel und dem inzwischen schwarz gewordenen Meer. Grinsend sah er den Mond, der immer näher zu kommen schien. Schließlich vergaß er das Boot, die Wellen und die Angst und gab sich dem Mond sowie dessen Licht hin, so dass ihn kein Ruder daran hinderte.

Es stank nach Desinfektionsmittel, als die Krankenschwester den OP im Raum B217 des zweiten Stockwerks verließ. Die Lampen in den alten Korridoren schienen aus unersichtlichen Gründen plötzlich wieder zu funktionieren. Ungewöhnlich warm wurde das eigentlich so kalte Licht der Neonröhren in den Fliesen gespiegelt. Angespannt betrat sie den Aufzug, dessen klaustrophobische Atmosphäre ihr Angst zu machen schien. Den Frust vergessend, atmete sie einmal spürbar aus und brachte den an Herzstillstand Verstorbenen in das Innere des Aufzugs. ‚Ein so netter alter Mann', dachte sie. Er hatte immer von seinen Schiffsfahrten zu berichten, in denen er sich so schwerelos und von allen irdischen Fesseln gelöst gefühlt hatte. Es kam ihr unerträglich ironisch vor, als sie ihn in das Untergeschoss brachte.

*Jakob Weber*
*Holbein-Gymnasium, Klasse 10f*

# Inselabenteuer

Es war wieder einmal einer dieser Tage, an denen es regnete und ich zu nichts Lust hatte. Also setzte ich mich vor meinen Computer und startete eine Runde Minecraft in meiner Lieblingswelt.

Ich begann das Spiel in meinem kleinen Haus am Fluss und lief über den Steg zu meinem Ruderboot. Ich stieg ein und begann, den Fluss abwärts zu rudern.

Doch plötzlich sah ich Blasen vom Flussboden aufsteigen. Sie gingen von einem Magma-Block unter Wasser aus! Jetzt musste ich höllisch aufpassen, um nicht zu kentern. Als ich diese Gefahr überwunden hatte, kam ich schon bald ans Meer. Ich ruderte weit hinaus und kam nach einiger Zeit zu einer Insel.

‚Die sollte ich erkunden', dachte ich mir. Am weißen Sandstrand angelandet, rammte ich einen Pfosten aus meinem Boot in den Sand und band es daran fest.

Ich lief auf einen kleinen Dschungel in der Inselmitte zu und kämpfte mich durch das Gestrüpp, bis ich einen wunderschönen Felsvorsprung an einem Wasserfall fand. Da es schon dunkel wurde, beschloss ich, hier mein Nachtlager aufzuschlagen.

Doch sobald ich eingeschlafen war, hörte ich ein leises Knacken. Ich horchte in die Dunkelheit.

Da war es wieder …! ‚Was könnte das bloß sein?'

Ich musste der Ursache des Geräuschs auf die Schliche kommen. Ich stand auf und lief auf der anderen Seite des Wasserfalls wieder zum Strand hinunter. Da sah ich es – Schildkröteneier, die in den weichen Sand eingebettet dalagen und schon einige Risse hatten. Da knackste es wieder. Aus einem der Eier schlüpfte eine kleine Schildröte und krabbelte schnell ins Wasser. Ich war fasziniert: Ich hatte ein Schildkrötengelege entdeckt! Nachdem auch die anderen Schildkröten geschlüpft und ins Wasser geflitzt waren, kehrte ich zu meinem Schlafplatz zurück.

Obwohl ich nicht damit rechnete, dass ich nochmals einschlafen könnte, war ich sofort weg. Am nächsten Morgen kehrte ich zu meinem Boot zurück und ruderte wieder der Flussmündung entgegen, aus der ich gekommen war.

Auf dem Weg hielt ich Ausschau nach den Schildkröten. Da sah ich eine große Struktur am Meeresgrund. Ich sprang aus meinem Boot ins warme Wasser und tauchte hinunter. Was ich da sah, verschlug mir den Atem. Vor mir ragte ein riesiger Tempel aus türkis-blauem Prismarin auf. Was für ein Fund! Ich hatte ein Ozeanmonument entdeckt! Aufregung überkam mich. Ein Ozeanmonument entdeckte man wirklich nicht alle Tage. Wie gern hätte ich es jetzt erkundet!

Doch ich hatte leider nicht die nötige Ausrüstung bei mir. Meine Angel und mein Boot konnten mir nicht weiterhelfen.

Enttäuscht tauchte ich zur Wasseroberfläche zurück, um zu meinem Boot hinüber zu schwimmen, das ein wenig abgetrieben war. Am besten wäre es, jetzt heimzurudern und am nächsten Morgen mit der nötigen Ausrüstung nochmals zurückzukehren.

Ich stieg in mein Boot und ruderte voller Begeisterung über meine Entdeckung und voller Ungeduld auf den nächsten Tag wieder heimwärts.

Da hörte ich eine Stimme: „Es gibt Abendessen!" Es war meine Mutter. So schnell war dieser Tag zu Ende gegangen. Durch meine Abenteuer kam es mir so vor, als ob das Spiel nur zehn Minuten gedauert hätte.

*Jakob Bucher*
*Maria-Theresia-Gymnasium, Klasse 6b*

## Der Hunderetter

Es war ein schöner, sonniger Dienstag. Ich schnappte mir mein Fahrrad und rief vorher noch meinen Freund Benni an und fragte, ob er Lust habe mitzukommen. Aber Benni konnte nicht und so machte ich mich ohne ihn auf den Weg zum Badesee. Endlich war es wieder warm und man konnte baden gehen. Ich fuhr Richtung Badesee, bog aber vorher ab, weil das die schönere Strecke war. Als ich an einem kleinen Haus vorbeikam, hörte ich ein leises Wimmern. Ich stieg von meinem Fahrrad ab und hörte nochmals genauer hin. ‚Mensch, da ist doch jemand am Wimmern!', dachte ich mir, schaute zu dem kleinen Haus und sah einen Hund angekettet und auf dem Boden liegend. Ich ging näher zu dem Hund hin und er sah mich mit traurigen Augen an. „Was ist mit dir los, armer Hund?", sagte ich zu ihm. Und dann kam im selben Moment ein alter, böser Mann aus dem Haus. „Verschwinde sofort und lass den Hund in Ruhe!", schrie er mich an. Ich erschrak sehr und fuhr aufgeregt zu meinen Eltern heim. Der arme Hund ging mir den ganzen Tag nicht mehr aus dem Kopf. Am nächsten Tag schaute ich gleich nach der Schule nochmals zu dem Hund. Der böse Mann schlug auf ihn ein. Ich rief aufgeregt: „Hören Sie sofort damit auf, den Hund zu schlagen!" Der alte, böse Mann lachte nur. Ich erzählte es sofort meinen Eltern und wir fuhren noch am selben Tag zur Polizei. Der Mann bekam eine Anzeige und ihm wurde der Hund weggenommen.

Seitdem lebt mein kleiner Freund bei mir und meiner Familie. Ich schaue aber trotzdem noch regelmäßig bei dem bösen Mann vorbei, dass er nie wieder einem Tier so etwas Schlimmes antut.

*Robin Singl*
*Jakob-Fugger-Gymnasium, Klasse 5b*

## Wenn ich am Ruder wäre

Wenn ich am Ruder wäre, dann wäre ich ganz mächtig und ich dürfte bestimmen. Dann wäre ich vielleicht der Bundeskanzler. Ich würde dann alles tun, damit Corona wegkommt. Ich würde dafür sorgen, dass es Frieden gibt und keinen Krieg. Ich würde mich um die Umwelt kümmern. Ich würde aufpassen, dass es genug Geld für alle gibt und dass es allen gut geht. Ich würde bestimmen, wo ein Haus hingebaut wird und was für Regeln es gibt. Ich würde viele Freundschaften haben.

*Elizan Erygit, Alexandra Kitnikov und Elias Zesch*
*Grundschule Centerville-Süd, Klasse 1c*

## Der Klang der Ruderschläge

Der Klang er Ruderschläge wirkt unnatürlich laut im Morgennebel, der über der Bucht hängt wie eine Decke aus dichter Watte. Ein leises Platschen jedesmal, wenn die Ruderblätter die Wasseroberfläche durchschneiden, dann ein Gurgeln, winzige Strudel tanzen auf der dunkelgrünen Tiefe und verschwinden schließlich, dann Stille und die Spitze des Bootes durchschneidet das Wasser, das Boot gleitet still darüber.

Die Frau dreht sich immer wieder zurück zur Insel, der Mann, der die Ruder durchs Wasser zieht, sucht das Ufer mit zusammengekniffenen Augen ab. Er glaubt, dunkle Autos erkennen zu können und die Silhouetten von Menschen, Lichtkegel von Taschenlampen, die suchend über das Wasser huschen. Der Nebel verschluckt das Licht aber, bevor es die beiden erreicht, und so ist die Insel mit den Männern und Autos kaum mehr als ein schwacher Eindruck hinter Milchglas.

Die beiden sehen sich immer wieder an, aber sie wagen es nicht zu sprechen, man konnte ihre Unwissenheit jedoch von ihren Augen lesen. Vielleicht hat man sie schon gesehen, vielleicht auch nicht, dann sind sie sicher, solange sie schweigen. Anspannung liegt in der Luft, ihre Sinne sind geschärft, die Blicke jagen über das Wasser, die Ohren erwarten fast das Brummen eines Außenbordmotors, wie er die Stille durchschneidet, aber da ist nichts, gar nichts, nicht einmal das Kreischen der Möwen oder das Rauschen von Wellen. Die Bucht ist wie ausgestorben, dunkel und tief in einem Kessel aus grünem Wasser und weißem Strand. Das Boot ist das einzig Lebendige, gleitet über die seichten Wellen, entfernt sich weiter und weiter von der kleinen Insel mit dem verschlafenen Dorf. Die Luft ist eiskalt, die beiden zittern ein wenig und ihr Atem gefriert.

Eine Stunde zuvor hatten sie noch geschlafen. Als die Sonne noch kaum mehr war als ein schwacher Schimmer, ein Lichtblick am Horizont, waren die schwarzen Wagen vom Festland gekommen, bedrohlich rollten sie über die Brücke auf das kleine Dorf zu. Das Telefon hatte geklingelt, schrill hatte es sie aus dem Schlaf gerissen, doch sie beide waren sofort wach, und als sie einander ansahen, wussten sie, was passiert war.

„Da sind Autos auf der Brücke, die wir nicht kennen!", hatte ihnen ihr Gastgeber, der Onkel der Frau, von unten heraufgerufen, da waren beide auch schon angezogen; Sie wussten, was das bedeutete. Im Bademantel und unrasiert stand er an der Terrassentür, als die beiden nach unten kamen. „Beeilt euch!", zischte er, öffnete die Tür und warf einen schnellen Blick um sich. „Sie sind noch nicht da, beeilt euch!"

Das Boot lag auf dem Kiesstrand am Ende des Gartens hinter dem Haus, die Ruder warteten darin. „Es ist neblig, das ist ein Vorteil, beeilt euch, beeilt euch!" Wie getrieben humpelte er durch den Garten, warf verängstigte Blicke nach hinten und zu den Seiten. Etwas entfernt hörte man das Brummen von Motoren. Die beiden folgten dem alten Mann schnell und zu dritt schoben sie das Boot über den knirschenden Kies ins Wasser.

„Danke für alles!", murmelte die Frau, während sie ihren Onkel zum Abschied umarmte, und der Mann nickte ihm zu. Dann stiegen sie an Bord des kleinen Bootes und mit einigen schnellen Ruderschlägen entfernten sie sich von der Insel, bis sie nur noch ein undeutlicher Fleck in der Dunkelheit waren. Dann hatten die Männer an der Tür geklopft.

Jetzt lächelt der Onkel, sitzt auf seiner Terrasse und trinkt dampfenden Kaffee aus seiner grün-weiß-orangenen Tasse. Die Autos sind wieder über die Brücke zurückgefahren und die Männer darin schnauben wahrscheinlich vor Wut. Der Nebel schwindet langsam, aber das Ruderboot ist schon verschwunden, wahrscheinlich sind die beiden schon auf dem Festland angekommen. Die Sonne geht jetzt wirklich auf und für Anfang Februar ist es schon ziemlich warm. Auf dem Zaun neben ihm landet eine Möwe und er wirft ihr ein kleines Stück seines Kekses hin, den sie aus der Luft schnappt und, in der den Möwen eigenen Art, herunterwürgt. Sie erhebt sich in die Luft und einige Minuten später kommt sie mit zwei weiteren zurück. Er lacht und verteilt den Rest des Kekses an sie. Das Lachen hallt über das Wasser, so weit, dass es sogar die Frau noch hört, als sie das Boot auf den Strand ziehen.

*Helena Dempewolf*
*Maria-Theresia-Gymnasium, Klasse 8c (Schreibwerkstatt)*

## Am Ruder

Ausdauer
Mithalten
Respekt
Unglaublich spannend
Durchhalten
Erkämpfen
Rudern

*Amelie Stöckl*
*Montessorischule Augsburg, Klasse 7 Pegasus*

## Rudern

Jeden Abend stand Enni vor dem Fenster im ersten Stock des kleinen Einfamilienhauses, das sie im Februar letzten Jahrs mit Matthew in der Kleinstadt Becket, am Rande von Massachusetts, entdeckt und schlussendlich erstanden hatte. Sie genoss die Wärme der neu eingebauten Heizung, lauschte Matthew und den Kleinen im Nebenzimmer und blickte durch das schon gelbliche Glas auf den Teich hinaus.

Jeden Abend stand sie da und jeden Abend würde sie sehen, wie ein älterer Mann an den Rand des Wassers ging, sein kleines Boot losmachte und hinausruderte. Seine schwerfälligen Knochen bewegten sich erst schleppend, aber je länger er vor sich hin ruderte, desto fließender wurden auch seine Bewegungen, bis er ungefähr in der Mitte des Sees angekommen war, dem „Greenwater Teich", wie die Anwohner ihn nannten. Und das auch nicht ohne Grund, denn bei Tageslicht konnte man tatsächlich die grünliche Farbe des Wassers erkennen. Aber nun war es Nacht, knapp 20 Uhr, wie Enni mit einem kurzen Seitenblick auf die Uhr an ihrem linken Handgelenk erkannte. Der See war tiefschwarz, nur das beleuchtete Rathaus und der Mond leuchteten an diesem Winterabend. So würde sie jeden Abend dastehen und die Silhouette des Mannes beobachten, der in seinem kleinen Boot saß und, ebenso wie sie, auf den Teich hinaus blickte.

‚So langsam sollte er doch kommen!', dachte sich Enni. Sie stand schon seit einigen Minuten, ohne auch nur eine einzige Person gesehen zu haben. ‚Vielleicht ist es sogar dem alten Mann zu kalt geworden', dachte sie, aber dennoch merkte Enni, wie Panik in ihr aufstieg – ganz langsam und schleichend, wie die Hand des bösen Bettenmonsters, die versucht, den Fuß eines kleinen Kindes zu packen.

Jeden Abend stand sie vor dem Fenster im ersten Stock ihres kleinen, schönen Einfamilienhauses und sah auf den Teich. Jeden Abend stand sie vor diesem Fenster und beobachtete, wie der alte Mann mit seinem Boot hinausruderte. Aber heute nicht.

„Alles okay?" Enni zuckte zusammen. Matthew hatte die Kleinen wohl schon ins Bett gebracht und war zu ihr hinaus auf den Flur gekommen. „Ja. Ähm. Klar!", sagte sie. „Ich denke nur etwas nach."

„Okay!", sagte Matthew und lächelte sie an. „Dann gehe ich schon mal vor, aber vergiss nicht, heute ist Serien-Abend!" Er küsste sie auf die Stirn und ging die Treppe hinunter ins Wohnzimmer. Enni grinste auch.

Sie drehte sich um und schaute wieder aus dem Fenster. Kein Mann, kein Boot.

‚Warum stört mich das überhaupt? Es ist doch alles okay.' Sie versuchte, sich zu beruhigen, aber die Panik kroch weiter an ihren Beinen hoch und nistete sich zwischen ihren Ohren ein.

„Es ist nur ein blödes Boot, nichts weiter. Außerdem kann ich doch selbst hinausrudern, wenn ich will!" Und das stimmte. Früher, bevor sie ihren Mann getroffen hatte, war sie oft mit ihrem Vater rudern. In ihrer Heimatstadt. Es war schön gewesen, das alte Familienboot unter den Füßen, das Ruder in der Hand und ihr Vater mit seinem albernen Sonnenhut neben ihr. Er hatte ihr beigebracht, wie man mit dem Boot umgeht, denn das war gar nicht so leicht, wie man denken mag. Man muss immer im gleichen Takt rudern, sonst dreht sich das Boot. Den Rücken gerade haltend, die Füße fest stehend, muss man das Ruder rhythmisch ins Wasser stoßen. War man zu schnell, wurde man müde. Und war man zu langsam, kam man nicht mehr gegen die gelegentliche Strömung an. So waren sie den ganzen Weg über den Retmen Lake von zu Hause bis zu ihrer Großmutter gerudert.

Dann gab es Kekse und Limonade und ein, meistens, alkoholfreies Bier für ihren Vater.

„Kekse wären jetzt gut …"

Enni schreckte zusammen. Sie war so in Gedanken versunken gewesen, dass sie gar nicht gemerkt hatte, wie lange sie schon dort stand. Ein Blick auf die Armbanduhr zeigte ihr 20:17 Uhr an.

‚Vielleicht ist dem alten Mann etwas passiert, vielleicht ist er auch einfach nur früher ins Bett gegangen als sonst. Es muss ja nicht gleich etwas Schlimmes sein, alte Menschen schlafen oft früh ein.' Das beruhigte sie zwar ein wenig, aber ganz entspannt war sie noch nicht. Trotzdem richtete sie sich widerwillig auf und wollte hinunter zu Matthew gehen, als sie im Augenwinkel etwas sah.

Dort, auf dem Teich, schwamm ein kleines Boot. Darin saß die leicht gebeugte Silhouette des alten Mannes, die sie schon so gut kannte. Doch diesmal war er nicht alleine. Ihm gegenüber saß eine weitere Person, mit langen Haaren, die im abendlichen Wind wild herumflogen.

Es war eine Frau.

*Michelle Samardzija*
*Berufsschule II, Klasse DMG10c*

## Zwei Männer rudern

Zwei Männer rudern
die Menge vor ihnen
jubelt und jubelt und schreit
das Adrenalin schießt in die Höhe
und 3 ... 2 ... 1-los!
Das Wasser spritzt auf meine Arme
als würde ich Blau berühren.
Ich sehe die Ziellinie mit jedem Blinzeln näherkommen.
Mein Mitkämpfer erhöht das Tempo, zieht mich mit,
um die Aufgabe zu erfüllen, von der wir alle geträumt haben.
Der Körper schmerzt.
Haben wir es geschafft?
Haben wir es wirklich geschafft?
Zwei Männer rudern

*Mika Aghai*
*Maria-Theresia-Gymnasium, Klasse 10c*

## Am Ruder

Jeden Tag gehe ich zur HPT. Dort merke ich, dass viele von uns Unterstützung brauchen. Zum Beispiel beim Hausaufgaben-Machen, mit Ergotherapie, mit gemeinsamen Aktivitäten. Die Betreuer helfen uns dabei. Manchmal helfe ich auch, wenn ich Zeit habe, kleinen Kindern bei den Hausaufgaben. Ich helfe ihnen ebenfalls, wenn sie sich verletzen.

Auch die Betreuer helfen, sie sind am Ruder. Wenn ich helfe, dann bin ich selbst am Ruder. Dann freue ich mich, Verantwortung zu übernehmen. Dann merke ich, dass ich selbst fleißig bin. Dass ich auch Kontrolle über mich selbst habe und über die Situation.

*Mike Hassam Katcho*
*Pankratiusschule, Klasse 5b*

## Am Ruder

Ein 7-jähriger Junge namens Gustav fuhr mit seinen Eltern Amelie und Stefan zum Kanufahren nach Kroatien in die Stadt Rabac. Die Fahrt mit dem Auto dauerte ca. zehn Stunden. Kurze Zeit später wollte Gustav direkt zum Meer, um Kanufahren zu üben, da er es zum ersten Mal machen konnte, aber Amelie und Stefan wollten sich nach der langen Fahrt ausruhen. Nach einer Pause gingen sie zum Meer und wollten Gustav das Kanufahren beibringen. Gustav war logischerweise noch nicht so gut, aber das sollte sich ändern. Er probierte es erst einmal mit dem Paddeln, um etwas hineinzukommen, damit es später direkt möglichst gut funktioniert. Dann wollte er es mal richtig ausprobieren; dies funktionierte dennoch nicht. Danach kam Gustavs Mutter Amelie und gab ihm den Tipp, dass er einen Rhythmus aufbauen muss, um an Geschwindigkeit zu kommen. Diese Wörter halfen aber nicht, da er nicht im Takt paddelte. Danach gab er für diesmal auf und probierte es am nächsten Tag noch einmal. Nach dem Ausschlafen und dem Essen ging es weiter zum Üben, um Kanufahren zu können. Egal, wieviel er auch übte, es wurde erst einmal nichts. Dann begann der letzte Tag in Rabac , aber Gustav konnte noch nicht Kanufahren wie seine Eltern, da sie auch die Grundlagen kannten. Gustav war traurig, weil er unbedingt richtig Kanufahren können wollte und nicht die ganze Zeit mit dem Kanu und dem Paddel im Meer schaukeln wollte, ohne voranzukommen. Gustav hatte nun nur noch wenige Stunden, um es endgültig zu lernen. Er kam dann doch etwas in den Rhythmus hinein und machte Schritt für Schritt weiter, so dass er noch in diesem Urlaub etwas verbessern konnte. Er war so glücklich, dass er glatt hätte weinen können. Gustav hatte schon fast die Hoffnung aufgegeben, aber dann kam der Übungseffekt und er hatte einen flüssigen, relativ guten Rhythmus. Dies war ein großer Erfolg für Gustav und er holte seine Eltern und präsentierte das, was er schon konnte, aber das bedeutete für Gustav nicht, dass er etwas anderes lernen wollte, sondern das hieß für ihn, dass er nächstes Jahr wieder trainieren und irgendwann ein Profi-Kanufahrer werden will.

Ein Jahr später, als ihr Urlaub wieder in Rabac begann, suchte er erneut den Rhythmus von damals und den fand er nach ca. 25 Minuten wieder. Jetzt hieß es, den perfekten Rhythmus zu finden, um an Geschwindigkeit zu gewinnen. Diesen perfekten Rhythmus zu finden, war eines der schwierigsten Dinge beim gesamten Kanufahren. Dies wusste Gustav nicht und verzweifelte. Am nächsten Tag aber zählte Gustav den Rhythmus nach, den er immer gemacht hatte; so konnte er sich vieles vereinfachen. Dies übte er dann eine Weile, bis er wirklich zufrieden war. Schließlich war der Urlaub in Kroatien wieder vorbei, aber Gustav fragte bei seinen Eltern nach, ob sie ihn bei einem Kanu-Verein anmelden würden. Darauf antworteten Amelie und Stefan kurz danach mit einem Ja, weil sie merkten, dass er wirklich gut geworden war. Das bedeutete, dass Gustav zweimal in der Woche Training hat und ab und zu an einem U8-Junioren-Wettbewerb teilnahm. Diese Trainingsstunden nutzte er sinnvoll, denn er übte diesen Rhythmus ohne das Zählen, so dass er in so jungen Jahren den Rhythmus schon auswendig umsetzen konnte. Bei allen Wettbewerben des Jahres hatte er den ersten Platz belegt. Eine Weile später wurden Jugend-Top-Vereine auf ihn aufmerksam und boten Gustav einen Vertrag des Clubs Bayern an. Wenn er diesen annimmt, ist er offiziell im Internet und wird als Profi anerkannt. Dieses Angebot war unglaublich, aber das hieß auch, dass er seine Eltern nicht mehr so oft wie jetzt sehen würde. Dieses Angebot nahm er kurze Zeit später an und wurde Profi-Kanufahrer.

*Simon Eberl*
*Heinrich-von-Buz-Realschule, Klasse 6b*

# Am Ruder

All diese Menschen sind selbst in diesen stürmischen Zeiten nicht in die Kajüte gegangen, sondern sind stetig weiter gerudert, das Ziel immer im Blick. Hierzu vier Rätsel:

1. Jeden Tag arbeiten sie unermüdlich. Diese Menschen ertragen den Gestank, sie arbeiten hart und doch werden sie nicht gut behandelt. Trotzdem halten sie zusammen und leisten ihren kleinen Beitrag zu etwas ganz Großem. Kaum einer schenkt ihnen Beachtung, aber hat denn jemand daran gedacht, was ohne sie wäre? Überall Plastiktüten, Mäuse und Ratten, das rettende Fahrzeug ist nicht zu sehen, was soll man machen? Weißt du, wer sie sind?

2. Auch sie stehen früh morgens auf, um für unser Wohl zu sorgen. Doch wer denkt überhaupt an sie? Sie halten unsere Häuser sauber, leisten die ganze Zeit ihren Beitrag für eine saubere Welt. Wisch-Wasch, Wisch-Wasch, Wisch-Wasch den ganzen Tag; nichts anderes – bis alles glänzt. Weißt du, wer sie sind?

3. Sie werkeln den ganzen Tag und arbeiten hart. Dank ihrer Arbeit sind unsere Häuser warm, fließt das Wasser oder funktionieren unsere Autos. Sie machen sich, jeder Einzelne von ihnen, die Hände schmutzig, damit sie ihren Beitrag zu unserem Wohlergehen leisten können. Was wären wir ohne sie? Wir würden zitternd zu Hause sitzen und leben wie zu alten Zeiten. Weißt du, wer sie sind?

4. Alten Leuten helfen sie, doch auch jungen oder kranken Menschen. Dank jedem von ihnen geht es uns gut. Ohne sie gäbe es nur wenige gesunde Menschen, sie können sogar Leben retten, aber dennoch werden sie immer weniger beachtet. Erst durch Corona sind sie wieder etwas in den Fokus gerückt und man redete darüber, diesen nur noch wenigen Ruderern zu helfen. Weißt du, wer sie sind?

Dieses stürmische Wetter hat mir die Augen geöffnet und mir geholfen, den Blick auf die vielen zu richten. Denn nur durch die Zusammenarbeit so vieler Ruderer gelingt es unserer Gesellschaft, so zu leben, wie sie es tut.

*Alwin Schmidt*
*Gymnasium bei St. Stephan, Klasse 6c*

# Aus dem Ruder

Um 6:30 Uhr wurde Mia vom schrillen Klingeln ihres Weckers aufgeweckt und wusste sofort: Es war einer dieser Stolper-hinfall-nichts-klappt-Tage, an denen alles aus dem Ruder läuft. ‚Wieso ausgerechnet heute?' Heute war nämlich Mia an der Reihe, ihr Referat vorzutragen. Vorsichtig versuchte sie, von ihrem Hochbett herunter zu klettern, verpasste aber zwei Stufen und schlug hart auf dem Boden auf. Auch beim Frühstück wurde sie von der Pechsträhne nicht verschont: Ihr Toast brannte an und den ganzen Tee schüttete Mia auf ihren Pullover. Schnell holte sie einen neuen. ‚Zum Glück schlafen noch alle', dachte Mia und stieß aus Versehen die leere Tasse um, die mit einem lauten Klirr am Boden zerschellte. So schnell sie konnte sammelte Mia die Scherben ein, packte ihren Schulranzen und lief zur Schule. Als sie schon fast da war, bemerkte Mia das Fehlen der Rolle mit ihrem Referat. Sie flitzte nach Hause, schnappte sich eine der zwei im Flur stehenden Papierrollen und schaffte es gerade noch rechtzeitig zur Schule. Sie setzte sich auf ihren Platz in der zweiten Reihe und was hätte man anderes erwarten können – ihre beste Freundin war krank. Herr Schmidt rief Mia auf, sie nahm das Referat, pinnte die Rolle, ohne hinzusehen, an die Tafel und begann zu erzählen: „Mozart wurde am ..." Da wurde ihr Vortrag unterbrochen, denn jemand kicherte und noch jemand, bald lachten alle in der Klasse. Mia war verwirrt – so lustig war ihr Referat nun auch wieder nicht. Sie drehte sich zu ihrem Plakat und erstarrte. Es war gar nicht ihr Referat, es war eine riesengroße Zeichnung, die ihre dreijährige Schwester gemalt hatte. Sie hatte wohl ihr Referat mit dieser Zeichenrolle verwechselt. Sie nahm schnell das Monstrum von einer Zeichnung von der Tafel ab. Heute war definitiv nicht ihr Tag. Es lief einfach alles aus dem Ruder.

*Keren Lisowski*
*Maria-Theresia-Gymnasium, Klasse 7b (Schreibwerkstatt)*

## Zwei Seiten derselben Medaille

‚Ah!', schießt es mir durch den Kopf. ‚Es passiert wieder!' Binnen weniger Sekunden spüre ich, wie sich ein Schleier um mich legt und sich ein taubes Gefühl in mir ausbreitet. Ich versuche zu schlucken, aber mein Hals ist staubtrocken, weshalb auch der Kloß in meiner Luftröhre zusammen mit meiner flachen Atmung mir das Gefühl gibt, langsam zu ersticken. Ich blicke bedrückt auf ihre zur Faust geballte Hand, mit der sie gerade eben noch laut auf den Tisch geschlagen hat. Das war schon immer der Startschuss gewesen. Zuerst passiert mir ein Missgeschick, das ihr Fass zum Überlaufen bringt. Dann ertönt ein lautes Geräusch. Sie schmettert ein zweites Mal ihre Faust auf den weißen Holztisch. In meinen Gedanken sehe ich, wie das Holz unter ihr nachgibt, sodass eine handgroße Delle entsteht und das alte, braune Holz unter der hellen Farbe hervorgeht. Aber nur in meinen Gedanken, denn stattdessen verbleibt die weiße, ebene Oberfläche. Ich stehe wie festgewurzelt an Ort und Stelle, presse meine Arme an meine Seiten und versuche mich so wenig wie möglich zu bewegen. Es will nicht klappen, denn meine Beine haben ihre Stabilität verloren. Aus Angst, das Gleichgewicht zu verlieren, presse ich meine Beine fest zusammen. Meine Füße versuche ich dabei unbewegt zu lassen, damit man nicht merkt, wie unruhig sie wackeln. „Hol dein Handy her!", sagt sie mit eiskalter, schneidender Stimme. Sofort mache ich kehrt und hole es. Eine Kälte-Hitze-Welle überkommt mich und eine leichte Übelkeit macht sich in mir breit, denn ich weiß genau, was jetzt kommt. Um das Anstehende wenigstens ein bisschen zu vermindern, schließe ich schnell alle meine im Hintergrund offenen Tabs, YouTube, Instagram, Wattpad sowie Whatsapp, und deinstalliere schnell ein Spiel. In ihrem Zimmer wieder angekommen, sehe ich, wie sie immer noch in derselben Position sitzt und mich nicht eines Blickes würdigt. Sie reißt mir das Handy aus meiner ausgestreckten Hand und beginnt, irgendetwas herumzutippen. Selbst ohne es zu sehen, weiß ich, wohin sie schaut: die Bildschirmzeit. Ihre Finger bleiben einen Moment ruhig, bevor sie mit einem weiteren lauten Knall mein Handy auf den Tisch schmettert. „Dein YouTube, Wattpad und was-weiß für dumme Fanfiktion und Anime-Scheiße kannst du sowas von vergessen. Du nimmst das Handy nur noch mit in die Schule und gibst es mir zu Hause dann ab! Als ob ich nicht eh schon genug zu tun hätte! Vier Stunden! Alter! ... Du machst das doch mit Absicht, oder? Wie oft? Wie oft haben wir dieses Gespräch schon gehabt?", wirft sie mir entgegen und ich erstarre. Das ist der Moment, wo, egal was ich sage, alles falsch ist. Ich schweige – sie schreit mich an, dass ich etwas sagen solle. Ich sage: „Ich weiß nicht." – Sie wirft mir vor, dass ich doch eh nichts wisse. Ich sage: „Oft." – Sie schreit mich an, wieso ich denn dann nicht mache, was sie sagt. Ich sage irgendetwas – sie schimpft, dass ich ihr nicht antworten solle. Meine Angst schnürt mir den Hals zu. Der Kloß droht mir die Kehle aufzureißen. Ich schlucke und murmle leise: „Weiß ich nicht." Eine halbleere Flasche saust unten rechts an mir auf dem Boden vorbei. Ich zucke erschrocken zusammen. „WÜRDE MICH AUCH MAL WUN-

DERN, WENN DU ETWAS WEIßT! Ah entschuldige, etwas außer deiner scheiß YouTube und Anime-Kacke!", brüllt sie nun herum. Obwohl mir klar war, was kommen würde, dringt eine unsichtbare, kalte Hand in mein Innerstes und packt mein Herz rücksichtslos, sodass es nur noch schwach und von der Kälte gelähmt schlagen kann. Es tat weh, es nochmals so deutlich von ihr zu hören. „Ist ja nicht so, als hätte ich selbst nicht genug zu tun, nein, um dich muss ich mich auch kümmern!" Sie schlägt sich selbst gegen die Brust, nachdem sie sich beschwert hatte. „Aber wen kümmert es denn schon, wie es mir geht? Nein, es heißt immer nur: Tu dies, tu das, tu jenes, ohne Widerworte! Ich habe langsam echt keine Kraft mehr, lasst mich einfach alle in Ruhe!", brüllt sie sich die Seele aus dem Leib, bevor sie aggressiv den Tisch zur Seite schiebt, ihre Jacke im Vorbeigehen schnappt und binnen weniger Minuten die Wohnung verlässt. Mein Herz pocht wie verrückt und die Hitze in meinem Gesicht lässt sich nun auch nicht mehr vermeiden. Mit wackeligen Schritten torkle ich in mein Zimmer, wo ich mich benommen Schritt für Schritt auf mein Bett lege und kindisch die Decke über den Kopf ziehe. Ein paar Momente verharre ich benommen in meiner Embryo-Haltung, bevor sich leise die ersten Tränen anbahnen. Während nun mein ganzer Körper von unkontrollierbarem Zittern vereinnahmt wird, mein Gesicht von dutzenden Tränen benetzt wird und die gesamte Hitze unter der Decke mir schleichend die Luft zum Atmen nimmt, verfluche ich meine Machtlosigkeit.

Der Wind weht unangenehm um meine Ohren und macht es mir schwer, mit der kleinen Flamme meine Zigarette anzuzünden. Obwohl ich mir schon einmal den Finger verbrannt habe, mache ich stur weiter, bis ich endlich die verbrannten Schadstoffe in meiner Lunge spüre und tief ausatme. Eine Sekunde bleibe ich so und beobachte den Rauch, wie er immer weiter emporsteigt. Aber selbst jetzt schaffe ich es nicht, mich zu beruhigen, nicht nach dem, was ich gerade eben gemacht habe. Ich schließe enttäuscht meinen letzten Tab im Internet. „Zehn psychologisch bestätigte Wege, um erfolgreich Wutanfälle zu vermeiden!" Ich nehme einen weiteren Zug, ein Drittel der kleinen Stange ist nun verbraucht. So wie immer kreisen meine Gedanken um alles Mögliche, Wege, wie es jetzt weitergehen könnte oder auch etliche Vorwürfe an mich selbst. Aber die größte Stimme, die alles andere übertönt und wie ein riesiger dunkler Dämon Besitz von mir ergreift, beschimpft alle um mich herum. Vor meinem inneren Auge erscheint das Bild von ihr, wie sie mit langsamen, vor Furcht gelähmten Bewegungen zu mir kommt und mir ihr Handy gibt. Allein schon diese Haltung könnte mich jetzt in einen Heulkrampf verfallen lassen, aber zu dem Zeitpunkt war nicht ich anwesend, sondern dieser Dämon, und wenn ich in diesem Zustand ihr Gesicht gesehen hätte, wäre es um mich geschehen. Die Aggressionen hätten von mir Besitz ergriffen, also habe ich krampfhaft versucht wegzuschauen. Als dies auch nicht weiter half, tat ich das einzig Richtige: die Flucht ergreifen, weil ich für nichts mehr garantieren wollte und konnte. Und nun stehe ich hier. Vor Wut, aber auch Kälte zitternd, die letzten Züge ziehend. Der Wind vereist die zwei kleinen Spuren auf meiner Wange, aber selbst sie sind nicht in der Lage, mich aus meinem tiefen Sturm aus Gedanken zu befreien, in welchem ich gefangen bin.

„Ich will doch nur das Beste für sie …"

*Elif Sahin*
*Fachoberschule Neusäß, Klasse F-W12c*

## Das wandernde Spiel

Inhalt:
– 1 Schiffchen 1 x 2 cm
– 20 Entscheid- und 20 Schicksalskarten
– 1 Würfel
– Spielbrett 40 x 40 cm
– Spiel-Plättchen
Das Spiel kann nur alleine gespielt werden!
Ziel ist es, aus den labyrinth-artigen Flüssen die richtigen zu wählen und zu entkommen.

Anleitung:
1. Lege dein Boot auf den Startpunkt und würfle!
2. Hast du z. B. eine „3" gewürfelt, schiebst du dein Boot 3 Felder weiter. Bleibst du auf einem „Schicksalsfeld" stehen, ziehst du eine „Schicksalskarte" und machst das, was dir vorgegeben wird. Beispiel: „Gehe einen ganzen Fluss zurück!" Wenn du einen ganzen Fluss überquert hast (6 Felder), münden 2 weitere Flüsse ein. Vor den 2 Flüssen ist IMMER eine Entscheid-Karte zu ziehen. Auf der Karte könnte Folgendes stehen: „Du hast nur noch 20 Euro Taschengeld. Du gehst in die Stadt und möchtest deiner besten Freundin ein Geschenk kaufen. Auf dem Weg siehst du eine Frau mit zwei Kindern. Sie haben weder eine Jacke, die sie wärmt, noch Schuhe. Spendest du ihnen das Geld und wartest, bis du neues Taschengeld bekommst, um das Geschenk zu kaufen? Dann wähle den Fluss a.

Wenn nicht, dann wähle Fluss b. So lässt du dein Boot den Fluss weitergehen." Und dann immer das Gleiche. Es kann aber auch sein, dass du den falschen Fluss wählst, dann kommst du in eine Sackgasse und musst neu starten. Bei jedem Fluss, den du überquerst, bekommst du ein Plättchen. Bei 6 Plättchen darfst du 2 Felder weiter. Jetzt fragen Sie sich sicher: „Aber wenn man das Spiel öfter spielt, weiß man ja alles auswendig." Genau deshalb bezeichnen wir unsere neue Spielart „Das wandernde Spiel". Man schenkt das Spiel nach dem einmaligen Gebrauch einer Person seiner Wahl. Das Spiel hat keinen festen Besitzer und jeder darf es maximal sieben Tage behalten.

Viel Spaß! :)

*Elisa Emir, Ella Kovac, Lara Ochotta und Lena Nagdalian*
*Maria-Theresia-Gymnasium, Klasse 5c*

## Rondell: Wettkampfrudern

Beim Rudern müssen alle in die gleiche Richtung rudern.
Einer ruft das Kommando: „Und ziehn, und ziehn!"
Das Ruderboot wird immer schneller.
Einer ruft das Kommando: „Und ziehn, und ziehn!"
Vielleicht schaffen wir den ersten Platz?
Wir rudern mit ganzer Kraft!
Einer ruft das Kommando: „Und ziehn, und ziehn!"
Da ist das Ziel: Juhu – gewonnen!

*Gemeinschaftsarbeit der GS und MS*
*Grundschule Centerville-Süd, Klasse 1c und 5b*

## Am Ruder

Auf den Wellen der Zeit,
auf der Wasseroberfläche der Geschichte,
trieben seit jeher die stolzen Flaggschiffe
verschiedener Zivilisationen.
Am Grund des Ozeans
liegen die zersplitterten Planken
untergegangener Königreiche
und versunkener Stadtstaaten.

Die Kulturen jener Königreiche, welche in archaischer Zeit tief auf den Boden sanken,

gerieten schon bald in Vergessenheit

und die letzte Erinnerung starb,

nachdem die Planken dem nagenden Zahn der Zeit zum Opfer gefallen waren.

So füllte sich mit der Zeit der Boden;

an manchen Orten schneller, an anderen langsamer.

Die Schiffe, die als Letzte und auf den höchsten Berg an Wracks fielen,

lebten in der Erinnerung am längsten und wurden schneller wiederentdeckt.

Doch jene Besatzungen, die den gewieftesten Steuermann zu demselben ernannten,

überlebten den Hunger, das machtgierige Nachbarschiff

oder eine fürchterliche Naturkatastrophe,

bis ein unfähiger Matrose das Ruder in seine Hände nahm.

Doch am Anfang haben die meisten politischen Systeme eines gemein:

Ob Aristokratie, Oligarchie oder Monarchie,

das Wohl des ganzen Reiches

lag in den Händen des Steuermanns.

War dieser unfähig, seine Untertanen zu schützen,

entmachtete das Volk diesen rechtzeitig mit einer Meuterei

oder das Königreich verfiel

und die Untertanen starben oder wurden versklavt.

Doch eines Tages durchbrach der Bug eines neuartigen, griechischen Schiffes die Wellen der Zeit.

Von außen unterschied es sich nicht von den anderen,

Jeder ruderte für das gemeinsame Wohl.

Die Mannschaft ruderte auch nicht wie Galeerensklaven,

sondern der Freiheit entgegen,

und die Besatzung hatte mehr Rechte

als jede andere in einer Diktatur.

Es gab einen Herrscher, doch war der nicht allmächtig,

sondern musste sich dem Willen der Mehrheit beugen.

So konnten die Wähler in Krisenzeiten den geeignetsten Steuermann wählen

und das politische System gewann an Flexibilität.

Doch lange währte die Demokratie nicht,

denn sie war noch ungeschützt und die Tyrannei löschte den Funken.

Doch dieser entzündete sich neu auf dem römischen Schiff
und half diesem zu rasantem Aufstieg.
Auch hier erlosch die Demokratie,
welche noch immer ungeschützt den mächtigen Fängen der Tyrannei
ausgesetzt war.
Doch sie erklomm trotz allem erneut
auf dem Schiff der Schweizer.
Und dort leuchtet sie im Schutz der Verfassung bis heute.
Nun gibt es viele verschiedene Regierungsformen,
verschiedene Besatzungen
und verschiedenste Schiffe.
Doch ob gewählt, selbst ernannt
oder erbfolglich legitimiert –
bei allen Regierungsformen ist eine Person besonders wichtig.
Die Person am Ruder.

*Sinan Baatz, Max Benthele*
*Gymnasium bei St. Stephan, Klasse 7a*

## Ein schöner Samstag in den Bergen

Als meine Mutter aufhörte zu telefonieren und mir sagte, dass ich mit meinem besten Freund Max in die Berge fahren würde, platzte ich vor Freude. Ich ging in mein Zimmer, um ein paar Sachen zu packen. Als ich ein paar Kisten durchstöbert hatte, fand ich ein Seil, Handschuhe, eine Taschenlampe, einen Karabiner und ein Schweizer Taschenmesser. Am nächsten Tag fuhren wir los. Die Fahrt zum Adler in Österreich war kurz, wie ich fand. Um 9:30 Uhr kamen wir an. Max wartete schon mit seiner Mama auf uns. Wir wählten einen schmalen Pfad, der im Zick-Zack den Berg hinauf führte. Trotz des schönen Wetters drang kein Licht durch die Baumwipfel. Max und ich rannten den Berg hinauf, weil vor uns eine Gruppe Männer war. Wir versuchten die Gruppe zu überholen, was ziemlich anstrengend war, denn sie waren ungefähr doppelt so schnell als wir. Unsere Mütter liefen ganz normal weiter und wir bemerkten gar nicht, dass wir sie nicht mehr sehen konnten. Als wir bei unserem Zwischenstopp ankamen, er war an einer kleinen Hütte, fragte uns ein Mann der Gruppe, ob wir etwas trinken wollten. Ich bestellte für mich einen Almdudler und Max für sich ein Spezi. Um 15:00 Uhr kamen unsere Mütter eingetrudelt. Es wurde schon dunkel, als wir noch zum Wasserfall wollten, also gingen wir doch schlafen. Als ich aufwachte, wusste ich erst nicht, wo ich mich befand, doch dann erinnerte ich mich wieder: Ich war in den Bergen auf der Kissinger Hütte. Ich zog mich schon mal an und ging nach unten. Dort half ich beim Decken der Tische. Nun kamen auch die anderen herunter. Dieses Frühstück werde ich nie vergessen, es schmeckte so gut! Nach dem Frühstück ging es gleich los. Wir wollten eine Wanderung am Wasserfall unternehmen und anschließend zur Hütte zurück. Von dort wollten wir mit Kettcars ins Tal hinunter sausen. Als wir in der Nähe des Wasserfalls waren, gab es eine Abzweigung. Es war auch ein Schild da, auf dem stand: „Klettersteig 30 min. / Wanderweg 1 h". Max und ich wollten unbedingt den Klettersteig gehen, aber Mama erlaubte es nicht. Aber wir einigten uns, dass meine Mutter mit uns gehen würde und dass die Mutter von Max auf dem normalen Weg bleiben würde. Nach 15 Minuten kamen wir an eine Wand, die fast senkrecht nach oben ging. Ich holte mein Seil und meinen Karabiner heraus und kletterte voraus. Ich band das Seil an einem Baum fest. Nun wartete ich bis die anderen auch hoch kamen. Plötzlich fing es an zu regnen, doch wir kletterten weiter. Wie aus dem Nichts rutschte meine Mama aus und landete unsanft auf einem Felsvorsprung. Als wir uns zu meiner Mama abseilten, sahen wir, dass sie am linken Knie stark blutete. Mein Freund Max packte sein Notfallset aus, das er immer im Rucksack mit sich führt. Nachdem wir meine Mama verbunden hatten, hörten wir unter uns aufgeregte Schreie. Es war die Mutter von Max, die uns bereits suchte und deswegen den Weg zurückgelaufen war. Ich schrie ihr zu: „Lauf bitte zurück zur Hütte und hol Hilfe! Meine Mutter kann nicht mehr aufstehen!" Nach einiger Zeit kam sie zurück und brachte die uns bereits bekannte Männergruppe mit. Mit ihrer guten Ausrüstung war es kein Problem, zu uns zu kommen und meine Mama mit dem Seil vorsichtig nach unten abzulassen. Wir brachten alle zusammen meine Mutter zur Hütte und riefen von dort aus die Bergwacht an. Diese nahm meine Mutter mit nach unten und wir folgten in den geliehenen Kettcars.

*Maximilian Ludwik*
*Jakob-Fugger-Gymnasium, Klasse 5b*

## Das Ruder übernehmen

Ich bin Juno, 13 Jahre alt, und komme aus Amsterdam. Viele aus meiner Klasse finden, ich sei komisch; das denke ich mittlerweile auch von mir. Irgendwie finde ich, ich bin falsch oder so etwas, aber das geht doch nicht, oder? Ich fühle mich immer unwohl und will einfach nur weg von hier. Ich habe mal gehört, dass es Menschen gibt, die sozusagen in einem falschen Körper sind; das nennt man dann transsexuell. Ob ich so bin? Keine Ahnung!

Es ist eine Woche vergangen und ich habe mich ein wenig erkundigt und nachgedacht. Irgendwie glaube ich jetzt, ich bin transsexuell. Aber ich habe nicht wirklich eine Ahnung. Ob meine Eltern das schlimm finden würden? Was, wenn sie mich dann nicht mehr mögen? Das würde mir das Herz brechen. Also ging ich zu ihnen und fragte: „Mama, Papa, was würdet ihr sagen, wenn ich transsexuell wäre?" Meine Eltern antworteten: „Wieso fragst du?" Was sollte ich sagen? Sollte ich es ihnen sagen, dass ich glaube, das ich transsexuell bin oder sollte ich sagen ‚einfach so'"? „Schatz, alles gut?", fragte meine Mama. „Ja, ehm, also ich habe gefragt …, weil ich mich nicht wohl fühle in meinem Körper und ich mich nicht hübsch finde und ich will einfach nur ein Junge sein", stotterte ich mit Tränen in meinen Augen. Alles war still und meine Eltern schauten sich nur an. Nach kurzer Zeit sagte meine Mama: „Schatz, das ist doch kein Problem. Wir lieben dich, egal, ob Junge oder Mädchen." Mein Papa nickte und umarmte mich.

Nachdem ich es meinen Eltern gesagt hatte, wurde alles besser. Wir besprachen uns und redeten erst einmal nur viel darüber. Nur das Reden brachte mir etwas. Meine Mitschüler verstanden es und ich fand sogar Freunde.

Damit will ich euch sagen: Springt über euren Schatten – egal, wobei – und nehmt das Ruder in die Hand!

*Hanna Moosbichler*
*Maria-Theresia-Gymnasium, Klasse 6c*

## Elfchen

rudern
schreien befehlen
steuern fürchten herumreißen
stürmen fallen schwimmen retten
aufatmen

*Isabelle Bartmann*
*Gymnasium bei St. Stephan, Klasse 5d*

## Am Ruder

Es war Nacht, der Wind pfiff durch die leeren Häuserreihen und der Regen prasselte gegen die Fenster.

‚Wie konnten die Menschen bei so einem Lärm nur schlafen?', dachte ich mir. Ich konnte es jedenfalls nicht. Kurz vor Mitternacht war ich aus meinem Fenster geklettert und saß jetzt immer noch hier auf einem nassen, kalten Stein. Nun beschloss ich, etwas zu tun. Warum ich nach draußen gegangen war, fragt ihr? Naja, es war laut und ich konnte nicht schlafen und irgendwie hatte ich das Gefühl, ich müsste hinaus gehen. Nun beschloss ich also, etwas zu tun. Ich stand auf und ging ein bisschen spazieren, als ich plötzlich an einem kleinen, aber breiten Fluss vorbeikam. Er glänzte so schön (und ich persönlich liebe alles, was glänzt und glitzert), also setzte ich mich ans Ufer. Ich fühlte die Wassertemperatur, dann wurde plötzlich alles schwarz, als sei ich in ein schwarzes Loch gefallen. Da dieses Gefühl ziemlich unangenehm war, schloss ich meine Augen. Ich öffnete sie wieder und saß in einem Ruderboot. doch es war nicht irgendein Ruderboot. Es war das schönste, das ich je gesehen hatte. Es war von Glitzer und Diamanten übersät. Plötzlich hörte ich das Wasser platschen und da fiel mir erst auf, dass ich mitten auf dem Meer war. Unvermittelt sah ich aus dem Wasser ein kleines Köpfchen hervorscheinen. Auf diesem Kopf saß eine kleine Krone. „Ja, wer bist denn du?", sagte ich sofort in Babysprache, da es ja ein Tier war und ich wusste, dass Tiere so etwas mögen. Die Kreatur kam noch weiter aus dem Wasser heraus und sie sagte mit leicht verblüfftem Ton: „Ich bin kein Baby, MENSCH, ich bin eine Robbe und dazu noch die Königin des Meeres und ich habe die Macht hier am Ruder!"

„Oh, tut mir le … Warte, du kannst sprechen?!", sagte ich etwas geschockt und verwirrt zugleich.

„Natürlich kann ich sprechen!!! Und was willst du hier?"

Nachdem ich ihr alles erzählt hatte, zeigte sie mir ihr Königreich.

„Wow, so viele Robben!", sagte ich verblüfft.

Doch die Königin war beschäftigt. Ich wollte gerade etwas fragen, als sie mir ins Wort fiel: „Ich bin mal schnell weg."

Und schon war sie im Wasser verschwunden. Dann habe wohl ich jetzt das Sagen am Ruder.

Also fuhr ich weiter. Irgendwann aber waren meine Arme vom Rudern so schlapp, dass ich einschlief. Als ich aufwachte, war es ganz schön windig, also versuchte ich zurückzurudern. Doch ich fuhr irgendwie nur im Kreis herum und ehe ich mich versah, war ich in einen Strudel geraten.

Hätte ich bloß nicht die Macht am Ruder übernommen! Wenn die Königin jetzt hier wäre, wüsste sie jetzt, was zu tun ist. „Königin! Köhönigiiiiiin!", rief ich. Aber sie kam nicht. Langsam fing ich an zu verzweifeln, als ich plötzlich wieder ein Platschen hörte. Ja, es war die Königin. „Was machst du hier? Hab ich dir erlaubt, dass du durch mein Königreich ruderst?", sagte sie mit ernstem Ton. Bevor ich etwas sagen konnte, schwamm sie in den Strudel. Für einen Moment dachte ich, das Boot hebe mit mir ab, aber tatsächlich, die Königin hob das ganze Boot mit einer Pfote an. „Woooooooow!", sagte ich erstaunt.

Als ich in Sicherheit war, musste ich mir erst einmal eine lange Rede über „Mach das nie wieder!" und „Dir hätte was passieren können!" anhören. Aber naja, wahrscheinlich hatte die Königin recht. Zum Glück war alles gut gegangen. Da fiel der Königin etwas ein: „Was wolltest du eigentlich fragen?"

„Ich wollte nur auch mal die Macht am Ruder haben, aber ich glaube, davon hab ich jetzt genug." Die Königin lächelte.

„Aber wenn du wieder einmal Lust auf Abenteuer hast, bist du hier immer herzlich willkommen!", sagte die Königin sanft.

„Danke, aber ich bin so müde, vielleicht komme ich ja morgen wieder, aber jetzt schlafe ich erst einmal", sagte ich sehr, sehr müde.

Am nächsten Morgen hörte man den Wind nicht mehr und als ich meine Augen öffnete, wunderte ich mich, da ich nicht mehr im Wasser bei der Königin war. Ich stöhnte auf, also war das alles nur ein Traum. Naja aber ... Was ist das? Dort auf meinem Bett lag eine kleine Kuscheltier-Robbe mit einer Krone auf dem Kopf und die sah genau so aus wie die Königin. Vielleicht war das ja doch irgendwie real.

Wer weiß ...

*Johanna Kratzer*
*Maria-Theresia-Gymnasium, Klasse 6b*

## Ein Stern

Diese Geschichte hat sich 1633 zugetragen. Sie handelt von einem mutigen und schlauen Naturwissenschaftler. Selbst als sich die halbe Welt gegen ihn stellte und er schon beinahe auf dem Scheiterhaufen landete, kämpfte er mutig weiter. Er gab nie das Ruder aus der Hand und trotzte stets der „reißenden Strömung" aus Dummheit und Unwissenheit.

„Nun bezichtigt mich die katholische Kirche auch noch der Ketzerei. Gefangen sitze ich gerade in einer grauenvollen Gerichtsverhandlung der päpstlichen Inquisition. Unheimliche Schatten huschen an den Wänden. Warum musste es soweit kommen? Ich interessiere mich schon immer für die Mathematik und unterrichte sie auch. Es macht mir große Freude, das Wissen an meine Schüler weiterzugeben. So berechnete ich also einmal, wie groß Luzifer, der Teufel, ist, ebenso berechnete ich, wo die Hölle liegt. Ich erfand auch den geometrischen und militärischen Zirkel sowie die hydrostatische Waage, erforschte die Dichte von Gegenständen und entdeckte einen Helm, mit dem man den Himmel beobachten kann, ohne die Hände vom Ruder oder vom Lenker zu nehmen. Irgendwann hörte ich von einem besonderen Gebilde, mit dem man Dinge in der Ferne nah erkennen kann: ein Fernrohr. In Nullkommanix baute ich mir auch so eines. Mit jedem Mal feilte ich es noch genauer aus.

Eines Nachts beobachtete ich damit den sternenklaren Himmel und entdeckte viele Kometen und andere Himmelskörper. Als Erster sah ich vier der bis dahin unsichtbaren Monde des Jupiter, die Mondkrater, die Sonnenflecken, welche dunklere, gigantische Felder mit eher niedrigen Temperaturen sind, und vieles mehr … Aber – die Sonne dreht sich ja gar nicht um die Erde, wie es die Kirche glaubt! Es wird behauptet, dass die Erde eine runde Scheibe sei und man an ihren Enden herunterfallen könne. Nun, ich kenne keinen, dem so etwas schon einmal passiert ist. Gut, jetzt aber weiter! All die anderen Planeten kreisen um die Erde, die somit dann im Mittelpunkt steht. So ein Quatsch, das stimmt doch nicht! Über unser riesiges, gigantisches Universum habe ich schon viele Bücher geschrieben, aber bis jetzt sind alle auf dem Index der verbotenen Bücher gelandet. Und auch wenn es ketzerisch ist, erzähle ich weiter unbeirrt über den Weltraum.

In Rom wurde ich in die „Akademie der Luchsäugigen" aufgenommen. Dort treffe ich mich mit anderen Gelehrten, die dieselbe Meinung teilen wie ich, und gemeinsam denken wir über die Zusammenhänge in der Natur nach. Natürlich sprechen wir auch über das Universum und wir alle sind uns einig, dass sich die Erde um die Sonne dreht.

Doch das wird von der katholischen Kirche nur als Ketzerei angesehen. Die Kirche hat nämlich Angst, ihre Macht zu verlieren.

Und damit habe ich jetzt zwei Möglichkeiten: Entweder ich schwöre ab oder ich werde zum Tode verurteilt. Jetzt habe ich also die Wahl zwischen Cholera und Pest. Wirklich toll! Mir werden die schlimmsten Foltermethoden angedroht und sogar der Tod durch den Scheiterhaufen würde mir bevorstehen. Und dann – als schon über mein Urteil gesprochen wird – widerrufe ich meine Theorien, um mein Leben zu retten.

Aber warum sollte ich schweigen? Es schadet der Kirche doch nicht, wenn ich über den Weltraum anders denke als sie! Ganz bestimmt bin ich ein gottesfürchtiger und aufrichtiger Mensch, der die Natur liebt. Aber ist man ein böser Mensch, nur wenn man die Wahrheit berichtet? Ich will doch gar nichts Böses. Nun werde ich zu lebenslänglichem Arrest in meinem eigenen Haus, das in dem Dorf Arcetri auf einem Hügel in Florenz liegt, verurteilt.

Doch das Beste kommt noch: Ich werde die ganze Zeit überwacht, darf mein eigenes Zuhause nicht ohne Erlaubnis verlassen und muss daran glauben, dass die Erde eine runde Platte ist, die sich nicht bewegt.

Eppur si muove! Ich weiß, dass sich die Erde doch bewegt. Es ist wahr und die Wahrheit darf ich sagen! Und ich werde heimlich weiterforschen."

„Eppur si muove!" Gewiss strahlte er, als würde die Sonne selbst in seinem Gesicht aufgehen, als er diese Worte aussprach. Erst dreihundert Jahre später entschuldigte sich Papst Johannes Paul II. im Namen der katholischen Kirche für diesen Irrtum. Alles, was der gelehrte Mann, der sich so sehr für die Mathematik und Astronomie begeisterte, über das Universum berichtete, war richtig. Ohne ihn wüssten wir heute nicht so viel über das Weltall. Er gab nie auf: Galileo Galilei.

*Melina Michl*
*Rudolf-Diesel-Gymnasium, Klasse 6a*

## Am Ruder mit Angst

„Wende das Boot, schnell!", schrie der Kapitän der Nemo. Tom reagierte blitzschnell und sprang ans Steuer. Man sah Tom die Angst an. Es war seine erste Bootsfahrt und es stürmte wie verrückt. Der Himmel war grau und es regnete in Strömen. Tom riss das Ruder mit aller Kraft herum, doch das Boot wurde von den Wellen hin und her geworfen. WUMMS! Das Boot war gegen einen Felsen geprallt. Tom geriet in Panik: „Was soll ich jetzt machen? Alle sind ohnmächtig!" Das Wasser strömte in das Boot. Es begann zu sinken und die Fensterscheiben zerbrachen. Wasserschlangen wurden in das Boot gespült und griffen Tom an. Sie schlängelten sich um Toms Hals und drückten ihm die Luft ab. In letzter Sekunde schaffte er es, sich zu befreien. In diesem Augenblick erwachte Tom schweißgebadet und war erleichtert, dass er nicht im Wasser, sondern in seinem Bett war.

Am nächsten Morgen erzählte Tom seinen Traum am Frühstückstisch und alle lachten.

*Anna Elisa Molitor*
*Maria-Theresia-Gymnasium, Klasse 5b*

## Liebes Tagebuch,

heute war mal wieder die Hölle los. Ich hatte in der Früh noch nicht einmal mein Bad in der Pfütze hinter dem roten Blumentopf beendet, da kam auch schon der Politiker von nebenan vorbeigelaufen. Natürlich wie immer mit Handy am Ohr – ganz wichtig ließ er irgendjemanden wissen, dass er jetzt „am Ruder" sei und die anderen sollten sich nicht so haben. Na ja, wäre schön, wenn das „Ruder" mal sein Kaugummipapier in den Abfall werfen würde und nicht jeden Morgen mir in den Vorgarten. Total sperrig, das Teil! Es dauert immer eine Ewigkeit, bis es abtransportiert ist. Gerade hatte ich dann den ersten Bissen meines Larven-Müslis im Mund, als der Wirtschaftsboss, der am Ende der Straße wohnt, mit seinem Sohn um die Ecke bog. Der war heute aber früh dran. Er hielt dem armen Jungen einen seiner Vorträge darüber, wie viel Verantwortung er trage und was das bedeute. Aber die Verantwortung für seine glühende Zigarette, die mal wieder zischend in meiner Badepfütze landete, musste wie immer ich übernehmen. Ganz schön anstrengend, das aufgeweichte Teil heraus zu fischen und zu entsorgen.

Entkräftet wollte ich zum Bau zurück trippeln, als mir plötzlich ein ganz abscheulicher Modergeruch in die Nase stieg. Wo kam der denn jetzt schon wieder her? Meine feine Nase lotste mich ohne Umwege zum Ort des Grauens. Da, hinter dem dritten Vergissmeinnicht rechts, schimmelten scheinbar schon seit Tagen sieben riesige Ahornblätter vor sich hin. Wie konnten wir die nur übersehen? Wir waren doch gestern erst hier in dieser Ecke gewesen und hatten gründlich aufgeräumt. Die Blätter klebten alle zusammen. Igitt, war das eklig! Der Haufen war locker das Zehnfache meines Körpergewichts, doch nach einer gefühlten Ewigkeit hatte ich die Dinger endlich auf den Kompost hinter dem Schuppen verfrachtet. Aber jetzt stank ich fast genauso schlimm. Da half nur eins: baden.

Als ich schon fast an meiner Badepfütze angekommen war, sah ich Fridolin. Herrje, der hatte mir heute gerade noch gefehlt! Mir war schon klar, was er jetzt im Schilde führte. Jeden Tag der gleiche Mist. Oh nein, die schönen Gänseblümchen! Hunde haben einfach keinen Sinn für Ästhetik. Nachdem ich Alarm im Bau geschlagen hatte, haben wir bis spät abends geackert. Danach hat sich das Bad in der Pfütze aber wirklich gelohnt.

Jetzt ist es schon dunkel und ich bin todmüde. Was für ein Tag!

Tschüss und gute Nacht, mein liebes Tagebuch!

Deine Ameise 3467 vom Ameisenbau XTZ-386, hinter der Gartenschaufel links

Liebe Leserinnen und Leser,

die Ameise 3467 ist zwar klein und niemand nimmt sie so richtig wahr. Und manche von euch werden sicherlich sagen: „Die Ameise 3467 hat doch nur Dinge gemacht, die Ameisen ohnehin den ganzen Tag tun." Sicher, da habt ihr schon recht, doch auch die kleine Ameise 3467 ist ein wichtiges Rad im Räderwerk der großen Welt. Wir alle sind am Ruder – wir alle sind die Welt.

*Anna-Leyla Kobor*
*Gymnasium Maria Stern, Klasse 5a*

## Rob übernimmt das Ruder

Es war ein schöner Tag im kleinen Dorf Ohana an der Ostküste Amerikas. Frauen saßen plaudernd in der Sonne und tranken Kaffee, Männer spielten gemeinsam mit ihren Söhnen Fußball und Kinder spielten auf der Straße. Auch der kleine Rob. Rob war ein zehnjähriger Junge. Er wohnte zusammen mit seiner Mutter und seinen kleinen Geschwistern Kim und Noah in einer kleinen Dachbodenwohnung etwas abseits des Marktplatzes. Robs Vater war gestorben kurz nachdem seine kleine Schwester Kim geboren worden war. Der Junge konnte sich an seinen Vater kaum noch erinnern. Rob wusste, dass sie wenig Geld hatten, doch das war ihm egal. Oft erzählten seine Freunde von ihren Ferien. Jedes Jahr aufs Neue konnte Rob nichts erzählen. Trotzdem war er sehr glücklich und kümmerte sich oft um seine Geschwister, während seine Mutter arbeitete. An so einem schönen Samstag wie heute spielte Rob mit seinen Freunden auf der Straße. Am Abend kam Rob nach Hause, doch ihre Mutter war schon von der Arbeit zurück! Sie lag im Bett und sah aus wie eine Leiche, so blass und schwach. Rob kam zu ihr ans Bett und die Mutter erzählte ihm von ihrer Krankheit, welche sie schon länger hatte. Rob war sehr geschockt und tröstete seine Mutter. Natürlich konnte Robs Mutter nicht mehr arbeiten. Sie mussten ausziehen in ein kleines Zimmer auf dem Land. Mit seinen Freunden konnte er nun nicht mehr spielen. Jeden Tag kam ein Arzt zu ihnen, um nach der Mutter zu sehen. Jeden Tag die gleiche Antwort: „Deine Mutter wird bald wieder gesund werden." Doch eines Tages sagte er: „Deiner Mutter geht es sehr schlecht." Am Abend im Bett schwirrten Rob sehr viele Fragen durch den Kopf. Wird seine Mutter sterben? Was passierte dann mit ihm und seinen Geschwistern? Würden sie ins Kinderheim kommen? Etwa ein halbes Jahr verging und Rob war zwölf Jahre alt geworden. Seine Mutter war sehr schwach und selbst das kleine Zimmer konnten sie fast nicht mehr bezahlen. Rob verdiente sich manchmal etwas Geld für die Familie, indem er dem nahegelegenen Bauern bei der Arbeit half. Doch der Zustand der Mutter verschlechterte sich weiterhin – so weit, dass Rob die wohl schlimmste Nachricht seines Lebens bekam: Der Arzt kam zu dem Bauernhof, auf dem Rob arbeitete, und sagte ihm, dass seine Mutter gestorben sei. Rob war sehr sehr traurig, doch fast noch größer war die Angst. Wie sollte er seine Geschwister ernähren? Es war klar: Er musste jetzt das Ruder übernehmen. Er und seine Geschwister wohnten bei dem Bauern in einem kleinen Zimmer mit Strohbetten. Rob arbeitete sehr hart, damit er Essen bekam. Mehrere Jahre mit dieser schwierigen Aufgabe vergingen und Rob war 17 Jahre alt. Er hatte ein Angebot für einen Job in Detroit bekommen. Weit weg von allem hier, doch trotzdem zog er einen Monat später mit seinen Geschwistern dorthin, denn mittlerweile konnten sie sich nur noch ein Essen pro Tag leisten. Rob arbeitete auch in Detroit sehr hart und wenige Jahre später hatte er sein allergrößtes Ziel erreicht: Er konnte seinen Geschwistern und ihm eine eigene Wohnung kaufen. Die Wohnung war wunderschön und alles war so, wie er es schon immer wollte. Er hatte das Ruder übernommen und es sehr gut gemacht!

*Lea Marie List*
*Gymnasium bei St. Anna, Klasse 7a*

## Am Ruder meiner Gefühle

Alles bricht in mir zusammen
Tränen fließen mir über die Wangen
Lauter Stimmen, die jahrelang in mir sangen
Stimmen, die dort haben nichts verloren
Das habe ich mir damals so oft geschworen
Ein stechender Schmerz
Wie damals im März
Wo alles begann und sich hinzog stundenlang
Bei dem Gefühl wird mir ganz heiß und bang

Ich sinke zusammen, ich kann nicht mehr
Ich fühle mich auf einmal leer
Eine Leere, so still
Die ich nicht zu kennen scheinen will
Die Angst zu versagen, es nicht zu wagen
Die überkommt mich an solchen Tagen

*Lelia Röhring*
*Maria-Theresia-Gymnasium, Klasse 10c*

## Illustration

*Tom Halter*
*Berufsschule II, Klasse DMG11c*

## Am Ruder

Am Ruder zu sein bedeutet, sich zu beteiligen, sich einzusetzen, eine Idee zu verfolgen, sich ein Ziel zu setzen, etwas zu erreichen oder anderen zu helfen.

Um am Ruder zu sein, zählen nicht nur die großen Dinge, die, die jeden betreffen, sondern auch die alltäglichen Dinge.

Um am Ruder zu sein, muss man etwas erreichen. Egal, was du erreichst, du hast es versucht und kannst dich steigern, bis zum Höhepunkt.

Um am Ruder zu sein, kannst du eine Idee verfolgen oder dir ein Ziel setzen, wie gute Noten oder ein Bild.

Aber das Wichtigste, um am Ruder zu sein, ist, dich für andere einzusetzen und jedem zu helfen, egal wem. Ob kleine Hilfe oder große Hilfe, sie zählt und macht andere glücklich.

*Xaver Hoffmann*
*Peutinger-Gymnasium, Klasse 6 c*

## Durch das schwarze Tor

Es war Herbst. Der Himmel strahlte vergissmeinnichtblau und tat offenbar sein Bestes, die Kälte, die in der Luft lag, wettzumachen. Goldbraune und dunkelrote Blätter zierten die Wiesen der Umgebung und drifteten vereinzelt auf dem Wasser.

Durch diese friedliche Schönheit schlängelten sich die dunklen Fluten des Eiskanals. Goldene Sonnenstrahlen ließen den schwarzen Strom geheimnisvoll aufleuchten und weiß glitzernder Schaum trieb in der Strömung. Der perfekte Tag fürs Kanu-Training. Yasmin strich sich eine widerspenstige Haarsträhne aus dem Gesicht. Es war so weit. Das Mädchen mit den mittellangen, dunklen Haaren, die sie heute in einem zerzausten Pferdeschwanz trug, packte ihr Ruder noch ein bisschen fester. Heute würde es klappen. Sie würde nicht wieder die Letzte sein. Auch die anderen waren schon bereit. Gleich würde es losgehen. Innerlich freute sich Yasmin schon darauf, wieder im Wasser zu sein. Natürlich war es im Oktober zu kalt zum Schwimmen, doch allein das Schäumen der spritzenden Gischt war ihr der körperliche Aufwand wert. Mimi, die freundliche Trainerin ihrer Gruppe, stand am Rand und sah den Zwölfjährigen zu. Als offenbar alle bereit waren, holte sie eine Trillerpfeife unter ihrer Jacke hervor und blies hinein. Es ging los. Yasmin strengte sich an, mit den anderen mitzuhalten. Es war nicht einfach, in der Strömung das Gleichgewicht zu behalten und nicht wie ein Anfänger umzukippen. Das war Yasmin schon öfter passiert. Dort! Das erste Tor. Yasmin konzentrierte sich, als die roten Balken stetig näherkamen. Sie wendete, umkurvte das Tor geschickt und ließ sich von der Strömung weitertragen. Auch das nächste Tor passierte sie mit Leichtigkeit, genauso wie das übernächste. Das Mädchen lächelte. Das Wasser war ihr Element. Doch als Yasmin kurz aufschaute, sah sie, wie Melanie, die Klischee-Kanu-Zicke, bereits auf das Ziel zusteuerte. Sie fuhr wirklich gut. Zu gut. Mit unfassbarer Wendigkeit passierte sie das vorletzte Tor, ohne sich wirklich anstrengen zu müssen. Auch die anderen waren einige

Meter von ihr entfernt dabei, den Anschluss zu Melanie zu behalten. Sofort erschlafften Yasmins Hände und das nächste Tor schaffte sie nur sehr knapp. Noch drei Tore waren übrig. Das Mädchen schnaufte. Sie wollte es jetzt wissen. Mit deutlichen Schwierigkeiten wendete sie ihr Kanu und drehte den Kopf. Da! Etwa fünf Meter hinter ihr kämpfte sich Felix ab. Er war der Einzige, der noch schlechter war als sie. Seufzend drehte Yasmin bei und paddelte weiter. Jedenfalls wollte sie das. Doch die Strömung war zu stark. Yasmin schrie auf. Hektisch versuchte sie, ihr Kanu vor dem Untergang zu bewahren. Doch zu spät. Seitlich im Wasser liegend musste sie nun zusehen, wie Felix an ihr vorbei in Richtung des letzten Tores fuhr. Völlig fertig schloss sie die Augen. Heute war einfach nicht ihr Tag.

Niedergeschlagen betrat Yasmin etwas später den kurzen Betonweg, der sie unpraktischerweise direkt vor die Haustür führte. Langsam kam das Mädchen mit den dunklen Haaren und der gebräunten Haut näher. Vor ihr ragte dunkel und nicht gerade einladend das Haus ihrer Eltern empor. Als sie direkt davor stand, konnte sie schon den aufgeregten Stimmen aus dem Inneren lauschen. Yasmin seufzte. Offenbar stritten sie schon wieder. Nun war ihre Laune wirklich im Keller. Die Liste in ihrem Kopf (die mit den schlechten Dingen) wurde länger und länger. Langsam öffnete sie die Tür und schlüpfte leise wie eine Maus hinein. Als sie Jacke und Schuhe ausgezogen und weggeräumt hatte, fiel ihr auf, wie still es plötzlich war. Ihre Eltern hatten aufgehört zu streiten. Gespannt ging sie in die Küche. Hatten die beiden sich wieder versöhnt? Die gute Laune erhielt einen Dämpfer. In der Küche herrschte Todesstille, als ihre Eltern sie mit traurigen Mienen empfingen. Was war passiert? Yasmin wurde es heiß und kalt zugleich. „Hallo, Schatz, möchtest du etwas essen? Wie war es beim Kanu-Training?", fing Yasmins Mutter an. „Ich habe keinen großen Hunger und Kanufahren lief nicht so gut. Ich war die Langsamste in unserer ganzen Gruppe. Und einmal bin ich sogar umgekippt! Aber jetzt würde ich erst einmal gern erfahren, was hier los ist", meinte Yasmin. Danach war es wieder still in der Küche. Doch nach minutenlangem Schweigen durchbrach die Stimme von Yasmins Vater die Stille: „Weißt du, meine Süße, bei deiner Mutter und mir läuft es nicht mehr so gut und … und … deshalb werden wir uns scheiden lassen." Nachdem er dies ausgesprochen hatte, war es so still im Raum, dass man eine fallende Stecknadel gehört hätte. Yasmins Mutter, die bisher immer Blickkontakt vermieden hatte, sah sie nun so schmerzerfüllt an, dass Yasmin, von Trauer und Wut gepackt, tränenüberströmt in ihr Zimmer im ersten Stock rannte und die Tür hinter sich zuschloss. Sie hörte gar nicht mehr zu, als ihre Eltern nacheinander an ihre Tür klopften, um sie zu trösten. In einem Schleier aus Einsamkeit schlief sie schließlich zusammengekauert auf ihrem Bett ein.

Am nächsten Morgen schlich sie sich leise ins Bad, um ihre nun getrennten Eltern nicht zu wecken.

Der Schock vom vergangenen Nachmittag saß ihr noch in allen Gliedern. Geschieden. Ihre Eltern. Sie wusste ja, dass es in letzter Zeit nicht so gut gelaufen war mit den beiden. Und trotzdem hatte sie die Tatsache völlig unvorbereitet getroffen. Geschieden. Geschieden. Geschieden. Dieses Wort schien sie regelrecht zu verfolgen, sodass Yasmin, als sie mit dem Zähneputzen fertig war, unruhig aus dem Bad huschte.

In der Schule ging es ihr nicht besser. Die Einzige, die sie für kurze Zeit von ihrem Gedankentrübsal befreien konnte, war Frau Aarents, ihre Englischlehrerin, die ihnen strahlend eröffnete, dass sie heute einen unangesagten Test schreiben würden. Noch geknickter als am Vormittag machte sich Yasmin auf den Weg zum Kanu-Training, in dem Wissen, dass auch das den Tag nicht besser machen würde.

Vielleicht hatte sie recht. Vielleicht wäre sie tatsächlich besser zu Hause geblieben, zu Hause, bei ihren getrennten Eltern. Es wäre aufs Gleiche hinausgelaufen.

Der Eiskanal zeigte überhaupt nichts von all dieser Schwermütigkeit. Gemächlich floss er dahin, gemächlich und doch nicht zu unterschätzen, während die Sonne seine dunklen Fluten aufhellte. Yasmin biss sich auf die Lippe. In einer Dreiviertelstunde, sagte sie sich, in einer Dreiviertelstunde ist alles vorbei. Es half nichts.

Nachdem die Kanu-Schüler sich aufgewärmt hatten, machten sie zusammen eine kleine Übung.

Mimi, die nichts von Yasmins übler Laune ahnte, forderte sie auf, ihnen die Aufgabe einmal vorzuführen. Vielleicht wollte sie ihr die Chance geben, sich zu verbessern. Yasmin schreckte hoch. Sie war so mit sich beschäftigt gewesen, dass sie gar nicht aufgepasst hatte. Völlig durcheinander stieg sie in ihr Kanu und fuhr halbherzig die kurze Strecke durch das rote Tor. Dass Melanie hinter ihrem Rücken abschätzig die Augenbrauen hochzog, ahnte sie zwar, aber auch das war inzwischen nur noch eine ärgerliche Tatsache von Tausenden. Yasmin stieg aus ihrem Kanu, strich sich eine zerzauste Haarsträhne aus dem Gesicht und ging mit hochrotem Kopf an ihren Platz zurück. Mimi schien zu merken, dass ihre Idee wortwörtlich ein bisschen aus dem Ruder geraten war und forderte die anderen rasch auf, die Übung nach Yasmins Beispiel zu praktizieren. Dann nahm sie das Mädchen zur Seite. Yasmin wurde noch eine Nuance roter, doch sie wollte wissen, was die Trainerin ihr zu sagen hatte. Mimi sah ihr in die Augen. „Du wirkst ziemlich niedergeschlagen in letzter Zeit. Ist es wegen der anderen? Oder hast du zu Hause irgendwelche Probleme?" Yasmin nahm einen zittrigen Atemzug. Am liebsten hätte sie ihr alles verraten. Vielleicht wäre sie ihre Einsamkeit auf diese Weise auch losgeworden, doch sie konnte nicht. Sie wollte nicht, dass jemand Rücksicht auf sie nahm, nur weil es zur Zeit ein paar Problemchen gab. Nein. Das konnte sie nicht. Also schwieg sie. Mimi schien zu verstehen.

„Hör zu! Ich bin mir sicher, dass du eigentlich gar nicht so schlecht bist, wie du vielleicht meinst." Yasmin sah auf. Ihre Trainerin lächelte. „Es kann sein, dass Tempo vielleicht nicht unbedingt deine Stärke ist. Aber ich glaube, du hast wirklich Talent. Du musst bloß am Ruder bleiben." Yasmin wollte gerade verwirrt die Stirn runzeln, da war Mimi schon ans Ufer getreten, wo die anderen bereits wieder warteten. „Wir machen jetzt eine Geschicklichkeitsübung", erklärte sie. Die Trainerin drehte sich zu Yasmin um, die noch immer unschlüssig hinter ihr stand. Mit einer einladenden Handbewegung forderte sie sie auf, noch einmal in ihrem Kanu Platz zu nehmen. Etwas zögerlich, aber dennoch entschlossen, machte sich Yasmin bereit. Mimi blies in ihre Trillerpfeife. Yasmin ergriff das Ruder. Die Strömung erfasste sie. Yasmin konzentrierte sich. Gleich war sie am schwarzen Tor. Einfach am Ruder bleiben. Yasmin beschleunigte ihre Fahrt ein wenig, verlangsamte jedoch sogleich wieder, als sie am Tor angelangt war. Jetzt trieb sie auf der Stelle, um sich herum die schäumenden Fluten. Yasmin zögerte jedoch nicht lange und nahm ihr Paddel zur Hand. Dann fuhr sie los. Durch das schwarze Tor. Sogleich schlug sie eine enge Kurve ein und passierte gleich darauf das nächste Tor, das auf gemeine Weise direkt neben dem ersten lag. Doch davon ließ sich Yasmin nicht abschrecken. Langsam und geschickt wendete sie nach rechts und durchquerte das dritte Tor. Auf diese Weise fuhr das Mädchen, das langsamer war als alle anderen, den ganzen verzweigten Slalom, bis sie das letzte Tor passiert hatte. Yasmin paddelte auf das Ufer zu und drehte sich um. Hinter sich sah sie Mimi und die anderen, die nebenher gelaufen waren. Mimi lächelte. „Gut gemacht!" Yasmin lächelte nun zum ersten Mal seit Tagen wieder. Natürlich erwartete sie nicht, dass die anderen in Applaus ausbrechen oder auf einmal anfangen würden, sie zu mögen. Mimis Lächeln und die stille Genugtuung reichte ihr. Es war, wie sie gesagt hatte. Schnelligkeit war nicht ihre Stärke. Aber das musste es auch nicht sein. Sie war geschickt und wendig und überhaupt nicht so tollpatschig, wie sie gedacht hatte. Nach dem Training würde sie mit einem guten Gefühl im

Bauch nach Hause gehen können. Yasmins Lächeln erlosch augenblicklich. Zu Hause. Sie musste schlucken. Doch sogleich verbot sie sich die dunklen Gedanken, die schon wieder in ihr aufkommen wollten. Sie würde das schon schaffen. Sie musste nur am Ruder bleiben.

*Beke Horeth und Maya Brunner*
*Maria-Theresia-Gymnasium, Klasse 7b*

## Der Bauernhof

In Lechhausen arbeiten zwei Bauern: Bauer Klaus und Bauer Kunz. Sie kümmern sich um die Tiere. Dazu gehört es, die Eier von den Hühnern zu holen und manchmal müssen sie auch Hühner schlachten. Außerdem müssen sie die Kühe melken. Manchmal muss der Tierarzt Dr. Mayer den Tieren Medikamente geben oder sie impfen.

Eines Tages geht der Bauer Klaus spazieren und bringt die Pferde auf die Koppel. Dann ist plötzlich ein Pferd weg. Der Bauer Klaus ruft verzweifelt den Bauern Kunz an und sagt: „Du, mir ist gerade ein Pferd entwischt! Es war plötzlich weg! Kannst du mir weiterhelfen?" Der Bauer Kunz ist zunächst ratlos. Als er sich umdreht und auf seinen Acker schaut, entdeckt er plötzlich ein unbekanntes Pferd. Er lacht und sagt: „Dein Pferd ist hier bei mir! Es steht putzmunter auf meinem Acker. Kommst du vorbei, um es abzuholen?" Bauer Klaust atmet erleichtert auf. „Puh, da hab ich ja nochmal Glück gehabt! Vielen Dank. Ich komme vorbei, um mein Pferd abzuholen. Als Dankeschön bringe ich dir ein frisch geschlachtetes Huhn mit."

*Adnan Rizvani*
*Pankratiusschule, Klasse 5a/6a*

## Die Schlacht

Es war einmal eine Horde Wikinger, die auf eine Horde Römer traf. Doch statt zu grüßen, sagte der Römer-Häuptling: „Verschwindet! Das ist unser Land!" Doch der Wikinger-Häuptling hatte etwas dagegen: „Nein, das Land gehört mir!" Da machte der Römer-Häuptling folgenden Vorschlag: „Wenn wir uns nicht einigen können, dann kämpfen wir und der Gewinner kriegt das Land". Und schon ging die Schlacht los. Es war ein Gemetzel: Schlag auf Schlag, tausende Tote. Am Ende waren die Römer eindeutig in der Überzahl, aber sie überschätzten sich. Die Wikinger bildeten eine feste Truppe, hielten durch und gewannen am Ende doch noch.

Anton Eser
*Jakob-Fugger-Gymnasium, Klasse 5b*

## Liebes Tagebuch

Wie du ja sicherlich noch weißt, sind wir über die Pfingstferien wieder drei Tage in den Urlaub gefahren. Wie jedes Jahr waren meine Oma, mein Opa, mein großer Bruder Lukas und meine kleine Schwester Maya und natürlich ich dabei. Jeder von uns Kindern durfte einen Tag bestimmen, auf was er Lust hatte. Das Ausflugsziel wurde immer am Frühstückstisch offenbart, denn bis dahin wussten nur Oma und Opa Bescheid. Am ersten Tag wurde der Wunsch von Maya erfüllt: Es ging auf große Schatzsuche in den Wald. Dann kam endlich mein Tag. Ich hatte vorher recherchiert und entdeckt, dass in der Nähe unserer Ferienwohnung, etwa eine halbe Stunde entfernt, ein tolles Spaßbad ist. Ich freute mich riesig und auch die Gesichter meiner Geschwister strahlten. Schnell packten wir unsere Badesachen zusammen und starteten voller Vorfreude. Maya erzähle, wie sehr sie sich auf die verschiedenen Rutschen freute, und Lukas wollte unbedingt seinen Tauchrekord verbessern. Doch nach ein paar Minuten auf der Autobahn standen wir plötzlich im Stau und es bewegte sich kein Auto auch nur einen Zentimeter weiter. Am Anfang waren wir noch alle geduldig, aber es dauerte über zwei Stunden bis wir endlich aus dem Stau heraus waren. Nun sahen wir das Schild „Spaßbad" und fuhren von der Autobahn ab, unserem Ziel ganz nah. Als wir auf den großen Parkplatz fuhren, beschlich mich ein merkwürdiges Gefühl, denn er war leer. Alle schauten mich fragend an und ich schaute fragend zurück. Ich stieg aus dem Auto, lief schnell zum Eingang und traute meinen Augen nicht. Dort hing ein Schild „Wegen Umbaumaßnahmen vorübergehend geschlossen!" Ich Idiot hatte wohl nicht gründlich genug recherchiert und jetzt drohte mein Wunschtag ein Desaster zu werden. Ich musste mir schnell etwas einfallen lassen, das Ruder herumreißen, um den Tag zu retten, denn ich sah schon Tränen in den Augen meiner kleinen Schwester. Zum Glück entdeckte ich an der Ecke eine Eisdiele und lud erst einmal alle von meinem Taschengeld zum Eisessen ein. Ich überwand meine Schüchternheit und fragte den Eisverkäufer, ob er einen Ausflugstipp für mich habe. Hatte er: Nur einen Kilometer entfernt von hier hatte ein neuer Kletterpark eröffnet. Meine Familie war einverstanden und schon eine

halbe Stunde später hatten meine Geschwister und ich die Sicherheits-
gurte an und konnten starten. Meine Großeltern schauten lieber von
unten zu, wie wir von Baum zu Baum kletterten, die Seilbahnen hinunter
sausten und immer mutiger und geschickter wurden. Glücklich und erschöpft machten wir uns am Abend auf den Rückweg und an den wilden
Erzählungen von Maya und Lukas über ihre Klettererlebnisse erkannte
ich, dass es mir gelungen war, ein Desaster abzuwenden. Ich lächelte.
Ende gut, alles gut!

*Daniel Milovic*
*Jakob-Fugger-Gymnasium, Klasse 5b*

## Alles im Griff

Der Lehrer hat die Klasse
Der Clown zieht 'ne Grimasse
Der Bauarbeiter baut
Der Kung-Fu-Meister haut
Die Fußballspieler kicken
Die Postboten, die schicken
Der Gepard, der ist schnell
Die Sonne, die ist hell

*Berkem Filiz und Léon Duvivier*
*Maria-Theresia-Gymnasium, Klasse 5b*

## Bootsfahrt

Bei einer Fahrt mit einem Boot durfte ich entscheiden, wo wir hinfahren.
Alle mussten auf mein Kommando hören. Das war toll! Ich wäre gerne
immer ein Kapitän!

*Ariana Zabek*
*Grundschule Centerville-Süd, Klasse 1c*

# Am Ruder

„Ich dachte, wir wären Freunde, und jetzt lässt du mich einfach stehen!",
brüllte mich meine beste Freundin Holly an. Ihr Kopf war vor Wut rot angelaufen. Sie schnaubte und funkelte mich aus wütenden Augen an. „Nur
weil du jetzt eine neue Freundin hast, kannst du mich doch nicht einfach so stehen lassen!", meckerte sie, drehte sich um und rannte davon.
‚Ich habe doch keine neue Freundin!', schoss es mir in den Kopf. „Jetzt
warte doch mal!", rief ich Holly hinterher. „Du hast mich stehen lassen,
jetzt mache ich das auch!", rief sie. Ich sackte in mich zusammen. Dann
rief ich Holly tausendmal an, doch sie ging nicht ran. Ich musste mir einen
Plan ausdenken, wie ich ihr erzählen konnte, was passiert war. Eine
Zeitlang grübelte ich nach einer Lösung. Dann endlich hatte ich eine Idee.
Eilig setzte ich mich an meinen Schreibtisch und verfasste einen Brief.
Dann lief ich los, um den Brief in Hollys Briefkasten zu stecken. In der
nächsten Woche schaute sie mich komisch an oder sie beachtete mich
nicht. Ich war verzweifelt, denn anscheinend hatte sie den Brief nicht
geöffnet. Gerade wollte ich einen neuen Brief schreiben, da kam meine
Mama plötzlich in mein Zimmer und gab mir einen Brief. Ich riss ihr den
Brief aus der Hand und überflog ihn. „Ja!", rief ich und drückte meine ver-
dutzte Mama so fest, dass sie keine Luft mehr bekam. „Hast du etwa im
Lotto gewonnen?", fragte sie. „Nein, viel besser!", sagte ich. Am nächsten
Schultag rannte meine beste Freundin auf mich zu und umarmte mich.
Holly nuschelte: „Entschuldige!" Dann sahen wir uns in die Augen und
prusteten los.

*Amelie Deuring*
*Jakob-Fugger-Gymnasium, Klasse 5b*

## 224.

Wenn selbst die schönsten Wege ergrauen, kalte Tage nach Molekülen
schmecken und Beklommenheit die Taten schmückt.
Ständig nur aus Fenstern rausschauen, statt hinein. Perspektivenwechsel
als Utopie wahrnehmen.
Und falls jemand fragt, geht es mir gut. Das Ruder nicht mehr zum Auftrieb nutzen, sondern mit ihm die Strömung aufsaugen. Den Fluss strom-
abwärts stürmen. Kein Halt, weil auch das Leben keinen macht, und die
Frage, wann ich endlich lebe mit einem „vielleicht nie" vervollständigen.
Für einen Moment nur den Grund betrachten und erkennen, wie viele

Steine es dort gibt. Einen Augenblick andere täuschen wollen, es muss niemandem auffallen. Doch so sehr ich es auch leugne, komme ich dem Strudel immer näher und gehe mit dem Wasser zu Fall. Spüre meine Muskeln zwar, doch die Empathie für Schmerz fehlt. Atme dreimal ein und aus, um Seeluft und Gestank aus meinem Körper zu verbannen. Aber Erkenntnis klatscht wie ein Kiesel auf die Oberfläche. Kein Boot mehr in der Nähe, kein Ruder mehr zum Lenken und kein Wasser mehr zur Fortbewegung. Nur der bittere Realitätsschwall und die Furcht zu bereuen.

*Antonia Lioka*
*Maria-Theresia-Gymnasium (Schreibwerkstatt)*

## Am Ruder

Neymar Jr. Für 222 Millionen Euro zu PSG, Grealish für 117 Mio. zu Man-City, hier kauft ein Scheich einen neuen Club auf, da steigt ein neuer Investor in den Verein ein. Was passiert eigentlich gerade in der Welt des Fußballs?

Die Zeiten, in denen AS Saint-Etienne den französischen Fußball dominierte, sind vorbei. Paris Saint-Germain heißt der neue Dauersieger. Seitdem der ehemalige Tennisspieler Nasser Ghanim Al-Khelaifi im Jahre 2011 dort als Präsident eingestiegen ist, gibt es in der französischen Ligue 1 beinahe immer den gleichen Gewinner. Mittlerweile spielen dort viele in die Jahre gekommenen Weltstars wie Sergio Ramos oder auch Lionel Messi. Das ist verständlich, wenn sie ihr Gehalt zum Ende ihrer Karrieren noch ein wenig durch die Scheichkasse auffüllen lassen wollen.

Ähnlich verhält es sich allerdings beispielsweise bei einem anderen obig genannten Scheichclub: Manchester City. Seitdem der Milliardär und Scheich Mansour bin Zayed Al Nahyan dort als Investor eingestiegen ist, kann sich der Verein einen Top-Transfer nach dem anderen leisten. Dass City seitdem nicht durchgehend Meister geworden ist, liegt höchstwahrscheinlich daran, dass beinahe jeder Premier League-Club mittlerweile einen Investor hat. Ein Beispiel dafür ist der FC Chelsea, der seit 2003 dem russischen Milliardär Roman Abramowitsch gehört.

Wer also noch immer keinen Investor hat und möglicherweise in den letzten Jahren auch noch schlecht gewirtschaftet hat, dem steht eine düstere Zukunft bevor. Hierzu muss man sich nur den FC Barcelona anschauen, der es geschafft hat, durch jahrelanges Misswirtschaften vom besten Verein der Welt zu einem mittelmäßigen, in Milliardenhöhe verschuldeten La Liga-Club zu werden.

Die Zeiten, in denen Fußball noch durch hartes Training, Wille und Leidenschaft entschieden wurde, scheinen dem Ende zuzugehen. Sobald ein kleinerer Verein einen oder mehrere gute Spieler in seinen Reihen hat, werden diese von den Top-Clubs aufgekauft, damit bloß nicht ihre Dominanz gefährdet wird. Die Spieler und Fans haben keine Chance, ihr Schiff weiterzusteuern, wenn die reichsten Menschen der Welt mit mehr oder weniger fairen Mitteln versuchen, ihnen das Ruder aus der Hand zu reißen.

Es zeigt sich also wieder: Geld regiert nun mal die Welt.

*Liam Harlinghausen*
*Gymnasium bei St. Stephan, Klasse 10c*

## Feel Your Passion

„Chrissie, komm schon! Wir kommen sonst noch zu spät." Das war Finn. Er stand in meinem Zimmer, sichtlich genervt, da ich mal wieder verschlafen hatte. Eilig suchte ich mir Kleidung zum Anziehen heraus. „Es tut mir so leid, Finn", entgegnete ich ihm etwas zerknirscht. „Das wird nicht mehr vorkommen." „Das sagst du jedes Mal." Finn wurde etwas gelassener und ein kleines Lächeln umspielte seine Lippen. Ich zog mich rasend schnell an, ließ meine schulterlangen, braunen Haare in einem Dutt verschwinden und putzte mir die Zähne. Ich freute mich schon sehr auf den Unterricht heute, denn wir würden die Choreo zu „Good Ones" von Chalie XCX fertig machen. Finn und ich besuchten nämlich die Dancing Art Academy in Berlin und machten dort eine Ausbildung zum professionellen Tänzer. Ich tanze schon mein ganzes Leben lang. Angefangen hatte ich mit drei Jahren, Turniertänze in Standard und Latein zu tanzen. Finn war damals mein Tanzpartner und gemeinsam gingen wir auf viele Wettkämpfe und Meisterschaften. Es machte mir schon immer viel Spaß, vor anderen zu tanzen und mein Können unter Beweis zu stellen. Im Laufe der Jahre wurde das Turniertanzen immer weniger und mit 15 beschlossen wir beide, uns in einem Tanzstudio unserer Heimatstadt Augsburg anzumelden und dort in Hip-Hop-classes zu gehen. Wir gingen in verschiedene Kurse und lernten Stile wie Dancehall oder Streetdance. Es machte uns beiden Spaß und es war genau das Gegenteil zu dem, was wir davor gemacht hatten. Zwei Jahre später hatten Finn und ich eine sehr verrückte Idee: Wir bewarben uns bei der Dancing Art Academy in Berlin. Es war unser beider Kindheitstraum, an dieser Schule aufgenommen zu werden. Unsere Eltern unterstützten uns, wo es nur ging, und waren damit auch einverstanden. Wir wurden zu einem Vortanzen eingeladen und fuhren, ohne große Hoffnungen, angenommen zu werden, dorthin. Wir tanzten beide vor und wie es das Schicksal so wollte, wurden wir angenommen.

Ich liebte die Ausbildung einfach. Wir lernten verschiedene Stile wie Hip-Hop, Jazz funk oder Contemporary. Noch dazu bekamen wir Gesangs-, Schauspiel- und Theorie-Unterricht.

Ich war endlich fertig. Finn packte mich an der Hand und wir rannten die Flure entlang, vorbei an vielen Tanzräumen, bis zu unserem Raum. Aus allen Ecken dröhnte Musik und sie erfüllte mich. Am liebsten wäre ich einfach stehen geblieben und hätte mitgetanzt. Doch leider konnte ich das nicht. Wir hatten Unterricht und zu diesem mussten wir jetzt dringend gehen, sonst würden wir noch ziemlich Ärger bekommen. Am Tanzsaal angekommen, stürmten wir hinein. Zum Glück war unsere Lehrerin, Frau Baralliono, noch nicht da. Ich stellte mich zu meiner Freundin Jessie. Wir kennen uns schon, seit wir klein waren, haben aber erst seit ein paar Jahren wieder Kontakt zueinander. Sie ist mir richtig ans Herz gewachsen und einfach eine total tolle Persönlichkeit. Dazu kann sie noch richtig gut tanzen. „Uhh, ich freue mich richtig, diese Choreo fertig zu machen. Die ist einfach so geil!", entgegnete sie mir freudig. „Ja, das stimmt. Die macht einfach nur gute Laune." Finn war bei seinen Kumpels Jonny und Mike und kam dann zu uns Mädels rüber. Wir quatschten noch etwas und dann kam auch schon unsere Tanzlehrerin herein. Sofort verstummten alle Gespräche und das Einzige, was noch zu hören war, war das Geräusch ihrer Absätze. Sie kam in die Mitte des großen Tanzraumes und stellte sich vor uns hin. Jeder hatte großen Respekt vor ihr. Sie war eine strenge ältere Dame, die in ihrem Leben schon weit gekommen war und mit vielen großen Künstlern auf der Bühne gestanden hatte..

„Guten Morgen. Tut mir leid wegen der Verspätung, doch wir haben gerade eine großartige Nachricht bekommen: Der Sänger Lion McFly sucht für sein neues Musikvideo Tänzer und unsere Academy wurde ausgesucht, um an einem Casting teilzunehmen. Er möchte jungen Talenten eine Möglichkeit geben, erfolgreich zu werden, und dies könnte für manche von euch ein Sprungbrett in die richtige Richtung sein." Geflüster ging durch den Raum. Jeder war richtig aufgeregt über diese Nachricht. Auch ich. Das könnte meine Chance sein, endlich erfolgreich zu werden. Auf diesen Tag und diese Gelegenheit habe ich schon so lange gewartet. Ich war endlich bereit, der Welt mein Können zu zeigen, gesehen und von allen bewundert zu werden. Ich malte mir schon aus, wie es ist, mit den großen Stars auf der Bühne zu stehen und zu strahlen. Schlagartig wurde ich aus meinen Tagträumen gerissen. Finn schüttelte mich nämlich an der Schulter, da unsere Lehrerin noch etwas zu sagen hatte. „Ich bitte nochmals um eure Aufmerksamkeit." Es wurde von der einen auf die andere Sekunde alles still und jeder hörte gespannt weiter. „Jeder von euch wird nachher per E-Mail einen Bewerbungsbogen zugesendet bekommen und diesen könnt ihr ausfüllen und wegschicken. Alle weiteren Infos folgen danach. Ich wünsche jedem von euch viel Glück. Das ist eine große Chance für jeden von euch. Also nutzt sie! Und jetzt werden wir die Choreo fertig machen." Wir stellten uns in die Aufstellung und gingen die Choreo nochmals durch. Anschließend brachte sie uns noch die letzten paar Schritte unserer Jazz-Funk-Choreo bei. Ich versuchte, mich wirklich zu konzentrieren. Doch ich schaffte es nicht. In meinem Kopf drehte sich alles nur noch um das Casting. Meine Konzentration war wie weggeblasen und deswegen verhaute ich andauernd die Schritte. Nachdem Frau Baralliono gegangen war, drehte sich alles nur noch um eines: das bevorstehende Casting. Jessie, Finn, Mike, Jonny und ich standen beisammen und unterhielten uns darüber. „Oh, das wäre so eine große Chance für mich, für uns alle. Ich werde mich auf jeden Fall bewerben." „Ich auch." Jessie stand freudestrahlend neben mir und wir beide träumten gemeinsam vom Casting und von dem Dreh. „Das wäre großartig, wenn man angenommen werden würde!", entgegnete Finn. „Also Mike und ich werden uns auch bewerben. Vielleicht brauchen die auch Breakdancer." Und schon fingen die beiden an, coole Moves zu machen. Jonny und Mike waren Zwillinge, aber zweieiige. Mike hatte braune lange Haare und Jonny kurze blonde. „Ich hoffe, ich werde angenommen!", sagte ich in die Runde. „Du glaubst doch nicht allen Ernstes, dass sie so eine wie dich suchen?" Das war Valentin. Er war der beliebteste Typ auf der ganzen Schule und jede Frau himmelte ihn an. Dabei war er ein richtig arroganter Mistkerl. Ich weiß gar nicht, was alle so großartig an ihm finden. Aber eine Sache muss ich zugeben: Er kann wirklich gut tanzen.

Ihm folgten Daniel und Phil, seine beiden Kumpels. Die beiden waren so breit wie Schränke. Ich sage nur: Muckis am ganzen Körper, aber nichts in der Birne. Das Einzige, was die beiden konnten, war, schön auszusehen und Frauen aufzureißen. An ihrer Seite war, wie immer, Valentins Freundin Vanessa. Sie war der Inbegriff von Perfektion und wurde von allen wie eine Königin behandelt. Alle bis auf mich. Wir konnten uns von Anfang an nicht leiden und ich finde, sie ist eine wahre Giftschlange und hat mir das Leben im vergangen Jahr zur Hölle gemacht. Doch sie hatte ein neues Oper gefunden und lässt mich seitdem in Ruhe.

„So eine Person wie dich suchen sie nicht. Du bist langweilig und hast überhaupt nichts Besonderes an dir. Außerdem sind deine Bewegungen schlampig und an Technik fehlt es dir auch. Du hast ja auch Probleme, dir Choreos zu merken. So wie heute." „Das war wegen des Castings. Und ich war so voller Vorfreude, dass ich nichts mehr anderes im Kopf haben konnte als diese gute Nachricht." „Aber das Casting wurde erst heute bekannt gegeben. Und ich habe dich schon oft beobachtet. Das ist nicht das erste Mal gewesen, dass du versagst." Valentine spie mir seine Worte direkt vor die Füße. Er hatte mich getroffen, hatte mich so sehr in meinem Herzen getroffen, dass ich am liebsten weinend davongelaufen wäre. Doch diesen Gefallen wollte ich ihm nicht tun. Oh nein, diese Genugtuung werde ich ihm nicht geben! Ich versuchte, meine Beherrschung aufrechtzuerhalten und unterdrückte den Drang zu weinen. „Willst du wirklich, dass die Jury dich auslacht? Ich denke nicht. An deiner Stelle würde ich es nicht versuchen." „Finn stellte sich schützend vor mich. „Geh, Valentin, und lass sie in Ruhe! Suche jemanden von deiner Sorte, den du beleidigen kannst!" „Da habe ich jetzt aber Angst." Mit diesen Worten drehte sich Valentin um und ging, dicht gefolgt von seiner Clique.

Mit dem letzten bisschen Selbstbeherrschung versuchte ich, die aufkommenden Tränen zu unterdrücken. Ich wollte nicht vor meinen Freunden weinen, wollte tapfer wirken. Doch es war schon zu spät. Die erste Träne kullerte stumm meine Wange hinunter. Finn sah es und nahm mich sofort in seine starken Arme. „Shhhht, alles wird gut!", versuchte er mich zu beruhigen, doch es gelang ihm nicht. Meine Freunde sahen mich weinen und trösteten mich. Aber ich bekam davon nichts mit – genauso wenig, dass sie irgendwann weg waren. Finn und ich standen ganz allein im Tanzraum. Zum Glück war gerade Pause und somit alle beim Essen. Ich war so froh, in Finns Armen zu liegen. Er hatte etwas Beruhigendes an sich. Ich kuschelte mich ganz tief an seine Brust. Er roch nach Veilchen und nach seinem After Shave, mit einem Hauch Schweiß. Ich liebte diesen Duft und sog alles von ihm ein. Langsam verebbten die Tränen und ich wurde ruhiger. Nachdem ich mich einigermaßen wieder gefasst hatte, löste ich mich etwas aus seiner Umarmung und schaute zu ihm hoch in seine eisblauen Augen. „Höre nicht auf die, die wollen dich nur runtermachen! Du weiß ja, dass sie sich daraus einen Spaß machen und dich leiden sehen wollen." Ich wollte lächeln, doch der Schmerz saß zu tief und mein Herz fühlte sich an, als wäre es in tausend Teile zersprungen. Mit zitternder Stimme fragte ich Finn: „Aber was ist, … wenn er … recht hat? Ich bin … ich bin nicht die … beste Tänzerin und …" Meine Stimme versagte. Meine Augen füllten sich wieder mit Tränen. „Hey, schau mich an! Du bist eine super Tänzerin und ich glaube ganz fest an dich." Finn versuchte, mich aufzuheitern, doch es gelang ihm nicht. In seinem Gesicht lag Verzweiflung. Er wollte mir so gerne helfen, wusste aber nicht, wie. Und ich wusste es auch nicht. Ich ließ mich zurück in seine Arme fallen und genoss seine Wärme. In nur einem Moment hatte sich alles geändert. Valentin hatte recht. Ich werde niemals gut genug sein. Warum sollte ich es überhaupt versuchen, wenn ich nur scheitern werde? Meine Entscheidung stand fest. Ich werde am Casting nicht teilnehmen.

*Tatjana Stegmayr*
*Balthasar-Neumann-Berufbildungszentrum, Klasse HOL10A*

## Rudern für den Sieg

Es waren die letzten 500 Meter, die zwischen meiner goldenen Medaille und mir standen. Ich habe bereits meine körperlichen Grenzen und meine Selbstwirksamkeitserwartungen völlig gesprengt. Doch das Leben macht es mir nicht leicht. Ein starker Windzug drückte mich nicht nur zurück, sondern sorgte noch für eine so starke Welle, die mich beinahe komplett ausgebremst hätte. Jedoch war mein eigener Wille so stark, dass ich meinen Körperzustand einfach vergessen habe und dafür sorge, dass ich nur noch wie eine Maschine in Richtung Ziel ruderte. Meine Mitstreiter kamen bereits ziemlich nah. Meiner Meinung nach viel zu nah – und plötzlich spürte ich eine so starke Erschöpfung, als hätte ich gerade zwei Rucksäcke voller Steine in einer mittelalterlichen Ritterrüstung einen Berg hochgetragen und das bei 30°C. Aber jetzt Aufgeben war bei Weitem keine Option und schließlich hatte ich es meiner verstorbenen Frau versprochen, für sie diesen Sieg nach Hause zu schleppen. Also riss ich mich ein letztes Mal zusammen, um dieses Jahr die Goldmedaille im olympischen Rudern zu gewinnen. Mein Teamkamerad hat schon seit einer Weile sein Limit erreicht, ebenso wie meine Konkurrenten. Und schließlich sah ich die Zielfahne an mir vorbeiziehen …

*Anton Leber*
*Heinrich-von-Buz-Realschule, Klasse 8c*

# Am Ruder

Der Bauarbeiter baut
Der Bademeister schaut
Der Lehrer lehrt
Der Hausmeister kehrt
Der Kameramann dreht
Der Gärtner mäht
Der Mechaniker schraubt
Der Räuber raubt.
Sie alle sind am Ruder.

*Nicolas Cossette*
*Maria-Theresia-Gymnasium, Klasse 5b*

# Das Unwetter

Die Sonne warf ihre ersten, vorsichtigen Strahlen über das klare, schimmernde Meer.

Ich stand wie jeden Morgen an der Reling unseres Schiffes und genoss den traumhaften Anblick. Die ersten Passagiere kamen aus ihren Kajüten und winkten mir fröhlich zu. Ich lauschte dem leisen Geplätscher der Wellen und erinnerte mich an den Tag vor drei Monaten, an dem ich zum ersten Mal dieses Schiff als Schiffsjunge betreten hatte. „Ole!", rief ein Matrose namens Pit ungeduldig zu mir herauf, „der Frühstückstisch deckt sich nicht von selbst und die Passagiere warten schon!" Seufzend verließ ich das Deck und stieg zum großen Speisesaal hinab. Der Geruch der frisch gebackenen Semmeln stieg mir in die Nase und das Wasser lief mir im Mund zusammen. Schnell nahm ich die Teller aus dem kleinen Schrank in der Schiffsküche und machte mich an die Arbeit. Es war nun der vierte Tag dieser Reise und auch wenn ich nun schon viel hier auf diesem Schiff erlebt hatte, war jede Reise ein neues Abenteuer. Nach dem Frühstück holte ich den Wassereimer und den alten Schwamm und begann, das Deck zu schrubben. Es war ein heißer Tag und die Arbeit war hart und anstrengend. Spät am Nachmittag, als das Deck blitzblank geschrubbt war, bemerkte ich unruhig, wie der Himmel sich in Kürze verdunkelt hatte. Am Horizont hatte sich eine riesige, tiefschwarze Wolkenmauer gebildet, die stetig näher kroch. Rabenschwarze Wolkenfetzen verdeckten die Sonne und ein erstes drohendes Donnergrollen war zu hören. Mir wurde mulmig zu Mute, da es mein erster Sturm auf diesem Schiff war. Hastig läutete ich an der Alarmglocke und sofort war ich von besorgten Matrosen umgeben. „Das sieht nach einem schrecklichen Sturm aus!", sagte einer der Matrosen namens Tim und sah beunruhigt zum Himmel. Der erste grelle Blitz zuckte über unsere Köpfe hinweg und die Passagiere begannen, angstvoll zu schreien. „Bring alle in Sicherheit, Ole!", rief der Kapitän mir zu und ich brachte die Passagiere schnell in den unteren Bauch des Schiffes, während die Matrosen im strömenden Regen versuchten, das Schiff zu sichern. „Bleib, wo du bist!", schrie Pit zu mir hinunter und ich ließ mich zitternd vor Kälte und Angst auf eine Kartoffelkiste nieder. Alle drängten sich eng zusammen und ich hörte ein kleines Kind schreien. Starke Wellen ließen das Schiff erzittern und plötzlich gab es einen furchtbaren Ruck. „Hilfe!", schrien ein paar Menschen und ich umklammerte mit meinen schweißnassen Händen das Geländer. Nach einer gefühlten Ewigkeit wurde es draußen totenstill und ich hastete so schnell ich konnte an Deck. Dort sah ich das schreckliche Unglück: Wie ein gieriges Tier hatte sich eine riesige Welle über das Schiff geworfen und hatte fast alle Matrosen über Bord ins Meer gespült. Nur Pit lag schwer verletzt in einer Ecke und ich lief schluchzend zu ihm hinüber. „Du musst das Schiff nun alleine lenken und die Passagiere in Sicherheit bringen!", hauchte Pit, bevor ein letzter Schauer durch seinen Körper lief und das Lebenslicht aus seinen Augen verlosch. Ich warf mich hilflos weinend an seine Schulter und schluchzte herzzerreißend. Pit war mein einziger Kamerad auf diesem Schiff gewesen und nun war er tot. Niemand von der Mannschaft lebte mehr und konnte die Passagiere in Sicherheit bringen. Langsam kamen immer mehr Passagiere vorsichtig auf das Deck und sahen sich verstört um. Plötzlich breitete sich in mir eine schwarze Leere aus und ich wusste, was ich zu tun hatte. Mit starrem Blick sprang ich auf und stolperte zum Steuerrad. Plötzlich wurde mir bewusst, dass das Schicksal dieser unschuldigen Menschen allein in meinen Händen lag. Würde ich das schaffen? Ich hatte noch nie ein ganzes Schiff gelenkt, sondern immer nur zugeschaut. Meine Beine zitterten, doch ich fasste das Steuerrad mit festem Griff und atmete noch einmal tief durch. Ich hörte die unsicheren Passagiere rufen. Der Wind fuhr durch meine Haare und ich roch die salzige Meerluft! Dann fuhr ich los.

*Sophia Weiss, Aemilia Gairhos und Katharina Hartinger*
*Gymnasium bei St. Stephan, Klasse 7a*

# Die Kunst des Paddelns

Sind wir nicht alle manchmal im Leben „am Rudern",
durch stürmische Fluten und Gezeiten? Bloß nicht schludern!
Weichen den Hindernissen gekonnt aus, gespannt bis ins letzte Atom,
paddeln dafür bewusst auch gegen den Strom.
Kontrolle bewahren mit den Rudern, die die Richtung verheißen,
wenn es auch heißt, die Zähne zeitweise zusammen zu beißen.
Das schwankende Boot wird auch an Stromschnellen nicht untergehen,
wir tauchen unter und drehen uns, bis wir die Oberfläche sehen.
Die Strömungsrichtung können wir nicht bestimmen,
sich mit Zutrauen auf den Lauf besinnen.
Der innere Kompass für die richtige Richtung ist zugegen,
den Knoten lösen und mutig ablegen.
Mit allen Wassern gewaschen sein,
als Fels in der Brandung auch für andere da sein.
Im Leben nicht nur vor sich hindümpeln,
klar Schiff machen, neue Routen suchen und entrümpeln.
Es gibt auch Zeiten, da genießen wir den freien Fluss,
der ins große weite Meer führt am Schluss.
Es zählen die bleibenden Erinnerungen ans gemeinsame Vertrauen auch
in Not.
Sitzen wir nicht alle gemeinsam in einem Boot?

*Juliane Singer*
*Gymnasium bei St. Stephan, Klasse 6b*

# Am Ruder

Die Knöchel sind weiß, die Nägel zerbrochen und die Finger klammern
sich verkrampft fest.
Nicht. Loslassen.
Die Beine zittern vor Anstrengung und der Kiefer ist fest zusammen-
gepresst.
Tränen und Schweiß bannen sich den Weg über die Wange in Richtung
Boden.
Nicht. Loslassen.
Das taube Gefühl ist nicht nur in den bis zum Zerreißen angespannten
Armen, sondern auch in der nebligen Leere der Gedanken.

Die Ohren dröhnen, die Augen bluten und ausnahmsweise sind sich Kopf und Herz einig.

Nicht. Loslassen.

Der Atem zittert und die Lungen sind trotz ihrer Leere bis zum Zerplatzen gefühlt.

Nicht. Loslassen.

Doch dort, die Stimme der Versuchung im Hinterkopf.

Lass los.

Lass los.

Lass los.

Wie der Gesang einer Sirene betäubt sie die Sinne. Die langersehnte Entspannung breitet sich aus. Es entgleitet den Fingern.

Lass. Los.

Nein.

Nein, nein, nein. Die Kontrolle kommt zurück. Klammert sich an den festen Rhythmus der von Herz und Verstand im Einklang gesprochenen Worte.

Nicht. Loslassen.

Behalte die Kontrolle über das Leben und die Entscheidungen. Es ist deines. Lenke das Ruder nach deinem Weg. Lebe.

*Kirsi Müller*
*Maria-Theresia-Gymnasium, Klasse 10b (Schreibwerkstatt)*

## Feenglück

‚Das wird ein schöner Ausflug', dachten die Feen Flora und Fauna, zu dem sie ihre beste Menschen-Freundin Daria überredet hatten. Doch als sie auf das kleine Segelboot stiegen, das leicht schwankend am Flussufer stand, ahnten sie noch nicht, was auf sie zukommen würde.

Daria sah sich das Boot genauer an, während die Feen alles zum Ablegen vorbereiteten. Es war aus Holz und auße, wie innen mit einer rosa glitzernden Farbe lackiert. Die Segel waren grasgrün und blähten sich im Sommerwind auf. Es sah genau so aus, wie man sich das Boot von Feen vorstellt.

„OK, ich übernehme das Steuer und ihr könnt das Picknick vorbereiten", plante Fauna. „Nee nee nee, das kannst schön du machen! Ich übernehme das Steuer", protestierte Flora. „Ah, ja, und warum?" „Weil ich das sage!" „He, Leute, vielleicht sehe nur ich das, aber der Knoten hat sich gelöst!" „Nicht jetzt!", schrien Flora und Fauna Daria an, ohne ihr zuzuhören. Eine halbe Stunde schrien sie sich weiter an. Und das hörte sich ungefähr

so an: „Ich gehe ans Steuer!", kam von Flora. „Nein, ich!", kam von Fauna zurück. Daria saß nur da und beobachtete genervt, wie die beiden sich in den Haaren lagen. Leise stöhnte sie auf. So hatte sie sich das nicht vorgestellt. Sie sah sich um. Dieser wunderschöne Sommertag war viel zu schade, um ihn sich mit dem Streit der beiden zu vermiesen. Das Boot fuhr über das in der Sonne funkelnde Wasser des Flusses, vorbei an vielen bunten Schmetterlingen und wunderschönen Blumenwiesen. Als sie plötzlich in der Ferne ... oh nein! Ein riesiger Felsen im Wasser! Daria versuchte gar nicht erst, die beiden Streithähne zu warnen, da sie ihr eh nicht zuhören würden. Stattdessen rannte sie, ohne lange nachzudenken, sofort zum Steuer und riss das Ruder des Bootes im letzten Moment nach links. Gerade nochmal gut gegangen! Die beiden Feen bekamen davon aber nichts mit. Sie hatten sich schon zu sehr in ihren Streit hineingesteigert. Es wäre wohl besser, wenn sie erst einmal am Steuer blieb. Die Sonne konnte sie auch von hier aus genießen. Wie hypnotisiert beobachtete sie den wolkenfreien, wunderschönen blauen Himmel und genoss die warmen Sonnenstrahlen auf ihrem Gesicht, als sie plötzlich von einem hellen Kreischen aus ihren Gedanken gerissen wurde. „Was ist los???", fragte sie erschrocken. „Da vorne!", rief Flora ängstlich neben der vor Schreck erstarrten Fauna. Jetzt realisierte sie auch das immer lauter werdende, donnernde Geräusch. Sie steuerten auf einen Wasserfall zu.
Sofort riss sie das Steuer nach rechts, doch zu spät – die Strömung war schon zu stark. Sie verloren den Boden unter den Füßen und fielen. Da rief Flora: „Fauna, schnell, deine Uhr!" Sie kann die Zeit um fünf Minuten zurückdrehen, indem man den Stundenzeiger einmal ganz herumdreht. Und genau das tat sie jetzt. Und eh sie sich versahen, saßen sie alle drei wieder auf ihrem Boot und trieben auf dem Wasser. Diesmal hielten sie das Steuer gemeinsam und zu dritt hatten sie genug Kraft, das Boot ans Ufer zu steuern. Erleichtert atmeten sie durch. „Hier ist es eigentlich ganz schön!", stellte Daria fest. Die Feen grinsten sich an. Anscheinend war der Streit nun endlich vergessen. Zusammen breiteten sie eine Decke auf der Wiese aus und jeder half beim Vorbereiten des Picknicks. „Das ist ja gerade nochmal gut gegangen!", sagte Daria und die anderen stimmten ihr mit einem großen Kopfnicken zu. „Und wir haben noch nicht einmal bemerkt, dass wir losgefahren sind." „Aber zusammen haben wir es dann ja geschafft. Und unsere Pfannkuchen sind voll lecker geworden." Alle drei lachten. Den restlichen Tag hatten sie dann doch noch viel Spaß. Zur Sicherheit ließen sie das Boot aber stehen und ritten auf den drei freund-

lichen Einhörnern, die am Waldesrand grasten, zurück in ihr Dorf. Ohne Streit.

*Johanna Russo*
*Mädchenrealschule St. Ursula, Klasse 7c*

## Nessie

Meine Freundinnen Helena und Fiona und ich sind gerade mit unserer Klasse auf Klassenfahrt. Gestern sind wir in Schottland angekommen. Unser erster Ausflug ging nach Loch Ness. Wir suchten uns unsere Badesachen zusammen und stiegen, zusammen mit unseren Mitschülern, in den Bus zum See. Dort angekommen, waren wir begeistert. Der See war echt riesig! Wir legten uns auf unsere Badetücher in die Wiese und ließen uns die Sonne ins Gesicht scheinen. Gerade als wir ins Wasser gehen wollten, zogen dunkle Wolken über das Gewässer. Unsere Lehrerin rief alle zusammen, um uns im nahegelegenen Restaurant unterzustellen. Fiona, Helena und ich wollten aber trotzdem ins Wasser. Tja, und mit der Überzeugungskraft von drei 12-jährigen Mädchen schafften wir es, Frau Blume zu überreden, trotz des Regens ins Wasser zu gehen. Solange es nicht anfing zu gewittern und wir rechtzeitig den nächsten Bus in einer dreiviertel Stunde schafften, durften wir also schwimmen gehen. Nachdem wir ein bisschen geschwommen waren, kam Fiona auf eine Idee: „Wie wäre es, wenn wir mit unserem Schlauchboot auf den See fahren?" Helena und ich waren begeistert und gemeinsam legten wir das Boot ins Wasser. Inzwischen hatte es mit dem Regen aufgehört, trotzdem waren die anderen immer noch im Restaurant. Ich übernahm fürs Erste das Ruder. Wir waren schon ziemlich weit draußen, als uns etwas auffiel. „Findet ihr nicht auch, dass das Boot an Luft verloren hat?", fragte Helena. „Ach was, das bilden wir uns doch nur ein!", versuchte Fiona sie zu beruhigen. „Wahrscheinlich hast du recht", erwiderte Helena und wir fuhren weiter. Vorsichtig spähte ich über den Rand des Bootes, in der Hoffnung, vielleicht kleine Fische zu entdecken. Stattdessen sah ich etwas anderes: „Guckt mal, da ist ein Loch!", teilte ich den anderen mit. „Was?" Helena und Fiona entdeckten es jetzt auch. „Oh, nein! Siehst du, ich hatte recht gehabt!", konterte Helena. „Da kann ich doch jetzt echt nichts dafür!", rief Fiona zurück „Es bringt doch nichts, jetzt zu streiten!", fuhr ich dazwischen. „Du hast recht", sagte Helena, „wir haben echt größere Probleme!" Das stimmte! Langsam lief unser Boot nämlich mit Wasser voll! „Na toll und jetzt?", rief Fiona. Die Panik in ihrer Stimme war deutlich zu hören.

„Es wird schon alles gut", versuchte ich sie zu beruhigen. Innerlich war ich allerdings selber ziemlich in Panik. Zum Schwimmen waren wir zu weit vom Ufer weg. Natürlich hatten wir nicht daran gedacht, unsere Handys mitzunehmen. Es gab weit und breit kein anderes Boot und trotzdem schrien wir lauthals um Hilfe. Natürlich hörte uns niemand. Helena schnappte sich das Ruder und startete somit einen weiteren Rettungsversuch. Doch ihre Hände zitterten so stark, dass ihr das Ruder aus den Fingern fiel. „Nein!", rief sie und sprang dem Ruder hinterher ins Wasser. Das versaute allerdings das Gleichgewicht und mit lautem Schreien fielen Fiona und ich ins Wasser. „Hilfe, bitte irgendwer!", schrie Fiona. „Tut mir leid", versuchte es Helena. Doch es war eh schon egal, denn das Letzte, was von unserem Boot noch zu sehen war, wurde gerade von den Wellen auf den Grund gezogen. Hilflos paddelten wir durchs Wasser. Keuchend riefen wir über die Oberfläche des Sees, doch keine Menschenseele hörte uns. Ich versuchte mich zu beruhigen. „Okay, was für Möglichkeiten haben wir?", fragte ich verzweifelt. Ich versuchte die Angst zu unterdrücken, die mir langsam den Rücken hinaufkroch. „Schwimmen!", sagte Helena. „Viel zu weit!", entschied Fiona. „Weiter um Hilfe rufen?", fragte ich. „Wenn niemand da ist, der uns hört? Das bringt doch nichts!", fiel Helena dazwischen. „Natürlich bringt es was!", erwiderte Fiona. „Wir müssen unsere Kräfte schonen!", rief Helena aufgebracht. Mussten sie echt über alles streiten? Ich versuchte die hitzige Diskussion auszublenden und ging in meinem Kopf nochmal alles durch. Doch egal, wie ich versuchte die Situation zu drehen, mir fiel keine realistische Lösung ein. Mein Herz klopfte. Die Angst war erdrückend, während Helena und Fiona immer lauter stritten. „Hört auf, ich muss mich konzentrieren!", schrie ich dazwischen. Auf einen Schlag waren beide still und schauten mich mit großen Augen an. Okay, es kam selten vor, dass ich laut wurde, aber ihre kindischen Streitereien gingen mir gerade gehörig auf den Keks. „Hast du einen Plaaaaaaaaaaaaaaahaaaaaaaaaaaaaaan?", schrie Helena. Sie wurde schlagartig in die Luft gerissen. Sie schrie wie am Spieß. Ich sah große, grün schimmernde Schuppen an mir vorbeigleiten. Im nächsten Augenblick wurde ich selbst in die Luft gerissen. Der Schrei neben mir verriet, dass es Fiona ebenfalls in die Luft riss. Wir wurden so wild durch die Luft gewirbelt, dass mir Hören und Sehen verging. Im nächsten Moment war dann alles wieder still. Ich traute mich kaum die Augen zu öffnen. Dennoch öffnete ich langsam die Lider. Ich konnte meinen Augen kaum trauen. Ein riesiges Monster hatte uns in die Luft gestemmt. Wir schwebten gut fünf Meter über dem Wasserspiegel. Das Wesen hatte schimmernde Schuppen, die mit der Sonne um die Wette strahlten. Es sah aus wie eine Schlange mit vielen, vielen Tentakeln. Drei von ihnen hielten Fiona, Helena und mich fest. Langsam drehte ich meinen Kopf zu Helena. Sie blickte nach unten und sah die Entfernung zum Wasser. Sie stieß einen spitzen Schrei aus. Ich wusste, unter welcher Höhenangst sie litt, und die Situation machte es nicht gerade besser. Fiona strampelte mit den Füßen und versuchte, die Tentakel zu lösen, die sich fest um ihre Hüfte geschlungen hatte. Plötzlich begann das eigentlich stille Wasser sich in tosenden Mengen aufzubäumen. Meterhohe Wellen erhoben sich. Plötzlich wurde mir heiß. Das drachenartige Monster glühte. Seine Schuppen liefen rot an! Da gaben die Wellen einen Durchgang frei. Das Wesen schoss mit einer solchen Geschwindigkeit hindurch, dass es nur einen Wimpernschlag später am Ufer war. Sanft setzte es uns auf den Strand. Langsam wich es zurück ins Wasser und verschwand zusammen mit dem magischen Durchgang in den Tiefen des Sees. Viel zu spät rief ich ein „Danke" hinterher. Fiona ließ sich ins Gras plumpsen. „Wow, das war … einfach mega-krass!", beendete Helena ihren Satz. „Guckt mal, es hat uns etwas da gelassen!" Ich hob eine Glaskugel auf. In der Kugel war ein Mini-Monster in einem See, das drei Mädchen rettete. Ich schüttelte die Kugel und weiße Flocken wirbelten umher. Da hörten wir Frau Blumes Stimme, die uns zum Bus rief. „Das bleibt unser Geheimnis, klar?", fragte Fiona. „Natürlich", beteuerte Helena.

*Katharina Klein*
*Maria-Theresia-Gymnasium, Klasse 6b*

## Schuld oder Verantwortung?

‚Ich bin schuld an dem Ganzen. Ich kann das nie wieder gut machen. Er wird mir nie wieder verzeihen", denke ich, während ich auf dem Weg zur Schule einen Schritt vor den anderen setze. Der Schnee knirscht unter meinen Schuhen und ich sehe meinen eigenen Atem in der Luft. Ich bin verzweifelt. Gerade eben war die Welt noch in Ordnung, doch jetzt … Ich brauche eine gefühlte Ewigkeit, bis ich in der Schule angekomme. Endlich habe ich es geschafft und setzte mich auf meinen Platz. Mich auf den Unterricht konzentrieren, das kann ich jetzt nicht. Meine Gedanken kreisen immer nur um das gleiche Thema. Wie ein Karussell, das sich einfach nicht stoppen lässt. Laut schreie ich: „Aufhören!" und renne aus dem Klassenzimmer. Ich merke, wie mich alle verdutzt ansehen, doch das ist mir egal. Ich muss hier weg und zwar sofort. Ich halte das nicht mehr aus. Ich muss locker zwei Kilometer gelaufen sein und dabei einen neuen Weltrekord aufgestellt haben, bis ich endlich zum Stehen komme. Ich merke, wie mir die Tränen in die Augen schießen. Ich versuche mit aller Kraft, sie zurückzuhalten, doch es klappt nicht. Da stehe ich nun. Weinend und schluchzend. Um mich herum nichts als Häuser. Ich schaue mich um und kann beim besten Willen nicht sagen, wo genau ich mich gerade befinde. Es fühlt sich alles so surreal an. Das mit Thomas, einfach alles. Ich kann kaum in Worte fassen, was das für ein Gefühl ist. Das Gefühl von Leere. Ich habe wahrscheinlich meinen besten und einzigen Freund verloren, wegen so einer dämlichen Sache. Ich bin schuld! Dieser eine Satz geht nicht aus meinem Kopf. Das winzige bisschen Verstand in meinem Gehirn sagt mir, ich dürfe nicht daran denken, aber es gelingt mir nicht. Ich kann diesen Gedanken einfach nicht aus meinem Kopf verbannen. Ich musste es einfach beenden. Das zwischen Elli und Thomas konnte einfach nicht gut ausgehen. Die zwei haben sich doch ständig gestritten. Aber jetzt bin ich schuld daran. Schuld daran, dass die beiden sich getrennt haben. Ich habe mich langsam wieder im Griff und meine Tränen lassen nach. Ich bin wieder in der Lage, mich vorwärts zu bewegen. Ich weiß zwar nicht, wohin genau, aber ich laufe einfach drauf los. Immer weiter. Das Gefühlschaos in mir ist auf einmal wie weggeblasen. Ich denke weiter nach. Ich bin erstaunt von mir selber. Das erste Mal frage ich mich: ‚Bin ich überhaupt schuld?' Ich wusste, was Thomas von Elli hält, und ich wusste auch, dass er es früher oder später sowieso selbst irgendwann beendet hätte. Er hat es einfach nur nicht übers Herz gebracht, ihr das zu sagen. Es mag sein, dass ich das nicht hätte tun sollen, aber trage ich wirklich die Schuld? Ich wollte meinem besten Freund doch nur helfen. Ich wollte ihm zur Seite stehen, ihn unterstützen, Verantwortung für ihn übernehmen. Ich weiß auch, dass das vielleicht nicht der richtige Weg war, aber ich musste es einfach tun. Ich muss noch einmal mit ihm reden. Vielleicht ist es gar nicht so schlimm, wie ich anfangs dachte. Ich schlage allmählich den Weg nach Hause ein, um mich vollends zu beruhigen. Meine Sachen hole ich später aus der Schule und wenn ich Thomas dann sehe, kann ich das auch gleich mit ihm klären. Doch eine Frage schwirrt noch immer in meinem Kopf umher: ‚Bin ich jetzt schuld oder habe ich einfach nur das Ruder übernommen?'

*Lara Haspolat*
*Rudolf-Diesel-Gymnasium, Q12*

# Daheim — hinter den Kulissen

So ein „Daheim", ganz grundlegend betrachtet,
Egal, ob's groß, ob's klein,
Ist doch nur ein Grundstück, das verpachtet,
Auch wenn ich lieber doch ne Yacht hätt'!
Hauptsache, fein muss es schon sein.
Doch auch die schönste Immobilie
Wär nichts ohne die lästige Familie.
Man braucht sich nur Corona einzufangen,
Schon wird viel zu Hause abgehangen.
Von den zwei Wochen Quarantäne
Krieg ich immer noch Migräne.
Will man ganz ungestört mal baden
Oder rasiert sich grad' die Waden,
Klopft es plötzlich an die Tür,
Tritt herein – das verbitt' ich mir –
Mein kleiner Bruder und lacht fürchterlich.
Jetzt hinaus mit dir, sonst vergess' ich mich!
Geschwister können manchmal nerven,
Man tät so gern was nach ihnen werfen.
Doch auch wenn wir uns öfter raufen,
Am Ende will man doch nicht tauschen.
Zu Haus, da wird einem keine Stund' zu lang,
Es sei denn, man hat mal keinen Internetzgang.
Natürlich wär's auch ganz vorzüglich,
Ist das Ganze dann schön gemütlich.
Aber nur sich auf die Couch zu flacken,
Das geht genauso in Baracken.
Der Nachbar reicht ein Beschwerden in Massen,
Mein Gott, der muss uns ja wirklich hassen!
Doch auch der lässt sich noch bekehren,
Wenn wir mit ihm ein Gläschen leeren.
Und bist du auch viel fort, denk nur gleich an deinen Rückzugsort,
Denn stellt dir das Leben mal ein Bein,
Ist es doch schön, wieder zu Haus' zu sein.

*Lara Sturm*
*Justus-von-Liebig-Gymnasium Neusäß, Q11*

# Wer ist am Ruder?

An einem superschönen, herrlich sonnigen Sommertag beschlossen die drei Freunde Tim, Anna und Amelie einen Ausflug zu machen. Nach einigem Hin und Her entschieden sie sich dafür, eine Bootsfahrt an der Kahnfahrt zu unternehmen und verabredeten sich um vier Uhr dort. Als sie schließlich ankamen, waren sie guter Dinge, doch hätten sie gewusst, was im Lauf des Nachmittags noch passieren würde, wären sie wahrscheinlich nicht so fröhlich gewesen.

„Los! Beeilt euch!", rief Amelie ungeduldig und warf einen leicht genervten Blick zu ihren Freunden, die noch damit beschäftigt waren, ihre Fahrräder abzustellen, „Können wir jetzt endlich reingehen?" Fast synchron nickten Anna und Tim, nachdem sie ihre Fahrradschlösser mit schnellen Handgriffen verschlossen hatten. Gemeinsam traten sie durch das große Holztor und stiegen die Treppen zum Steg hinunter. Von hier aus hatte man einen genialen Ausblick auf das blaugrüne, in der Nachmittagssonne glitzernde Wasser. Nach einer stillen, genießerischen Minute wandten sich die drei schließlich an eine junge Frau, die hinter dem Tresen stand. Amelie wechselte ein paar Worte mit ihr, bevor die Frau auf ein türkisfarbenes Ruderboot zeigte. Amelie drückte ihr einige Münzen in die Hand und zog ihre Freunde in Richtung des Kahns. Nacheinander stiegen sie vorsichtig in das wackelige Ruderboot. Amelie saß in der Mitte und übernahm, wie hätte es anders sein können, das Ruder, selbstverständlich ohne Anna und Tim nach ihrer Meinung darüber zu fragen. So blieb den zweien nichts anderes übrig, als auf der hinteren Bank im Kahn Platz zu nehmen. Mit einem leisen Quietschen setzten sie sich in Bewegung. Nachdem sie schon eine längere Zeit so fast lautlos über das Wasser glitten, dachte sich Anna: ‚Eigentlich habe ich mich auf diesen Nachmittag mit meinen Freunden gefreut, aber wenn immer nur Amelie am Ruder ist …?!' Dann ruderte ein Gedanke in ihr Gehirn: ‚Vielleicht kann ich ihr ja auf die Sprünge helfen, indem ich sie frage, ob wir denn mal den Platz tauschen?!' „Darf auch mal jemand anderes rudern?", sprach Tim im selben Moment seinen Gedanken laut aus. „Wieso?", fragt Amelie scharf. „Rudere ich euch etwa nicht gut genug?" Nachdem sie ein paar Minuten darüber diskutiert hatten, wer rudern darf, kamen sie, wie immer, zu dem Ergebnis, dass Amelie recht hatte und natürlich das Ruder in den Händen hielt. Doch auf einmal wurde Anna richtig sauer. ‚Amelie verdirbt allen die Stimmung und will einfach immer der Boss sein. Aber so kann es einfach nicht weitergehen!', dachte sie und stand ruckartig auf, was der Kahn mit einem kleinen Schwanken quittierte. Anna ging mit winzigen, aber dennoch bestimmten Schritten langsam auf Amelie zu, die sie mit hochgezogenen Augenbrauen fragend musterte. Auf einmal streckte Anna blitzschnell ihre Arme aus und umfasste die Holzruder mit beiden Händen fest. Amelie schaute Anna böse an und versuchte, sie ihr zu entreißen, doch Anna ließ nicht locker. Die Mädchen zerrten und zogen so fest am Ruder, dass das Boot anfing zu wackeln. Erst ist es nur ein sanftes Schaukeln, aber je mehr Anna und Amelie versuchten, die Ruder an sich zu reißen, desto mehr ging das Schaukeln in ein grobes Taumeln über. Um den Kahn herum bildeten sich Wellen. Plötzlich geht alles ganz schnell. Amelie nimmt ihre ganze Kraft zusammen und ihr gelingt es, das Ruder an sich zu reißen, doch sie kann sich kaum darüber freuen. Denn im selben Moment kippt das Boot, von Amelies Manöver mitgenommen, um. Mit erschrockenem Schreien landen die drei Freunde im Wasser. Für einen Moment herrscht Stille. Prustend tauchen sie wieder auf. Das Ruderboot schwamm umgedreht auf der sich kräuselnden Wasseroberfläche. Amelie und Anna schauten sich einen Moment an. Wie auf ein geheimes Kommando platzte es aus beiden heraus: „Es tut mir leid, ich habe mich total blöd benommen! Kannst du mir verzeihen?" Die drei sahen sich an und mussten trotz der nassen Tatsachen ein bisschen lachen. „Es tut mir leid, dass ich immer alles bestimmen wollte und ihr nie das Ruder übernehmen durftet! Ab jetzt, das verspreche ich euch, entscheiden wir einfach gemeinsam, wer was macht!", meinte sie reumütig, nachdem sie sich wieder beruhigt hatten. „Schon okay", erwiderte Anna und warf einen Blick auf das Ruderboot. „Aber wir haben jetzt echt größere Probleme!" Amelie nickte und mit vereinten Kräften gelang es ihnen, den Kahn wieder aufzurichten. Vorsichtig kletterten sie nacheinander hinein.

Mit Fragezeichen in den Augen blickte Amelie auf den Platz in der Mitte, während sie zu einer Frage ansetzte. Doch bevor sie etwas sagen konnte, nahm Anna den Platz ein, womit sowohl Tim als auch Amelie einverstanden waren. So setzten sie sich langsam in Bewegung und verbrachten noch einen fantastischen Nachmittag, an dem jeder mal am Ruder sein durfte.

*Lena Gottstein*
*Maria-Theresia-Gymnasium, Klasse 7b*

## Am Rudern

Eintauchen, zu mir ziehen, rausziehen, auf die linke Seite eintauchen, zu mir ziehen, rausziehen, wieder nach rechts – wie von allein vollzieht sich die immer gleiche Bewegung, während mein Blick leer über den endlosen Horizont wandert. Zwei Tage ist es her, dass das Meer seinen Tribut forderte und das Schiff, das mich in die neue Welt bringen sollte, in sein nasses Grab hinab zog. Ich wähnte mich der Gunst der Götter gewiss, wo sie mich in ihrer Güte mit einem Boot und einem Ruder davon kommen ließen, doch war es Güte oder Grausamkeit? Nach zwei Tagen auf offener See ohne Verpflegung halte ich Letzteres für wahrscheinlicher. Eintauchen, zu mir ziehen, wieder von vorne.

Wohin rudere ich? In Richtung meines ursprünglichen Zieles, zurück zur Heimat? Ich weiß es nicht, um ehrlich zu sein, es interessiert mich auch nicht, es geht um die Illusion, den Glauben, dass es ein Ziel gibt, das Gefühl, dass man vorwärts kommt. Meine Muskeln brennen und meine Kräfte schwinden, die Sonne geht unter. Selbst in dieser hoffnungslosen Situation vermag ich nicht, mich eines Lächelns zu erwehren bei diesem imponierenden Anblick. Wie lange schon vollzieht sich dieser Zyklus und wie lange wird er es noch tun, auch lange, nachdem das Meer jede Erinnerung an mich verschlungen hat.

Ich lehne mich zurück, ein letztes Mal blicke ich an die Stelle, an der eben noch die Sonne war. Wenn das das Ende ist, nun, es hätte auch weniger schön sein können. Mein Griff lockert sich und ich übergebe Das Ruder in die Obhut des Meeres, ich werde ihm wohl bald folgen.

*Simon Migot*
*Städtische Berufsoberschule, Vorklasse*

## Der Fischer und des Fischers Familie

An einem Montagabend im Sommer dieses Jahres spürte der Fischer Tuan ein Ziehen in seinem Rücken. Der Schmerz wurde immer schlimmer. Anstatt weiterzuarbeiten, ging er zurück zu seiner kleinen Hütte und legte sich hin. Seine Frau Linh kochte ihm Tee und schickte die kleine Tochter Mi zum alten Großvater Loan.

Mit gefurchter Stirn kam dieser angelaufen und erklärte sich bereit, an Tuans Stelle auf Fischfang zu gehen.

Rasch packte Luan die schwere Ausrüstung zusammen und machte sich auf den Weg. Am nächsten Tag ging es Tuan etwas besser. Der Großvater forderte Mi auf, ihn zu begleiten und ihm beim Auswerfen der großen Netze und Ausnehmen der glitschigen Fische zu helfen. Mit ihrem pinken Surfbrett wollte sich Mi aber lieber in die Wellen stürzen. Loan verlangte dann von Linh, ihn bei der Arbeit zu unterstützen. Linh musste sich um ihren Mann, die Hühner, den Verkauf von Eiern und den Haushalt kümmern. Loan wurde zornig und schimpfte: „Als ich noch das Familienoberhaupt war, musste jeder beim Fischfang mithelfen."

Unglücklich zog er alleine los. Er kam mit nur zehn gefangenen Fischen zurück. Tuan schimpfte über die magere Ausbeute, die nicht zum Überleben der Familie reichte.

Daraufhin zog sich Loan traurig in seine Hütte zurück. Linh, Mi und Tuan blieben ratlos und besorgt, aber auch verärgert zurück. Nachdem es Tuan am nächsten Tag nochmals besser ging, beschlossen sie schließlich, den Priester Hong in seinem prächtigen Tempel aufzusuchen und um Rat zu fragen.

Ernst erklärte Hong der Familie: „Die Verantwortung für den Fischfang kann Luan nicht alleine tragen. Er ist zu alt und braucht Hilfe. Tuan ist verletzt und kann die schweren Netze nicht ins Boot ziehen. Mi muss noch zur Schule gehen und Linh hat auch noch andere Aufgaben. Aber Mi kann sich morgens und abends um die Hühner kümmern, Linh kann Luan beim Fischfang helfen und Tuan kann sich um die für den Rücken nicht so anstrengenden Arbeiten wie den Verkauf von Eiern und Fischen und den Haushalt kümmern."

Reumütig begaben sich die drei zum Großvater. Sie hielten sich an den Plan von Hong. In der Hütte des Fischers im Mekong-Delta kehrte Frieden ein. Gemeinsam standen alle vier am Ruder des Familienunternehmens.

*Raphael Grünes*
*Gymnasium bei St. Stephan, Klasse 5d*

## Sommerferien mit Pferden

An einem gewissen Morgen wachte ich völlig durchgeschwitzt auf, ich hatte wieder Albträume gehabt. In diesen Träumen ging es selten darum, dass Monster mich durch die Stadt jagten oder ich von einem Hai gebissen wurde. Ich träumte, dass ich bei meinem ersten Besuch auf der Farm meiner Großeltern von einem Pferd fiel.

„Können wir jetzt endlich los?!" Meine kleine Schwester Jana konnte es kaum noch erwarten loszufahren. „Nein, wir frühstücken jetzt." Der scharfe Ton meiner Mutter ließ sie verstummen. „A-aber – ..." – „Nein!" Als ich dann mein belegtes Brot zu essen begann, krampfte sich mein Magen zusammen. Nur noch diese eine Mahlzeit trennte mich von dem Hof meiner Großeltern. Es drohten die schlimmsten Sommerferien aller Zeiten.

Wir fuhren um 9:30 Uhr los und mein Magen überschlug sich. Autofahren und eine Aussicht auf schreckliche Sommerferien vertrug er nicht. Wir fuhren an unzähligen Häusern und Feldern vorbei und gerade als ich betonen wollte, dass die Landschaft ziemlich flach war, betätigte meine Mutter den Blinker und rief: „Wir sind da!" – „Endlich! Kann ich gleich zu den Pferden?" Jana war ganz heiser vor Aufregung. „Ja, nur nimm Lisa mit!", rief meine Mutter ihr zu, denn sie hatte sich schon abgeschnallt. „Na gut", antwortete ich für sie und folgte ihr. Der frische Gestank von Pferdemist stieg mir gerade in die Nase, als ich um die Ecke einer Stallgasse bog. Das Gebäude war grau getüncht und es waren schwarze Stangen daran befestigt, wahrscheinlich zum Anbinden der Pferde. „Jana! Jana, wo bist du?" Als sie endlich aus dem Schatten trat, ein riesiges schwarzes Pferd an ihrer Seite, überkam mich ein unfassbares Gefühl der Erleichterung. Es ging ihr noch gut! „Nimm Rocky kurz, ich muss mich umziehen." „Aber … – ok". – „Gut, jetzt nimm ihn." Sie wurde zornig. Ich auch, aber das ließ ich mir nicht anmerken. Es würde sowieso nichts bringen, sich zu streiten. Das erste Mal seit einem tragischen Unfall trat ich näher als zwei Meter an ein Pferd heran. Sie überreichte mir die Zügel und ich erstarrte fast vor Schreck. Andererseits war ich auch stolz auf mich und dieser Stolz füllte meinen verkrampften Magen mit einer angenehmen Wärme.

„Absatz runter, Charlotte! Und du, Lisa, genauso!" Ja, ihr habt richtig gehört, meine Reitlehrerin. Sie war ganz nett, aber immer noch eine Reitlehrerin. Meine Angst hatte sich weitgehend gelegt, aber der Grundriss war immer noch da. Das tägliche Training mit Rocky hat sich ausgezahlt. Stella, meine Reitlehrerin, sagte, dass ich bald springen könnte. Es waren die besten Sommerferien!

*Kaja Przybył*
*Jakob-Fugger-Gymnasium, Klasse 5b*

## Geschehen in der Welt

Krieg in der Welt – was ein Jammer,
schon fast wie in einer Folterkammer.
Menschenmengen leiden,
sind dabei fast am Verzweifeln.
Kinder weinen große Tränen,
aufgrund der aktuellen Extremen.
Frauen beten für ihre Männer
und fliehen dabei in andere Länder.
Polen ist komplett überlastet,
die Mengen kommen viel zu überhastet.
Putin gerät komplett außer Kontrolle,
missachtet dabei jegliche Protokolle.
Alle wollen dennoch Frieden,
denn unter Angst lässt sich nicht lieben.

*Katharina Müller, Laura Kabasi und Leoni Hospodarsch*
*Berufsschule V, Klasse ST 10 b*

## Am Ruder

Was plätschert, was kracht
bei Nacht
und Tag,
des Ruderers kräftiger Schlag.
Er fährt geschwind
durch Wellen und Wind,
die Gischt des Wassers macht ihn blind.
Das Kanu bewegt sich wie ein tobendes Rind,
doch der Fahrer sitzt wie angepinnt.
Das Ziel in Sicht. Der Fahrer gewinnt.
Es freut sich sein inneres Kind.

*Florian Salomon und Felix Schlabach*
*Berufsschule VI, Klasse HOL10b*

## Illustration

*Carolin Markgraf*
*Berufsschule II, Klasse DMG10c*

## Bestimmen

bestimmen
Kontrolle haben
der Chef sein
bestimmen, wo es hingeht
kontrollieren

*Emil Freihalter*
*Maria-Theresia-Gymnasium, Klasse 5b*

# Der Affe am Ruder

Ein Affe ist zu alt, um noch Chef zu sein, und er will einen anderen Affen für seinen Job suchen.

Aber es wollen die meisten Affen Chef sein. Also machen die Affen ein Spiel, mit dem sie entscheiden können, wer der neue Chef werden kann. Dann spielen die Affen Verstecken und wer als Letztes gefunden wird, wird der neue Chef sein.

Und dann wollen sie anfangen. Es wird Joni, der Affe, als Letztes gefunden und zum neuen Chef werden.

Die Affen feiern ein kleines Fest für Joni …

*Alba Maria Lupea*
*Birkenau-Grundschule, Klasse 3d*

# Kleines Boot

Kleines Boot in weitem Meer
Tiefe Gedanken auf hoher See
Hinter wilden Wellen kein Land in Sicht
Nicht nur aus der Ferne wirkt alles sehr klein
Weit oben trotzt die Möwe dem Sturm
Der mich schon bald verschlingen wird
Und der kalte Tod ist uns gewiss
Das ist auch schon, was uns verbindet
Vergessen unter tausend Tränen
Wird aller Menschen Zukunft sein
Dreh ich das Fernglas, seh hinein
Ist alles plötzlich ganz weit weg
Denn heute ist heute und morgen ist morgen
Und zerrt die Strömung auch am Kiel
Kann man auf gute Winde hoffen
Und nimmt das Ruder in die Hand

*Nola Suntinger*
*Peutinger-Gymnasium, Klasse 10a*

## Das Ende ist, was wirklich zählt

Sie stand vor ihm. Sie starrte in seine dunklen, düsteren Augen, was ihr Blut erfrieren ließ. Sie zückte ihr Schwert aus der Scheide und hielt es angriffsbereit in der Hand. Dasselbe tat er. Er hielt das Schwert in der Hand, das sie ihm vor sechs Jahren geschenkt hatte. Vielleicht würde sie wegen des Schwerts, das sie geschenkt hatte, umkommen. Sie mochte den Gedanken gar nicht, also drängte sie ihn in die hinterste und dunkelste Ecke ihres Gehirns. Sie atmete noch einmal tief ein und spürte die Erde unter ihren Füßen. Sie beachtete ein letztes Mal die hohen Baumkronen über ihr, die ihr keinen Blick auf den Himmel ließen. Die Flussgeräusche von dem Fluss hinter ihr könnten beruhigend sein, falls sie nicht jemanden umbringen müsste. Oder selber sterben müsste. Dann ging er auf sie los, doch sie sprang nach links und somit floh sie vor dem Angriff. Er stolperte ein bisschen, doch ganz bald stand er wieder auf seinen Beinen und rannte auf sie los. Dieses Mal wehrte sie den Angriff mit ihrem Schwert ab. Er benutzte genau dieselben Kampftechniken, die sie ihm vor sechs Jahren beigebracht hatte, doch er hatte sich verbessert. Sie musste sich konzentrieren und nicht ablenken lassen. Sie kämpften weiter, bis ihr Schwert unter seinem Kinn landete. „Ich will dich nicht töten. Lass es sein!", brachte sie heraus. Doch er hörte nicht auf sie und schlug das Schwert weg von seinem Hals und kämpfte weiter. Früher versteckte er sich hinter ihrem Rücken, wenn es Kämpfe gab, doch jetzt kämpfte er gegen sie. Sie wehrte alle seine Angriffe ab, doch plötzlich stolperte sie wegen eines großen Steins und landete auf dem Boden. Ganz schnell drehte sie sich um, um aufzustehen, doch er stand über ihr und zielte sein Schwert auf ihren Bauch. Sie wartete, dass er zustach, doch er zögerte. Hoffnung stieg auf in ihrem Körper. Sie dachte, sie würde das alte Er wiedersehen, das Er, das immer in Kissenschlachten gegen sie gewonnen hatte; der sich eine Schlacht nur an ihrer Seite vorstellen konnte; der sein Leben für sie geopfert hätte. Doch sie lag falsch. Sie lenkte sich die ganze Zeit selber ab, um ihn nicht töten zu müssen. Sie musste Kontrolle behalten über ihre Gedanken. Er hob sein Schwert, um zuzustechen, doch sie rollte auf die Seite. Sie wusste, sie musste am Ruder bleiben und Gedanken zurückdrängen, doch es war schwer. Sie wollte ihn nicht angreifen, doch es gab keine andere Option. Einer musste umkommen. Sie schlug unzählige Male zu und kämpfte zurück, bis sie sein Schwert aus seiner Hand in die Büsche schlug. Er stand unbewaffnet da, mit Angst in seinen Augen. Sie durfte nicht schwach werden. Jemand musste sterben. Sie musste am Ruder bleiben.

„Lass mich raten – du bist zu schwach?" Er lachte.

Er hatte recht. Sie konnte es nicht über sich bringen, ihn zu erstechen. Sie glaubte immer noch, das alte Er war in ihm, doch das Ende ist, was wirklich zählt. Plötzlich tat sie etwas, was sie nicht dachte, dass sie machen würde. Sie schloss ihre Augen und sagte ihre letzten Worte: „Ich werde es nicht zulassen, dass du einen großen Fehler begehst, der das Leben hunderter anderer Menschen beeinflussen wird, nur weil ich zu schwach war." Sie stach zu, aber wusste nicht, wo. Danach rannte sie weg, hinaus aus dem Wald. Sie wusste nicht, ob sie stolz sein sollte, dass sie am Ruder geblieben war und ihre Gedanken die letzten Minuten unter Kontrolle behalten hatte, oder sich schuldig fühlen sollte, weil sie ihm keine zweite Chance gegeben hatte. Doch sie hatte gewonnen und damit wahrscheinlich viele andere Leben gerettet, die von seinem Fehler ruiniert worden wären.

*Melis Kayacik*
*Rudolf-Diesel-Gymnasium, Klasse 9a*

## Der Fußballer

Hallo, ich bin Daniel O. und ich spiele Fußball. Ich liebe Fußball über alles. Ich spiele seit zehn Jahren und bin Stürmer und schieße Tore. Ich bin richtig gut und spiele in einer Mannschaft mit. Wollt ihr wissen, wie die Mannschaft heißt? FC Lakaka.

Während des letzten Trainings hat es stark geregnet und ich habe mich erkältet. Ich lag mit einer Grippe krank im Bett. Nach einer Woche war ich endlich wieder gesund. Später hatte ich wieder Fußballtraining. Ein neues Mädchen hat bei meiner Mannschaft mitgespielt. Ihr Name ist Clara. Ich fand sie von Anfang an richtig gut. Clara ist auch Stürmerin, so wie ich. Ich glaube, sie kann richtig gut Fußball spielen. Nach dem letzten Training hat sie gefragt, ob wir uns mal auf ein Eis treffen. Darüber habe ich mich sehr gefreut und natürlich sofort ja gesagt! Am letzten Sonntag war ein wichtiges Fußballspiel gegen den FC Hochzoll. Ich habe Clara den Ball zugepasst und in der letzten Sekunde des Spiels hat sie das entscheidende Tor geschossen und wir haben gewonnen! Der FC Hochzoll hatte nur acht Tore und wir, der FC Lakaka, hatte neun Tor geschossen. Wir haben gejubelt und Clara und ich waren die Stars! Zur Belohnung haben Clara und ich einen Hund vom Trainer bekommen. Also genau genommen einen Gutschein, dass wir uns einen Tag um den Hund des Trainers kümmern dürfen. Ich liebe Hunde mindestens so arg wie Fußball, deshalb freue ich mich riesig darüber! Und Clara mag Hunde auch. – Ich glaube, das ist ein gutes Zeichen!

*Daniel Oks*
*Pankratiusschule, Klasse 5a/6a*

## Die Kanu-WM der Tiere

(Dialog)
VORSTELLUNG:
Schwein= Kanu-Fahrer, Feind von Frosch
Frosch= Kanu-Fahrer, Feind von Schwein
Katze= Schiedsrichter
Pferd= Sprecher
Ente= Doktor
Esel= Kanu-Fahrer, KEIN Feind von Frosch und Schwein

Schwein: Ich werde gewinnen, du kleiner Frosch!
Frosch: Ha, davon träumst du wohl!
Schwein *(hält sich lachend den Bauch):* HA, HA, HA, HA!
Katze *(kommt anstolziert):* Müsst ihr immer streiten?
*Schwein und Frosch nicken.*
Katze: Es ist doch egal, wer gewinnt – Hauptsache, man hat Spaß!
Schwein: Ich möchte aber GEWINNEN!!!
Pferd: Kanu 1 mit Frosch BITTE an den Start, Kanu 2 mit Schwein aufwärmen!
Frosch *(springt ins Kanu, und lacht):* Ich werde GEWINNEN, sonst keiner.
*Schwein schaut zähneknirschend hinterher.*
Katze: Auf die Plätze, fertig, los!
*Frosch schießt im Kanu los.*
Pferd: Er schießt ins Ziiiiiiieeeeeelllllll! Und die ZEIT ist 2 Minuten und 3 Sekunden.
Frosch *(jubelt):* Das ist ein NEUER Rekord in der Familie!
Pferd: Jetzt ist das Kanu 2 mit Schwein, Kanu 3 mit Esel aufwärmen.
*Schwein macht sich bereit.*
Katze: Auf die Plätze, fertig, los!
*Schwein fährt mit Karacho los, in der Mitte der Bahn fällt es aus dem Kanu.*
Frosch springt ins Wasser und paddelt mit Leibeskräften los.

Pferd: Liebe Damen und Herren, wir machen eine Stunde Pause.

Frosch: Ich kann es NICHT finden!

Katze: Tauche nochmal runter, es ist dort drüben untergegangen.

*Katze zeigt zum Kanu. Frosch taucht und erkennt das Schwein. Ohne zu über-legen, packt er es am Bauch und schleppt es an Land, wo der Doktor Ente schon wartet.*

Ente: Guten Tag, Frosch! Schön, dich zu sehen, obwohl es mir lieber wäre, ich würde dich ohne Verletzten sehen. GACK, GACK, GACK!

Schwein *(nachdem es wieder zu sich gekommen war):* Wer hat mich gerettet?

Ente: Der Frosch!

Schwein *(schaut sehr erstaunt):* ECHT?! Obwohl wir Feinde sind? Danke, LIEBER FROSCH!!!

Frosch: BITTE!

Schwein: Wollen wir Freunde sein?

Frosch: KLAR!!! Und nächstes Mal nehmen wir das Zweier–Kanu.

Pferd: Und jetzt, meine Damen und Herren, wollen wir weitermachen.

*Anna Berchtenbreiter und Katharina Geislinger*
*Maria-Theresia-Gymnasium, Klasse 5c*

# Von Verantwortung, Kontrolle und Macht

Wenn man am Ruder ist,
hat man Verantwortung,
wenn man anfängt, Verantwortung zu übernehmen,
dann lernt man mit Verantwortung umzugehen,
wenn man mit Verantwortung umgehen kann,
hat man Kontrolle,
wenn man über etwas Kontrolle hat,
entwickelt sich Macht,
wenn man Macht hat,
kann man diese für Gutes nutzen,
aber auch missbrauchen,
wenn man Macht missbraucht,
missbraucht man Vertrauen,
wenn man Vertrauen von Menschen missbraucht,
wird einem nicht mehr vertraut,
wenn einem nicht mehr vertraut wird,
verliert man das Ruder,

wenn man das Ruder verliert,
kann man ALLES VERLIEREN.
Ist Verantwortung wirklich gut für mich?

*Letizia Roos, Mia Kraus und Svea von Engeström*
*Gymnasium bei St. Stephan, Klasse 7a*

## Der nasse Bootgang

1. Das Wasser strömte wie der Wind
und das Kanu lief geschwind
in der Strömung wie ein Gang.
2. Kleine Steine rollten reine
am Boden sanft und schnell entlang.
Die Dämmersonne strahlte helle
hing am Himmel, verbreitete Grelle
und das Boot im Wasser lag,
sie schien so hell den ganzen Tag.
3. Während ich ans Ufer sah,
wo ein frommes Rehlein war,
aber in der gleichen Zeit
kippte meine Wenigkeit
direkt ins kühle Wasser rein
und mein ganzes Tuchgewand
hing klitschnass in meiner Hand.
Wie langsam der Mond das „Hell" bedeckte
und in mir das „Müde" weckte

*Karl Merk*
*Gymnasium bei St. Stephan, Klasse 7a*

## Am Ruder

„Du schaffst das, wir glauben an dich!" Immer wieder hörte ich aufbauende Worte von meiner Familie. Mein Herz pochte rasend schnell gegen meinen Brustkorb und Schweißperlen tropften im Sekundentakt von meiner Stirn herunter. Nicht loslassen, ich durfte einfach nicht loslassen. Das Meer erschien wie eine endlose blaue Welt, in der kein Land in Sicht war. Immer wieder schwappte neues Wasser aus den schäumenden Wellen in unser hölzernes Boot. Ich hielt die beiden Ruder noch fest in meinen Händen, doch merkte ich, dass mir langsam die Kraft ausging. Seit gefühlten Ewigkeiten fuhren wir mitten auf hoher See herum und noch immer keine Hilfe in Sicht. Vor ungefähr einem Tag hatte unsere Jacht einen großen Motorschaden gehabt, weswegen wir nun hier auf dem Notfallboot festsaßen. Nur der Gedanke, meine Familie zu schützen, hielt mich davon ab, die beiden Ruder loszulassen. Die Wolken am bis eben noch beruhigend blauen Himmel zogen zu. Ich spürte den kalten Regen auf meiner salzigen Haut und wusste, dass ein Unwetter unser Ende bedeutete. Ich als Familienvater fühlte mich sehr schuldig an der Situation, in die ich meine Familie gebracht hatte. Der anfangs harmlose Regen entwickelte sich zu einem starken Gewitter. Ein Donnerschlag. Vor Schreck fielen mir die beiden Ruder aus der Hand und eine Welle schlug direkt in mein Gesicht. Die aggressiven Wellen übertönten das Geschrei meiner Familie. Doch dann – wegschauen! – plötzlich wie aus dem Nichts ein großes Licht vor meinen brennenden Augen.

*Elena Heier*
*Maria-Theresia-Gymnasium, Klasse 8c (Schreibwerkstatt)*

## Am Ruder — Kontrolle über den Verstand

Angst zu haben, ist normal,
negative Gedanken und der Verstand machen dein Leben zur Qual.
Du fürchtest dich vor dem nächsten Schritt,
Körper, Geist und Seele – ihr seid zu dritt.
Die Angst lässt deinen Puls steigen,
im Moment nicht den richtigen Weg zeigen.
Konditionierungen der Vergangenheit übernommen,
dadurch siehst du die Dinge verschommen.
Bis du deinen Verstand unter Kontrolle hast,
erst dann verschwinden die Angst und deine Last.
Akzeptiere dich selber und deinen innerlichen Schrei,
löse dich von Ängsten und du bist frei.

*Resul Kösem, Kerim Zoroglu, Bleron Sadiku und Michail Kougioumtzidis*
*Städtische Berufsoberschule, Vorklasse*

## Illustration

*Jessica Lang*
*Berufsschule II, Klasse DMG10c*

## Marsmission 1

Datum: 22.02.2022
Marsmission 1

„Ten, nine, eight, seven, six, five, four, three, two, one, zero!", ertönte eine Stimme aus den Lautsprechern. An Bord befanden sich John, Alex und ich. Wir waren drei Astronauten auf der Reise zu dem Planeten, der nach dem Kriegsgott Mars benannt wurde. Es war das Jahr 2761, am 15. September. Ich freute mich richtig auf meinen ersten Ausflug mit einer Rakete.

Wir werden ohne Zwischenfälle auf der Marsoberfläche landen können. Dachten wir.

„Na, läuft doch!", hörten wir die Bodenstation in unseren Helmen. Wir flogen viele, sehr viele Stunden ohne besondere Ereignisse. Irgendwann gingen wir schlafen. Ich konnte leider nicht sagen, wie spät es war, denn im Weltraum fühlt sich die Uhrzeit ganz anders an. In einer Rakete schnallt man sich zum Schlafen an, damit man sich nicht irgendwo den Kopf anhaut. Plötzlich zuckten Blitze über den Himmel. Ich erinnerte mich aber zum Glück noch an meine Abreise, als mich ein erfahrener Astronaut schon davor gewarnt hatte, denn das ist ein Effekt der Schwerelosigkeit. Wir flogen noch einige Tage, bis irgendwann die Oberfläche des roten Planeten in Sicht kam. Alex und ich stiegen in die Landefähre um. Alex rief freudig in meine Richtung: „Auf diesen Moment habe ich lange gewartet!" Ich nickte nur in seine Richtung, denn ich hatte so ein Kribbeln im Bauch, dass ich wahrscheinlich eh nichts hätte sagen können. Eine kurze Strecke vom Mars entfernt riss ich aus Versehen einen Knopf ab, der den Mechanismus zum Landen zündete. Wir standen enorm unter Zeitdruck und hatten keine Ahnung, wie wir die Landefähre sicher auf den Mars bringen sollten. Wir überlegten fieberhaft. Plötzlich kam ich auf eine grandiose Idee: Wir stecken einfach einen Kugelschreiber in das Loch. Der ersetzt dann den Druckknopf. So konnten wir tatsächlich den Mechanismus betätigen und die Igle, so hieß die Landefähre, sicher auf die Oberfläche des Planeten bringen. Zum Glück! Auf dem Mars machten wir wie vorhergesehen viele Experimente.

Einige Tage später dockten wir erfolgreich an das Mutterschiff an. Wir hatten noch viele Tage Flug vor uns, doch zu Hause, auf der Erde, wurden wir wie Helden gefeiert.

*Matti Brousek*
*Jakob-Fugger-Gymnasium, Klasse 5b*

### Es geht wieder los

Es geht wieder los,
nur was genau, frag ich mich bloß,
eine WM wurde mir gesagt,
dort sind alle sehr begabt!
Ich geb euch einen kleinen Tipp,
in ganz Augsburg ist's ein großer Hit,
gegen die Strömung kämpft man an,

und battelt sich um einen Rang.
Du brauchst Kontrolle übers Wasser
und von Tor zu Tor wird es noch krasser!
Im Slalom werden die Wellen gebrochen,
es wird ein Erlebnis, das ist versprochen!
Wisst ihr nun, um was es geht?
Ich hoff', dass ihr es alle seht!
Es ist nun kein Tabu,
die Weltmeisterschaft im Kanu!

*Franka Friedrich*
*Berufsschule II, Klasse DMG11C*

## Tagebuch von Juliana am 13.01.2022

Hi, Tagebuch,
ich war gestern mit meinen Freundinnen beim Paddeln, ich habe also nicht mehr geschrieben, weil ich nicht zu Hause war. Wir waren bei der Kanu-WM Augsburg. Wir haben uns immer abgewechselt, wer am Ruder sitzen durfte. Ich habe mich als Erste getraut, weil die anderen sich nicht getraut haben, Erste zu sein. Mir hat es sehr Spaß gemacht! Es gab große Wellen und große Strömungen. Zum Glück hatten wir unsere Schwimmwesten an, denn wir sind am Anfang oft ins Wasser gefallen. Nach einiger Zeit hatten wir alle Hunger, dann sind wir zurückgepaddelt und haben Pommes gegessen. Dann haben wir ein bisschen gewartet und sind wieder gefahren. Das Wasser war eisig kalt. Nach dem Paddeln sind wir zu einer Freundin gegangen und haben dort gespielt, danach gab es Abendessen und dann mussten wir uns schon für's Bett fertig machen, weil ich bei ihr übernachtet habe.
Es ist schon spät.
Gute Nacht, bis morgen, Tagebuch!
Juliana

*Juliana Köhler*
*Maria-Ward-Realschule, Klasse 6a*

# Der Betrüger ist am Ruder

„Am Ruder sein, was bedeutet das für Sie?" Mit diesen Worten beendete Chris Taylor seine Rede zum gefühlt hundertsten Mal. Der angesehene und erfolgreiche CEO einer führenden Automarke berichtet in seinen weltweit regelmäßigen Motivationsreden davon, wie es zu der siebenstelligen Summe auf seinem Konto gekommen ist. Die Kleinunternehmer, die seine Vorstellungen besuchen, sind immer wieder sprachlos. Die Haltung, die Stimme, das Gesicht, einfach alles an Mr. Taylor scheint in ihren Augen perfekt. Doch was sie nicht wissen: Der fehlerlose Mann auf der Bühne ist nicht der, für den sie ihn halten. Seinen Erfolg verdankt er nicht der „harten Arbeit", die sowieso nur als Fassade dient, sondern seiner Motivations- und Manipulationsgabe, die er von seinem Vater, einem Hypnotiseur, erlernt hat.

Doch wie genau setzt er seine Techniken ein? Nun ja, seinen Geschäftspartnern macht er falsche Versprechungen und überzeugt mit seiner Redekunst. Diese wendet er auch bei seinen Zuhörern an und tischt ihnen zugleich willkürliche Lügen auf. Wer hört einem reichen, charismatischen und zugleich attraktiven jungen Mann nicht gerne dabei zu, wie man es schafft, eine Führungspersönlichkeit in der Arbeit und auch privat zu werden? Da ist es einem egal, wie teuer die einstündigen, sinnlosen Reden sind. Alle wollen so sein wie er. Man sieht ihm die Entspannung an; Von dieser kann man nur träumen. Die stimulierende Musik im Hintergrund einer jeden Sitzung gibt den Leuten das Gefühl, genauso entspannt, reich und perfekt zu sein.

Die Anerkennung fließt ihm nur so in die Taschen. Allein durch seine Reden verdient er jährlich etwa eine Millionen Euro, doch dieses Ergebnis erzielen die Menschen trotz Taylors Tipps nicht. Den Glauben an ihn und an seine Erfolgsgeschichte geben sie aber immer noch nicht auf. Sie realisieren nicht, dass Chris Tylor sie belügt, betrügt und sie bis auf den letzten Cent ausnimmt. Sie begreifen nicht, dass er derjenige ist, der sie blind durch ihr Leben führt. Sie merken nicht einmal, dass er die Taktik, die er in seinen Reden erklärt, genau in diesem Moment beim Publikum anwendet. Sollten sie es aber je bemerken, ist er schon über alle Berge und hat sich seinen Lebensunterhalt gesichert. Er ist das beste Beispiel für seine Theorie, die er den Zuhörern vermitteln will: Chris Taylor, der reiche Betrüger, ist am Ruder!

*Melin Khoshnaw*
*Maria-Theresia-Gymnasium, Klasse 10c*

## Die Kontrolle des Lebens

Wichtig im Leben ist zu unterscheiden, wer die Kontrolle wirklich hat. Hat man sie selbst und damit komplett sein Leben in der eigenen Hand oder sind wir nur Marionetten? Marionetten, die von anderen kontrolliert werden, wie in einem Drehbuch aus einem Theater.

Wer zieht am Ende die Strippen und wie viel haben wir wirklich zu sagen? Sind wir wirklich so frei, wie es scheint oder trübt der Schein? Denn im Endeffekt ist nur eine Sache wichtig: nur dass wir uns eingestehen, dass wir alle Menschen gleich sind. Egal, ob reich oder arm. Egal, welcher Herkunft, Religion oder sonstigen wichtigen Eigenschaften, die einen Menschen ausmachen. Es ist egal, in welchen Situationen wir stecken und wie sehr wir das Ruder beherrschen, denn wir müssen zugeben, dass nicht jeder die Möglichkeit hat, das Ruder über sein Leben zu übernehmen.

*Roshan Hasso und Michelle Graf*
*Berufsschule V, Klasse St10B*

## Frida und Knuddel — Freunde fürs Leben

Es war ein sonniger Tag im Kirschbaumweg 18. Die großen Ferien waren gerade angebrochen. Als Frida sich am Morgen wie immer die Zähne putzen wollte, hörte sie ein komisches Geräusch im Garten, aber sie beachtete es nicht weiter. Sie dachte eher an Lisa, ihre beste Freundin: Sie fliegt gerade nach Spanien mit ihrer Familie und ihre Eltern sieht sie kaum noch. Das ist voll blöd! Wenn meine Eltern wieder mal weg sind, habe ich immer noch meine beste Freundin Lisa. Aber jetzt habe ich niemanden mehr! Seitdem Papa den neuen Job hat, ist er ganztags in der Arbeit und bei Mama ist es genauso. Frida war echt einsam und allein. Sie hatte das Gefühl, dass gerade alles aus dem Ruder lief.

Auf einmal wurde sie aus ihren Gedanken gerissen. Sie hörte ein Quieken und gleich darauf folgte ein seltsamer Schrei. Er wurde immer lauter! Frida bekam richtig Panik. Sie wusste nicht, was sie tun sollte. Ihre Mutter konnte sie nicht anrufen. Sie war in einer Ganztagsbesprechung und hatte Fridas Handy gesperrt. So ein Mist! ‚Wenn ich nur Papa anrufen könnte! Aber jetzt habe ich kein Handy', schoss es Frida durch den Kopf. Das Schreien wurde immer lauter und lauter! Frida lief ein kalter Schauer über den Rücken. Ihr war klar, dass sie nicht nur herumsitzen und warten konnte. Sie musste etwas unternehmen! Also nahm sie ihren Mut zusammen, öffnete das Fenster und lugte über den Fenstersims. Sie erstarrte. Ein Fellknäuel lag mitten im Garten. Von da kamen die Geräusche. Frida konnte zuerst nicht sehen, was das war. Doch dann erkannte sie, dass dieses arme Geschöpf eine Katze war.

Plötzlich verschwand Fridas Angst. Jetzt schrie das Tier noch mehr! Natürlich rannte Frida nach draußen in den Garten und ging auf das hungrige, flohbefallene Geschöpf zu. Ihr langes Fell war dreifarbig: braun, grau und weiß. An den Ohren hatte sie Pinselhaare. Die Katze zitterte. Als sich Frida der Katze näherte, fauchte sie sie an und wollte sie beißen und kratzen. ‚Was soll ich denn nur tun?‘, fragte sich Frida.

Doch dann fiel es ihr schlagartig ein. Sie hatte gerade gestern eine Tierdoku über Katzen gesehen. Dort wurde gezeigt, dass sich die Tiere beruhigen, wenn man leise mit ihnen spricht. Insgeheim dachte sie sich, dass es einen Versuch wert sei. „Hey, ich heiße Frida. Und wie heißt du?" Frida war klar, dass die Katze nicht antworten würde, aber sie fragte weiter: „Wieso bist du denn ganz allein hier? Wo ist deine Familie?" Plötzlich geschah etwas Überraschendes. Die Katze miaute sie an und tapste ihr entgegen. Frida streichelte sie sanft und entschied sich, ihr einen Namen zu geben. „Knuddel, so nenne ich dich." Frida nahm die Katze in den Arm und trug sie ins Haus. Knuddel ließ es geschehen.

Im Haus angekommen, überlegte sie, was sie Knuddel zum Fressen geben könnte. Da waren doch noch Hähnchenreste von gestern Abend übrig und etwas Milch. Also trug Frida die Katze in die Küche, um sie zu füttern. Während Knuddel fraß, überlegte Frida mit Schrecken, wie sie es ihren Eltern beichten sollte, dass sie eine Katze ins Haus gelassen hatte. Ihre Eltern wollten nicht, dass Frida ein Haustier bekam, weil sie noch zu jung dafür war. Vielleicht sollte ich Knuddel im Keller verstecken, wenn meine Eltern nach Hause kommen, und die Katze erst wieder rauslassen, wenn sie in der Arbeit sind. Nachdem Knuddel die Mahlzeit aufgefressen hatte, schaute sie sich im Haus um. Frida trug alte Decken, Kissen und Handtücher in den Waschkeller und machte Knuddel ein Bettchen.

Bis zum Abend spielte Frida mit Knuddel im Garten. Plötzlich sah sie, wie das Auto ihrer Eltern um die Ecke bog. Instinktiv packte Frida die Katze und brachte sie gerade noch rechtzeitig in den Keller. Kurz darauf öffnete sich die Haustür und ihre Eltern kamen nach Hause. Eigentlich begrüßten sie Frida, wenn sie heimkamen, aber heute waren ihre Eltern so gestresst von der Arbeit, dass sie keinen Ton herausbrachten. Frida war so glücklich über die Katze im Keller, versuchte aber gleichzeitig. ihre Freude zu verbergen.

Fridas Mutter jammerte genervt: „Das auch noch! Kaffee auf meiner Lieb-
lingsbluse! Jetzt kann ich auch noch waschen." Schnurstracks ging sie
in den Waschkeller, bevor Frida nur piep sagen konnte. ‚Oh nein, jetzt
kommt alles zum Vorschein', dachte Frida. Sie folgte ihrer Mutter, die gerade die Türe zum Kellerzimmer öffnete. Frida wollte sie noch aufhalten,
doch da war es schon geschehen. Ihre Mutter ging in die Waschküche,
Knuddel sprang ihr entgegen und Frida schrie auf, als ihre Mutter verängstigt rief: „Was ist das denn schon wieder?" Fridas Vater kam angerannt
und beide blickten ungläubig auf das Tier. Ihr Vater sagte streng: „Was
hast du dir dabei gedacht? Wir hatten dir ausdrücklich verboten, ein Tier
mit ins Haus zu nehmen!" Fridas Mutter war starr vor Entsetzen. Fridas
Vater rief weiter: „Wem gehört dieses Tier? Wir müssen es sofort zurückbringen."

Frida ließ alles über sich ergehen und hoffte, Knuddel behalten zu dürfen.
Doch dann meldete sich auch ihre Mutter zu Wort: „Wir müssen den
Besitzer finden. Ich rufe beim Tierarzt und bei Tasso an, ob jemand seine
Katze vermisst." Da schrie Frida: „Ihr dürft mir Knuddel nicht einfach so
wegnehmen!" Aber ihre Eltern hörten sie nicht, sie waren schon beim
Telefonieren. Frida weinte vor Wut.

Eine Stunde später verkündete Fridas Mutter, dass Knuddel ins Tierheim
kommen würde, und zwar heute noch. Frida war so traurig und wütend
auf ihre Eltern. Ihr Vater packte Knuddel in einen Karton und brachte
ihn ins Auto. Knuddel miaute herzzerreißend. Fridas Mutter bat Frida, mit
ins Auto zu steigen, um die Katze zu beruhigen. Als sie schon ein paar
Minuten unterwegs waren, fluchte Fridas Vater und antwortete auf die
verwunderten Gesichter von Frida und ihrer Mutter: „Der Tank ist bald
leer. Wir müssen sofort zu einer Tankstelle fahren. Das auch noch!" Plötzlich sprudelte es nur so aus dem Mädchen heraus: „Ihr seid so gemein!
Nie tut ihr etwas für mich. Lisas Eltern sind jetzt gerade mir ihr im Urlaub
und ihr seid fast immer in der Arbeit und nie zu Hause. Jetzt, wo ich einen
Freund gefunden habe, wollt ihr mir den auch noch wegnehmen. Das
ist so gemein! Und noch etwas: Wenn ihr nur verstehen würdet, wie ich
mich fühle, wenn ich früh morgens aufstehe, wie immer allein bin und
denke, dass ihr mich gar nicht mehr lieb habt, weil ihr ja nie da seid.
Ich kann nicht glauben, dass ihr mir Knuddel wegnehmen wollt." Mehr
konnte Frida nicht mehr sagen, weil sie vor Wut heulte. Fridas Mutter
sagte erschrocken: „So haben wir das noch gar nicht gesehen."

Bis Fridas Vater an der Tankstelle ausstieg, sprach keiner mehr ein Wort.
Nur Knuddel miaute jämmerlich in seinem Karton. „Das hättest du uns

früher sagen sollen, Frida", seufzte ihre Mutter. „Wann denn? Ihr seid doch nie da und wenn, dann seid ihr genervt!" Gleich darauf stieg Fridas Vater mit einem nachdenklichen Gesicht ins Auto. Frida gab auf. Sie wusste, dass sie ihre Eltern nicht mehr davon überzeugen konnte, Knuddel zu behalten. Fridas Papa startete den Motor und fuhr los. Aber statt den Weg zum Tierheim zu nehmen, fuhr er in die entgegengesetzte Richtung nach Hause. Frida und ihre Mutter waren verwundert. „Papa, wo fährst du hin?" Fridas Vater antwortete: „Ich mache dir einen Vorschlag, Frida. Wenn du die Katze unbedingt behalten willst, probieren wir es. Was hältst du davon, Schatz?" „Ich halte das für eine sehr gute Idee, wenn Frida auf die Katze aufpasst und sie versorgt", antwortete Fridas Mutter erleichtert. „Das wäre einfach wundervoll!", schrie Frida. Sie fühlte sich so glücklich wie schon lange nicht mehr. Als hätte Knuddel alles verstanden, miaute er freudig in seiner Kiste.

Eine Woche später kam Lisa zu Besuch. Sie war gerade aus Spanien zurückgekommen und konnte es kaum erwarten, Knuddel zu sehen. „Ich möchte unbedingt auch so eine Katze haben, sie ist so süß!", rief sie. Frida lachte. Sie war überglücklich und hatte das Gefühl, endlich das Ruder in der Hand zu haben.

*Viktoria Langenmair*
*A. B. von Stettensches Institut, Klasse 5b*

## Das Lebensruder

A.   Ein Lebensruder ist zwar etwas anderes als ein Bootsruder, aber ist dennoch wichtig.

B.   Ein Freund könnte so ein Ruder sein. Er lenkt uns von Einsamkeit weg und zur Freude hin.

C.   Mit Eltern und Verwandten ist es genauso.

D.   Sogar mit Lehrern: Sie lenken uns zu einem gutem Job.

E.   Schlechte Freunde sind schlechte Ruder: Sie lenken von der Freude ab und lenken uns über gefährliche Wellen in die Einsamkeit, sie lassen Leute im Stich.

*Frederik Weterings*
*Gymnasium bei St. Stephan, Klasse 6a*

# Die überraschende Wendung

Schritte, Stimmen
und diese herrliche Luft.
Wir waren wirklich hier. Es war wie ein Traum.

Ich war mit meinen beiden besten Freunden zu einer schönen Wanderung in die Berge aufgebrochen. Es war unfassbar, mit Juri und Emil hier zu sein und den erhabenen Ausblick zu genießen. Über uns gab es nur noch den Himmel und zarte Schleierwolken.

Ich munterte meine Weggefährten auf: „Wir müssen los! Wir haben noch viel vor uns."

Also gingen wir zügig weiter. Nach einiger Zeit standen wir vor einem steilen Felsvorsprung, den wir bezwingen wollten. Wir seilten uns an und kletterten los. Ich voran.

Es war ein beschwerlicher Weg auf den Felsen. Als wir oben waren, sahen wir unsere Gaststätte ganz klein in der Ferne liegen. Auf dem weiteren Weg mussten wir noch eine Schlucht überqueren, durch die ein klarer und kalter Gebirgsfluss plätscherte. Ich hatte Gänsehaut beim Anblick der steilen Felsen und wusste nicht, ob ich das wirklich wagen sollte. Wir drei sprachen uns Mut zu, klopften uns auf die Schultern und stiegen los. Als wir fast angekommen waren, riss das Seil an der Stelle, an der meine Freunde hingen.

In der ersten Schrecksekunde dachte ich, die beiden nie wieder zu sehen. Meine Freunde habe ich noch nie so verzweifelt schreien gehört. Instinktiv griff ich Juris Hand und hielt ihn fest. Zum Glück packte Juri noch Emils Fuß. So konnte ich alle hochziehen. Mit letzter Kraft hatte ich das Ruder noch einmal herumgerissen.

Der Schreck stand uns allen ins Gesicht geschrieben. Wir nahmen uns an der Hand und stiegen langsam, Schritt für Schritt, ins Tal hinab. Endlich kamen wir in unserer Herberge an und
waren zu nichts anderem mehr fähig, als uns ins Bett zu legen.
Und hinter der Tür,
Schritte, Stimmen
und diese wohlige Luft.

*Samuel Anijs*
*Maria-Theresia-Gymnasium, Klasse 5b*

# „Am Ruder" mit meiner Familie

Zuerst stellte ich mir die Frage: Wer übernimmt alles in meinem Umfeld das Ruder? Dann stellte ich fest, dass es ganz schön viele sind.

Ich fange da am besten bei meinem Papa an. Der übernimmt das Ruder in seiner Firma. Ohne ihn würden seine Mitarbeiter keine Arbeit haben und seine Kunden keine sauberen Fenster. Außerdem verdient er für uns das meiste Geld. Ohne ihn könnten wir drei Jungs keine Hobbys haben, nicht in den Urlaub fahren, hätten nicht genug zu essen und noch viele anderen Dinge nicht. Danke, Papa, dass du hier das Ruder übernimmst.

Da ist ja noch meine Mama, die das Ruder zu Hause übernimmt. Ohne sie würde Chaos bei uns zu Hause herrschen. Alleine schon alle Termine von fünf Menschen im Griff zu haben, Haushalt, dann arbeitet sie auch noch, kocht jeden Tag leckeres Essen für uns und versucht, all unsere Wünsche zwischendrin auch noch zu erfüllen. Danke, Mama, dass es dich gibt.

Meine beiden größeren Brüder Tim und David übernehmen auch gerne das Ruder. Vor allem wissen sie immer alles besser als ich. Das nervt schon sehr. Aber trotzdem bin ich sehr dankbar, die beiden zu haben. Ohne sie wäre es ganz schön langweilig.

Und zum Schluss da bin auch ich noch, der gerne als Kleinster das Ruder übernimmt. Beim Spielen übernehme ich am liebsten das Ruder und möchte, dass alles so läuft, wie ich es haben möchte, und am besten ist es auch, wenn immer ich gewinne. Ich bin gerade im Übertrittsjahr. Wenn es nach meiner Mama gehen würde, würde sie mich am liebsten auf die Franz von Asissi schicken. Nicht weil meine Noten schlecht sind (ich bin genauso gut wie meine beiden älteren Brüder und die sind auf dem Gymnasium), sondern weil sie mich beschützen möchte. Sie sieht, was meine beiden älteren Brüder alles tun müssen und dadurch kaum noch Freizeit haben. Aber meine Lehrerin Frau Werle gab mir den letzten Schubser, es auch ohne die Zustimmung meiner Eltern zu probieren. Bei meiner Schulwahl übernehme ich das Ruder und nicht meine besorgten Eltern. Darauf bin ich sehr stolz.

Egal, wer das Ruder am Ende übernimmt – jeder sollte sein Bestes tun, egal, ob er selbst am Ruder ist oder geleitet wird.

*Simon Wagner*
*Lichtenstein-Rother-Grundschule, Klasse 4*

# Ein Ruderer mit vielen Aufgaben

Ein Vereinsvorsitzender ist in meinen Augen die Person, die im Verein das lenkende Ruder in der Hand hat. Er ist der Verantwortliche für viele Bereiche wie Kader, Finanzen, aber auch der Ansprechpartner für Mitglieder, Sponsoren und Fans. Auch in schwierigen Zeiten muss er sich rechtfertigen, verteidigen und auf Kritik eingehen. Jederzeit muss er die Kontrolle behalten und für ein gutes Klima im Verein sorgen! Zudem leitet er die Vertragsverhandlungen mit den Spielern und Trainern und ist zugleich für das Wohlbefinden jedes Einzelnen zuständig! Häufig wird dabei der Druck, der auf den Verantwortlichen liegt, gar nicht öffentlich, stattdessen zeigen sich die Personen dort als abgeklärt und souverän.

Ich persönlich als großer Augsburger Eishockeyfan kann mir gut vorstellen, unter welchem Druck die Verantwortlichen vor Ort arbeiten müssen. In der jetzigen schwierigen Zeit, in der es für jeden Einzelnen schon schwer ist, kann man sich einmal in die Lage versetzten, wie es sein muss, der Verantwortliche eines großen Vereins mit vielen Sponsoren und Mitgliedern zu sein! Ich möchte aufgrund der vielen Herausforderungen nicht in der Lage sein, diese Verantwortungen zu tragen. Noch dazu steht man bei den Fans nicht immer im positiven Licht; mit Kritik und Druck muss jeder Einzelne umgehen können. Ein weiterer Punkt bei großen Vereinen wie einem Eishockey- oder Fußballverein ist der Presse- und Mediendruck, der stattfindet! Die Personen wollen von außen auf einen einwirken und Dinge verbessern. Auch für Mitglieder und Sponsoren muss er sich immer wieder neue Sachen überlegen, um sie weiter an den Verein zu binden.

Wenn man sich so anschließend ein paar Gedanken über meinen Text macht, fällt einem erst im Nachhinein auf, dass ein Vorsitzender ganz klar das lenkende Ruder in der Hand hat. Er muss das Boot immer vor dem Untergehen schützen und es immer weiter voranbringen! So hat ein Vorsitzender keine leichten Aufgaben zu erfüllen und muss mit den Bedingungen leben können.

*Matthias Both*
*Balthasar-Neumann-Berufsbildungszentrum, Klasse HOL 10C*

## Am Ruder

Präsidenten, Trainer, Klassenleitung,
alle, die vorkommen in der Zeitung:
Wer hat im Rat oder im Staat die Kontrolle?
Das hängt ab von deren Rolle,
Kontrolle zu übernehmen.
Muss ich sehen,
wie Diktatoren über Leichen gehen?
Missbrauch von Macht
Tag und Nacht.
Doch immer werden sich Leute wehren,
dem Staat das Richtige erklären,
die Freiheit aus den Katakomben holen
und dann wird einer auserkoren,
denn nur mit Verantwortung und Mut
wird alles gut.

*Luis Ramponi, Moritz Nusser und Georg Stangl*
*Gymnasium bei St. Stephan, Klasse 7a*

## Bleib am Ruder, gib niemals auf!

Bleib am Ruder!
Gib niemals auf!
Mögen auch Wellen schäumen,
Gib niemals auf,
Du darfst doch träumen.
Bleib am Ruder,
Geh nicht unter,
Gib niemals auf!
Bleibe immer munter!
Mag der Alltag dich erdrücken,
Bleib am Ruder,
Gib niemals auf,
Lass doch Freuden dich schmücken.
Bleib am Ruder,
Gib niemals auf!
Mag alles kommen zuhauf.
Gib niemals auf,

Hab das Ruder fest in der Hand!
Knicke ein vor niemand!
Bleib am Ruder,
Gib niemals auf!
Bleib am Ruder!
Verzweifle nie,
Denn Streben
Ist Leben.
Gib es nicht auf!
Du hast es in der Hand,
Stehst nicht mit dem Rücken zur Wand.
Bleib am Ruder!
Gib niemals auf!
Entscheide dich jetzt,
Bleib am Ruder,
Gib niemals auf!
Strebe,
Lebe!

*Stefan Valentin Tomaschko*
*Gymnasium bei St. Stephan, Klasse 6c*

## Die Reise des Ruderbootes

Ich bin ein Ruderboot und habe mich soeben losgerissen. Langsam dümple ich durch einen Bach. Er ist klein, sodass ich immer wieder an die Ufer stoße, während die Vormittagssonne auf das glitzernde Wasser scheint. Über mir zieht ein Schwarm Vögel unter dem schönen Frühlingshimmel an mir vorbei. Langsam dehnt sich der Bach zu einem erst kleineren und dann immer größer werdenden Fluss aus. Immer mehr Fische und leider auch immer mehr Müll treiben mit mir durch den Fluss. Ich erschrecke! Die Wellen riechen plötzlich komisch und tragen einen stinkenden gelben Plastiksack mit einem gefangenen toten Fisch darin zu mir her. Plötzlich sehe ich, dass sich der blau glitzernde Fluss in zwei Arme teilt. Ich versuche auf den kleineren der beiden anzusteuern, doch der Strom treibt mich mitsamt dem ekligen und stinkenden Müll auf den größeren der beiden Arme zu. Ich treibe jetzt schon einige Tage durch die tiefe und rauschende Donau. An mir ziehen langsam absterbende Bäume und stinkende, graue und trostlose Fabriken vorbei. Inzwischen hat sich die Menge an Müll mindestens verdoppelt. Nun bin ich beim Schwarzen Meer angelangt. Nach drei Tagen bin ich erschöpft und strande am sandigen Ufer. Am darauffolgenden Tag höre ich Stimmen. Ein Junge ruft: „Schau mal, Papa, ein Boot!!! Kann ich es behalten? Biiiiitte!!!"

Die Menschen, bei denen ich jetzt bin, haben mich geputzt und hergerichtet. Ich fühle mich hier richtig wohl. Der Junge fährt mit mir jeden Tag aufs Meer hinaus. Das Einzige, was mich hier stört, ist der Müll, der tagtäglich im Meer herum treibt. Auf dieser Reise habe ich verstanden, dass man, wenn man etwas für die Umwelt tun möchte, keinen Müll in die Gewässer werfen sollte, denn sonst wird bald der Klimawandel am Ruder sein.

*Tamara Eicher, Luise Mangold und Paulina Walch*
*Maria-Theresia-Gymnasium, Klasse 6f*

## Tagebucheintrag 8 (und vielleicht auch der letzte...)

Letztens bin ich mit meinem Freund Max Schlauchboot-Fahren gegangen. Wir waren schon etwa eine halbe Stunde gerudert, als wir auf einen Wasserfall zusteuerten. Ich rief: „Schnell beidrehen!" – „Ich versuche es ja!", antwortete Max. Wir steuerten geradewegs auf den Wasserfall zu. Ein paar Meter noch davon entfernt, bekam ich einen Ast am Uferrand zu fassen. Ich versuchte mich festzuhalten. Der Ast brach. Wir fuhren mit der Kante unseres Bootes über den Wasserfall hinaus. Wir fielen ...

Platsch! Der Aufprall auf dem Wasser war hart. Ich konnte das Boot nicht mehr steuern. Keine Ahnung, wo Max war, aber ich hoffte, es gehe ihm besser als mir. Das stimmte. Er hatte sich an Land retten können. Ich versuchte das Boot wieder unter Kontrolle zu bekommen, aber die Wellen waren zu stark. Deshalb versuchte ich, es irgendwie an Land zu fahren. Ich nahm meine ganze Kraft zusammen und schaffte es schließlich, das Boot auf eine kleine Sandbank zu steuern, die mitten im Fluss lag.

Max winkte mir zu, als er mich entdeckte. Er hatte zum Glück eine wasserfeste Tüte mit einem Nothandy dabei! Er rief seine Eltern an. Die waren bald da und holten uns ab.

Zum Glück ist das also nicht der letzte Eintrag in meinem Tagebuch!

*Peter Fischer*
*Jakob-Fugger-Gymnasium, Klasse 5b*

## Ein Tag frei

Es sollte ein entspannter Tag werden. Der Kapitän beschloss nämlich, ihn auf einer kleinen, aber feinen Insel, die er in der Nähe ausgemacht hatte, zusammen mit seiner Crew zu verbringen.

Das Wetter war sowieso eher ruhig und windstill, also gingen wir vor Anker, schnappten uns die Ruder und ruderten in den kleinen Neben-booten zusammen zum Ufer.

Auf dieser Insel verbrachten wir den ganzen Tag unter Palmen am Sand-strand und entspannten uns ein wenig von der harten Arbeit. Wir waren stolz auf unsere Teamarbeit und den Zusammenhalt der Crew, dennoch kamen wir uns so klein vor in Anbetracht des Schiffes, das uns über die See trug.

Es lag vor uns im seichten Wasser vor Anker, es war ein prachtvolles Schiff, ein Segelschiff mit drei Masten, voller schöner Verzierungen und edler Holzvertäfelungen. Es hatte sogar eine Galionsfigur am Bug des Schiffes, eine Meerjungfrau, die wir gut sehen konnten von dort, wo wir saßen.

Das seichte blau-türkise Wasser schimmerte in der Sonne, die kleinen Wel-len brachen am Strand herein und wir verloren die Zeit etwas aus den Augen. Als die Sonne langsam hinter dem Schiff unterging, versammelten wir die Crew wieder, wir hatten nämlich nur noch ein paar Stunden, bis es dunkel wurde. Und wir beschlossen, wieder zum Schiff zurückzukehren um noch etwas Arbeit zu erledigen. Also gingen wir alle zu den Ruder-booten und ruderten wieder zu unserem Schiff.

Zurück an Deck hatte der Kapitän die Verantwortung und beschloss, noch am selbigen Tag wieder abzulegen, denn auch er muss seinen Zeitplan einhalten. Nun erledigten alle ihre Aufgaben und schließlich legten wir wieder ab. Da es windstill war, mussten wir auf die Ruder zurückgreifen.

Jeder schnappte sich eines und ging auf seinen vorgegebenen Platz. Die-jenigen, die auf ihrem Platz waren, riefen: „AM RUDER!" und als alle an ihren Plätzen waren, ruderten wir dem Sonnenuntergang entgegen.

*Philipp Wagner*
*Städtische Berufsoberschule, Vorklasse*

# Ute und die Feuerwehr

Ute arbeitet schon seit 23 Jahren bei der Feuerwehr. Viele denken, dass ihr Beruf leicht sei, doch das ist falsch. Sie muss hart arbeiten und hat viele verschiedene Aufgaben. Dazu gehört es, Feuer zu löschen und Tiere oder Menschen zu retten. Sie mag den Beruf eigentlich ganz gerne. Ute hat aber kaum noch Zeit, etwas mit ihren Freunden zu unternehmen. Das ärgert sie sehr. Lisa, eine Freundin von Ute, hat neulich zu ihr gesagt: „Der Beruf ist dir doch eh wichtiger als deine Freunde!" Ute hat es sehr verletzt, was Lisa gesagt hat.

Am Donnerstag um 15 Uhr begann plötzlich etwas Schreckliches: Das Haus von Lisa hat plötzlich angefangen zu brennen. Der Herd in der Küche war an, sodass die Küche anfing zu brennen. Lisa hat das Feuer erst bemerkt, als es fast schon im ganzen Flur war. Sie saß nämlich in ihrem Zimmer und wurde erst aufmerksam, weil es plötzlich angefangen hat zu stinken. Zum Glück hatte Lisa ihr Handy in der Hand. Sie hat sofort die Feuerwehr angerufen. Ute war auch dabei. Schnell haben sie Lisa aus dem brennenden Haus geholt.

Zwei Stunden später war das Feuer gelöscht und Lisa sagte: „Ich danke euch so sehr! Es tut mir leid, was ich gesagt habe, Ute. Du bist die Beste!" Ute war glücklich und hat mit Lisa noch viel Zeit verbracht.

*Sophia Sfetca*
*Pankratiusschule, Klasse 5a/6a*

# Ruderst du schon?

Am Ruder? Was heißt das überhaupt?

Für uns ist „am Ruder sein" mehr als nur Kanufahren im Eiskanal in Augsburg. Wir haben diesen Satz mal auf das Leben im Allgemeinen übertragen.

Jeder muss in seinem Leben an seinem eigenen Ruder sitzen und sollte selbst bestimmen, wohin die Reise geht. Kein anderer Mensch darf dein Ruder übernehmen, denn du solltest immer dein eigener Steuermann sein!

Das Gewässer steht nun sinnbildlich für das Leben. Zu Beginn muss man natürlich erst einmal lernen, wie man richtig „rudert". Man lernt, Verantwortung zu übernehmen und selbstständig zu sein.

In Lebensabschnitten, die einem gut gefallen, darf man sich auch einfach mal treiben lassen und die Aussicht genießen. Ständig muss man neue

Wege und ungewisse Gewässer „durchrudern", man will sich ja schließlich weiterentwickeln und Neues erleben. Man muss Erinnerungen schaffen.

Natürlich gehört auch dazu, nicht immer im Strom der anderen unterzugehen. Du musst es auch mal wagen, gegen den Strom zu schwimmen und dein eigenes Ding zu machen, auch wenn es anstrengender und ungewohnt ist. Genau wie in Kanustrecken muss man versuchen, gegen den Strom zu schwimmen, nur so kannst du gewinnen.

Gönn dir trotzdem ab und zu die Pausen, die du brauchst. Gerade nach besonders wirren und strudeligen Lebensabschnitten mit schneller Strömung darfst du dir die Zeit nehmen, neue Kraft für den noch bevorstehenden Weg zu tanken.

Wenn du mal die Orientierung verlierst und untergehst, trau dich, die Eskimorolle zu wagen und wieder aufzustehen!

Klar, die Strecken sind nicht unendlich breit. Es gibt Regeln und Rahmenbedingungen, an die man sich halten muss. Dennoch kann und sollte man die ganze Breite ausnutzen, auch wenn man mal „aneckt", denn du willst ja auch aus deinen Fehlern lernen.

Auch die Länge eines Flusses oder Kanals ist begrenzt. Deswegen sollte man den Weg genießen und das Beste daraus machen, in diesem Fall „rudert" man ja schließlich nur einmal. Nutze die Zeit, in der du Kraft hast, Abenteuer zu erleben, bevor die Strecke zu Ende ist!

Also:

Nimm dein Leben in die HAND!

Existierst du noch oder ruderst du schon?

*Margaux Vorwohlt und Vera Hüls*
*Gymnasium bei St. Anna, Klasse 10m*

## Tick-tack

„Jetzt strengt euch mal mehr an! Annie nach vorne, lauf dich frei, verdammt! Emily, spiel endlich ab! Gib doch ab!", rufe ich verzweifelt auf das regendurchnässte Spielfeld. Tick-tack … die Uhr an meinem Handgelenk übertönt meinen Herzschlag und wird immer schneller, bis ich nur noch das Ticken in meinem Kopf höre und die Schreie vom Feld vollkommen ausblende. Der Schlusston bringt mich zurück auf den Seitenstreifen. Ich schaue auf die Anzeigetafel. Ein, zwei Momente mache ich gar nichts, bis meine kalten Hände das Klemmbrett auf den Boden schleudern und der Matsch in alle Richtungen spritzt. Ich ziehe mir die blaue Kapuze tiefer ins Gesicht und presse meine Lippen aufeinander. Von einigen braunen

Haarsträhnen tropft das Regenwasser auf meine Schuhe, die völlig durch-nässt und schlammbraun sind. Das war's! Die Erkenntnis überrollt mich wie ein Zug. Ich atme tief durch, bücke mich nach dem Klemmbrett, das mir förmlich durch die Finger fließt, und starre auf den Plan. Die Tinte ist verlaufen und einige Grashalme haften auf dem DIN-A4-Bogen. Ich streiche mir eine Strähne aus dem Gesicht und folge den Wassertropfen, die Stück für Stück das Blatt auffressen und Zahl für Zahl die Spieler-nummern fortwischen, so wie die Hoffnung auf das Fortbestehen meines Teams. „Trainer?" Ich richte mich auf und drehe mich mit einem leicht aufgesetzten Lächeln zu den elf Mädchen um. „Okay, die Saison ist ge-laufen und leider zum Schlechten für uns, aber wir haben unser Bestes gegeben, bei jedem Spiel. Nächstes Jahr wird es besser! Los, jetzt geht euch duschen und umziehen, nicht dass ihr euch den Tod holt." Ich scheuche sie alle vom Platz in Richtung Umkleide und drehe mich zur überdachten Zuschauertribüne um. Meine Augen suchen nicht lange, bis ich den Mann im Anzug in der zweiten Reihe finde. Unsere Blicke treffen sich und er schüttelt den Kopf – kaum merklich, aber es ließ mein Blut gefrieren. Tick-tack. Wieder die Uhr, die alles übertönte. Ich war am Ruder gewesen und wusste, was das für mich bedeutet hatte. Verantwortung. Stärke. Mut. Für mein Team. Für meinen Traum. Tick-tack.

*Liliana von Wyschetzki*
*Maria-Theresia-Gymnasium, Q11 (Schreibwerkstatt)*

## Familie Pustekuchen

Am Rande von Augsburg, in einem der vielen Backsteinhäuser, lebte die Familie Pustekuchen. Louisa Pustekuchen lag zwischen zwei Bäumen in ihrer Hängematte im Garten und las ein Buch. Gerade wollte sie in die Schüssel Kirschen greifen, die ihre Mama ihr gebracht hatte, als plötzlich ihre kleinere Schwester Frieda auftauchte und rief: „Louisa, du musst auf mich aufpassen, denn Mama und Papa müssen mit Paul ins Krankenhaus." Paul war Louisas jüngerer Bruder und war schon oft im Krankenhaus, da er seit seiner Geburt an einem schwachen Immunsystem litt.
Louisa legte also schweren Herzens ihr Buch zur Seite, nahm Frieda auf den Arm und ging mit ihr ins Haus. Im Haus stellten sie das Radio an. Die Radiostimme ertönte: „Und nun kommen wir zu den Tagesthemen. Die Coronazahlen steigen permanet. Schützen Sie sich und ihre Familien! Tra-gen Sie bitte Masken und halten Sie weiterhin Abstand!" Louisa seufzte: „Oh, Mann, dieses blöde Corona! Da müssen wir jetzt wieder besonders

gut aufpassen." Wütend stellte sie das Radio aus und gab Frieda ein Glas Milch. Die Kleine fragte: „Warum bist du jetzt so sauer?" Louisa seufzte: „Wir müssen jetzt wieder besonders gut aufpassen, weil Paul ja krank ist und Corona für ihn sehr gefährlich ist." – „Und was ist daran so schlimm?", fragte Frieda. „Zum Beispiel müssen wir jetzt wieder Masken tragen und Abstand halten. Das heißt, wir müssen für Paul Verantwortung übernehmen, denn wenn einer von uns sich mit Corona ansteckt, kann es schlimme Folgen für ihn haben." Als Louisa das letzte Wort sprach, hörten sie, wie die Haustür geöffnet wurde. Papa kam in die Küche und begrüßte die beiden: „Hallo, meine Süßen. Wie geht es euch?" – „Wie geht es Paul?", riefen die beiden gleichzeitig.

„Er muss noch eine Weile im Krankenhaus bleiben, doch es geht ihm schon wieder deutlich besser", beantwortete Papa ihre Frage. Nach der guten Nachricht machten sie noch schnell Nudeln mit Tomatensoße zum Abendessen und gingen im Anschluss alle sehr schnell und müde ins Bett.

Am nächsten Morgen musste Louisa in die Schule und Frieda in den Kindergarten. In der Schule angekommen, setzte Louisa sofort ihre Maske auf. Sie war zwar das einzige Kind in ihrer Klasse, das nun wieder Maske trug und fühlte sich damit auch sehr unwohl, aber trotzdem hielt sie mutig an ihrem Entschluss fest, denn sie wollte Paul auf alle Fälle schützen. Als die Lehrerin Frau Schmid zur ersten Stunde in die Klasse kam, ging Louisa sofort zu ihr, um ihr zu sagen, dass sie für die nächste Zeit sehr gerne alleine sitzen würde.

Nach der Schule holten Papa und Frieda sie ab und fuhren gemeinsam ins Krankenhaus. Dort wurden sie bereits von Mama und Paul erwartet. Louisa rief voller Freude: „Hi, Mama! Hi, Paul! Wie geht es euch?" – „Uns geht es gut, Paul muss zwar noch eine Nacht hier bleiben, aber dann darf er wieder nach Hause", meinte Mama. „Die Mädchen haben heute auch schon wieder ihre Masken getragen, um Paul zu schützen!", erzählte Papa stolz. Darüber freute sich Paul riesig und Louisa erzählte ihm, dass es für sie gar nicht schlimm gewesen sei, die Maske wieder zu tragen. Sie hatte trotzdem viel Spaß mit ihren Freundinnen und das Allerwichtigste sei ja schließlich, dass Paul auf alle Fälle gesund blieb.

Am nächsten Tag in der Schule war das Thema Verantwortung in Religion angesagt. Louisa freute sich über das Thema, da sie zur Zeit ja Verantwortung für Paul übernehmen musste. Der Lehrer begrüßte die Klasse: „Heute geht es um das Thema Verantwortung. Meine erste Frage an euch ist: „Was ist für euch Verantwortung?" Louisa streckte ihren Finger in die Höhe. „Ja, Louisa!", rief Herr Mainz.

Louisa antwortete: „Für mich ist Verantwortung, wenn man auf jemanden aufpasst." Herr Mainz lobte Louisa für diese gute Antwort. „Hat jemand schon einmal Verantwortung übernommen?", fragte er danach. „Ja, ich!", rief Louisa heraus. „Ich muss oft Verantwortung für meinen kleinen Bruder Paul übernehmen, da er ein schwaches Immunsystem hat und für ihn CORONA sehr gefährlich ist." Herr Mainz erklärte: „Louisa, das ist sehr gut, was du für deinen Bruder tust! Denn die Starken müssen auf die Schwachen aufpassen." Plötzlich klingelte die Schulglocke, der Unterricht war wie im Flug vergangen. Glücklich ging sie nach Hause und nahm sich fest vor, auch in Zukunft schwachen Kindern zu helfen.

*Marie Thuma und Rosalie Taylor*
*Gymnasium bei St. Stephan, Klasse 5c*

## Wieder am Ruder?

EIN NEUER **A**NFANG
**M**ASKEN TRAGEN
**R**ICHTIGE ENTSCHEIDUNGEN TREFFEN
WIEDER TÄGLICH IN DIE SCH**U**LE GEHEN
MIT FREUN**D**EN GEBURTSTAG FEIERN
**E**IGENTLICH IST ALLES TROTZDEM GUT
DE**R** LETZTE SOMMER WAR TOLL
NEUE **S**CHULE (MIT CORONA)
K**E**IN FUSSBALL TRAINING
**I**CH WILL ENDLICH INS ZELTLAGER
ICH WÜNSCHE MIR EI**N** TOLLES JAHR
**2** LOCKDOWNS
**0** FREUNDE SEHEN
**2**019 HAT ALLES ANGEFANGEN
HOFFENTLICH WIRD **2**022 ALLES HALBWEGS NORMAL

*Paul Laritz*
*Gymnasium Maria Stern, Klasse 5b*

## Am Ruder

„Alea!" Da war es: das Gefühl, das ich schon lange nicht mehr spüren musste und nie vermisst habe.
Da war er: der Name, der beinahe meine sehnlichsten Träume platzen ließ wie eine Seifenblase.

Mein Herz begann zu rasen, in meiner Brust entstand ein so bedrängender Druck, dass es mir fast die Luft abschnürte. Und das ausgerechnet jetzt: auf der Bühne, wo ich vor einer Jury aus fünf hochrenommierten Tänzer*innen mein Bestes geben musste, um die einmalige Chance zu nutzen, ein Stipendium an der besten Tanz-Akademie des Landes zu bekommen.

Da hörte ich es wieder, aus der rechten Ecke des Saals, der Platz der Konkurrenz, die nur darauf wartete, dass ich einen Fehler in der Choreographie machte: „Alea!", mein Deadname. An dem Namen wäre nichts auszusetzen, wäre es kein weiblicher Name. Warum das nicht passt? Ich bin keine Frau und war es auch nie gewesen, auch wenn es körperlich anders wirkte. Dass ich Anouk bin, wusste ich schon seit meiner frühesten Kindheit, nur die Menschen um mich herum nicht. Der Großteil von ihnen erfuhr es erst vor ungefähr einem Jahr, als ich mich dazu entschied, mein eigentlich für mich bestimmtes Leben endlich frei zu leben. Ich überwand mich zu einer geschlechtsangleichenden Operation, damit mein Körper schließlich auch zu mir passte.

Nun stand ich kurz davor, mir einen weiteren Traum zu erfüllen, doch die Rufe lösten das Herzrasen aus, das mich beinahe aus der Choreographie brachte. Während meine Gedanken mich fast ohnmächtig werden ließen, tanzte mein Körper wie von Geisterhand zur Musik weiter. Es war, als würde ich das Ruder abgeben, wie ein Wunder! Ich versuchte, meine Nerven zu behalten und mich aus der Situation zu retten.

„Danke Ihnen, der Nächste bitte!" Dieser Satz riss mich aus meinen Gedanken und brachte mich wieder zurück in die Realität. Hatte ich es geschafft? Das wusste ich nicht, aber was ich wusste, war, dass ich die Kontrolle über mich wieder zurück hatte. Ich hielt das Ruder wieder in meinen eigenen Händen.

*Joshua Liebert*
*Maria-Theresia-Gymnasium, Klasse 10c*

## Ein Heißluftballon außer Kontrolle

Meine kleine Schwester und ich wollten heute einen Heißluftballonflug unternehmen. Schon seit Wochen freuten wir uns auf den Flug. Vor zwei Wochen schon hatten wir den Heißluftballon gebucht. Wir luden unsere Rucksäcke ein und schon ging es los.

Nach einiger Zeit entdeckten wir einen Vogelschwarm und ich ließ das Steuer für einen Moment los. Um die Vögel besser sehen zu können,

machte ich einen Schritt nach vorne und stieß dabei das Steuer an. Es drehte sich nach rechts. Der Ballon reagierte und bog scharf nach rechts ab. Durch den Ruck fiel meine Schwester zu Boden. „Ah!", rief sie, rappelte sich aber gleich wieder
auf. Der Ballon schlingerte. Ich hatte die Kontrolle verloren. Ich versuchte, das Steuer wieder in die andere Richtung zu drehen, aber es war festgeklemmt. Das war alles meine Schuld. So sehr ich es auch versuchte, das Steuer ließ sich nicht drehen. Als der Ballon einen Sturzflug hinlegte, fiel ich zu Boden. Verzweifelt zerrte ich am Steuer und kurz bevor der Ballon den Boden erreichte, konnte ich das Steuer wieder drehen. Erleichtert drehte ich und kurz vor dem Boden schossen wir wieder in die Höhe. Zum Glück hatte ich die Kontrolle wieder gefunden.

Wir landeten kontrolliert. Ich war froh, wieder festen Boden unter den Füßen zu haben, aber ich war auch stolz auf mich, dass ich die Kontrolle wieder gefunden hatte.

*Cosima Forster*
*Jakob-Fugger-Gymnasium, Klasse 5b*

## Der Schuss

Stille. Niemand traute sich etwas zu sagen.

Um mich herum hielten alle den Atem an, während mir das Herz bis zum Hals schlug. Ich wischte mir mit zittrigen Fingern den Schweiß aus meinen Augen, mit denen ich den neben mir stehenden Mann anstarrte. Ein Fremder, den ich zuvor noch nie gesehen hatte. Er wirkte sportlich, etwa Mitte 30 und strahlte eine gewisse Unsicherheit aus. Mein Blick galt jedoch nicht ihm, sondern seiner rechten Hand. Sie hing etwas weiter unten als die andere, heruntergezogen von dem Gewicht zwischen seinen Fingern.

Eine Waffe.

Um mich herum wurde es unruhig, als der Mann anfing, seinen rechten Arm langsam zu heben. Ich spürte, wie mir der Schweiß den Rücken hinunter lief. Ich war auf mich allein gestellt. Jetzt gab es keinen Ausweg mehr, kein Zurück. Es war nur noch eine Frage der Zeit. Er würde jeden Moment abdrücken. Eine Bewegung. Eine Krümmung des Fingers.

Ein Knall.

In mir spannte sich jeder Muskel an, während die Menschen hinter mir anfingen zu schreien. Der Schuss hatte einen Tumult ausgelöst, der durch die Rufe der Menschen immer lauter wurde. Jetzt gab es nur noch ein Ziel:

Möglichst schnell weg von hier! Was hinter mir passierte, war nun egal. Ich hörte noch das angestrengte Stöhnen eines Mannes, dann war ich allein. Ich vergrößerte den Abstand zu der Waffe, den schreienden Menschen, meinen Blick immer noch starr nach vorne gerichtet.

Dann war es vorbei.

Erleichtert riss ich das Ruder in die Höhe. Ich hatte gewonnen!

*Paulina Bußler*
*Gymnasium bei St. Anna, Q12*

## Unser erstes gewonnenes Rennen!

Ich trete nervös von einem Fuß auf den anderen, bevor ich mich konzentriere und einen tiefen Atemzug nehme. Schweigend beobachte ich, wie meine Kollegen das Ruderboot betreten und auf den Sitzen etwas hin und her rutschen, um eine gute Position zu finden. Nun bin ich an der Reihe. Mit zitternden Beinen mache ich einen letzten Schritt vorwärts und stelle dann einen Fuß in das Boot, das unter meinem Schwung etwas hin und her schaukelt. Aus dem Augenwinkel sehe ich bereits einige andere Ruderboote auf die Startlinie zusteuern, weswegen ich mich beeile, meinen zweiten Fuß an Bord zu ziehen. „Bereit?", fragt der Obmann, der erfahrenste Fahrer des Ruderteams. „Moment!", erwidere ich und setzte mich auf die harte Holzbank, die sich kühl und rau unter meinen Schenkeln anfühlt. Dann greife ich nach den gelb-schwarzen Rudern, die links und rechts neben mir angebracht sind. Erneut wird ein „Bereit?" in die Runde geworfen und ich lasse meinen Blick einmal prüfend über meine Partner schweifen. Nachdem sich jeder versichert hat, dass wir nun starten können, nicken wir uns alle einmal zu, bevor wir unseren Schlachtruf anstimmen: „Klar, bereit, und allzeit gescheit!", ertönt es nun im Chor und im gleichen Moment spüre ich, wie Adrenalin in meinem Körper freigesetzt wird und das Lampenfieber Entschlossenheit, Ehrgeiz und Zuversicht weicht. Einige Fahrer aus dem gegnerischen Team werfen uns beeindruckte Blicke zu, aber ich bin nun viel zu fokussiert, in Gedanken nochmals den Ablauf durchzugehen, um es zu bemerken. Unsere Ruder pflügen langsam, aber beständig durch das trübe Wasser und ich freue mich schon jetzt auf den Wettbewerb. Wer weiß, vielleicht gewinnen wir ja sogar?

Das Boot der Orcas, das ist unser Teamname, reiht sich neben den White Sharks und den Great Tumbler Dolphins ein. Ich atme ein paar Mal tief durch und spanne alle meine Muskeln an. Auf dem Fluss, auf dem das

Rennen stattfindet, herrscht eine angespannte Stille, bis ein glockenklarer Ton die Ruhe durchschneidet. Gleichzeitig mit meinen Kollegen hole ich mit meinen Rudern weit aus und lehne mich dann wieder mit Kraft nach hinten. Vor, zurück, vor, zurück – diese Bewegung wiederhole ich einige Sekunden lang, bevor der Obmann das Signal zum taktischen Fahren gibt. Ich hebe meine Ruder für einige Sekunden aus dem Wasser und dann fange ich, versetzt zu meinen Kameraden, an, meine Ruder in das Wasser zu stoßen. Der ganze Stress, die Wut und alle nervenaufreibenden Situationen der letzten Wochen lasse ich vor meinem inneren Auge abspielen und nutze all die Emotionen, die sich schon wieder auf meiner Seele anstauen, taktisch, indem ich mir einfach vorstelle, dass das Wasser meine Arbeit, meinen Chef und eben alles, was mich aufgeregt hat, spiegelt. Wütend ramme ich meine Ruder in das Wasser und wie jedes Mal, wenn sich alle meine Gefühle vereinen, schwebe ich einige Sekunden – statt in einem Boot über das Wasser – schwerelos über den Himmel. Ich stelle mir vor, wie ich die Momente erneuert durchlebe und wie ich, anstatt nur stumm zu nicken, einen scharfen Konter entgegne. „Mittelstufe mobilisieren!", brüllt John, unser Obmann, und ich verstehe. Wir machten uns viel Mühe, vor jedem Rennen den Ablauf zu planen, und damit die anderen Teams die Kommandos nicht verstehen und entsprechend reagieren könnten, decken wir diese mit Codewörtern. Man kann die verwirrten, verdutzten Blicke förmlich im Rücken spüren, als wir synchron unsere Ruder aus dem Fluss ziehen und genauso schnell wieder hinein heben. Unser Boot ist bereits von Anfang an eines der schnellsten, aber da einige gegnerische Teams sich durch unsere Codewörter und unser allgemeines Handeln so verwirren lassen, liegt ihre Aufmerksamkeit nicht mehr ausschließlich auf dem Rudern. Gut für uns. „Macht mal halb zwei" bedeutet, dass wir in doppelter Geschwindigkeit paddeln sollen, und einige von uns scheinen nur so auf den Befehl gewartet zu haben, denn aus den relativ langsamen Ruderbewegungen wird jetzt ein rasantes Manöver, mit dem wir es tatsächlich schaffen, uns ganz nach vorne zu manövrieren. Die Zuschauer am Rande jubeln, fluchen und lachen, der Geruch von Currywurst mit Pommes weht von der knallgelben Imbissbude mit aufgemalten, labbrigen Pommes über den Fluss. Leichte Wellen klatschen gegen den Bug unseres Bootes, was nur bedeuten kann, dass ein gegnerisches Team wieder aufgeschlossen hat. Tatsächlich haben sich die White Sharks den zweiten Platz errudert, wie ein Blick über die Schulter zeigt. Mit einem Schlag wird mir die Taktik der Sharks klar, als sie sich Schub um Zug in unser Blickfeld schieben. Unserem Teamchef scheint nun auch klar zu werden, dass die White Sharks sich ihre Kräfte bis zum Ende aufgespart haben, denn er grunzt einmal auf und greift dann zur Notmethode, als ein Blick nach vorne feststellt, dass uns noch 30 Meter von der Ziellinie trennen. „Wikinger! Ahoi!", schreit er und ich seufze, wie einige andere aus unserem Team, gequält auf, denn mittlerweile glänzt meine Haut schon vor Schweiß und Gischt. Dennoch greife ich fester um die Ruder und im nächsten Moment setze ich das Ruder weit vorne ein, um es tief in den Fluss zu stechen und dort pfeilschnell zurückzuziehen. Je tiefer ich das Ruder in den Fluss setze, desto mehr Auftrieb habe ich und desto mehr Kraft kostet mich die typische Vor-Zurück-Bewegung. Ich strenge mich nochmals heftig an, sauge so viel und so tief wie möglich in meine schmerzenden Lungen. „Richtet euch ein!", quengelt der Kapitän und meint damit so viel wie „Mobilisiert eure letzten Kräfte". Ich lege mich richtig ins Zeug, gebe alles und breche in spontanes Siegesgeheul aus, als wir als erstes Boot die Ziellinie passieren.

Unser erstes gewonnenes Rennen!

*Amelie Hilbich*
*Maria-Theresia-Gymnasium, Klasse 10c*

## Der Untergang

Es war ein warmer Sommermorgen, als ich erfuhr, dass meine Frau mein Team und mich zu einem Kanu-Rennen auf Hawaii angemeldet hatte. Ich heiße übrigens Thomas. Mein Team (Mia, Annika, Jakob und Moritz) und ich wussten noch nicht, was uns auf dem Meer erwartete …

Schnell packten wir unsere Sachen und fuhren los nach Hawaii. Dort holten wir unser Kanu ab und schoben es zum Start. „Peng!" – das Rennen begann, jetzt gab es kein Zurück mehr. Wir paddelten und paddelten – schon bald lagen wir vorne.

Doch plötzlich riss uns eine Strömung von der Strecke. Diese zog uns aufs offene Meer hinaus. Wir konnten nichts dagegen tun, denn wir fuhren auf einen Wassertornado zu. „HILFE!", schrie das ganze Team wie aus einem Mund. Mir schlotterten die Knie. Auf einmal wurde das Boot in die Tiefe gerissen. Dann wurde es schwarz vor meinen Augen. Langsam kam ich wieder zu mir, auch meine Teamkollegen*innen machten die Augen auf. Unter mir fühlte ich eine glatte Haut. Ich erschrak und drehte mich langsam um. Dort waren meeresblaue Delfine, die uns zu einer Insel ritten. Als wir dort ankamen, sprangen wir auf den warmen, trockenen Sand und bedankten uns bei den Delfinen.

Sie waren unsere Lebensretter. Wir winkten zum Abschied. Dann waren wir wieder auf uns alleine gestellt, liefen über den Strand und bemerkten plötzlich ein noch stabiles Kanu. Das Team sprang hinein und testete das Boot. Es war noch prima in Schwung. Daneben lagen sogar noch Ruder. Wir hoben sie auf und begannen die Reise erneut. Schon bald hatten wir die Insel hinter uns gelassen und fuhren Richtung Strecke. Welch ein Glück: Als wir die Ziellinie überquerten, kam das Team sogar noch unter die ersten Fünf. Großer Jubel übertönte unseren eigenen. Als wir trockene Kleidung angezogen hatten, kam auch schon meine Frau und holte mich ab.

„Und wie war das Rennen?", fragte sie. Darauf antwortete ich: „Das ist eine lange Geschichte. Es fing alles so an …"

*Nina Seitz, Pauline Schnell und Maren Van der Putten*
*Gymnasium Maria Stern, Klasse 5b*

## Der Tag, an dem alles begann

Ich wuchs auf in einem Heim.
Meine Eltern wollten mich nicht und ich war allein.
Fremde Leute blickten zu mir und sie sahen mich wein'.
Eines Tages bin ich vier geworden,
Aber ich fühlte mich in diesem Heim nicht geborgen,
Denn ich habe meine Familie verloren.
Am nächsten Tag sah ich zwei Menschen,
Die mir einfach so ein Feuerwehrauto schenkten,
Und ab da wusste ich, sie würden für mich kämpfen.
An einem Morgen bin ich aufgewacht
und zwei Menschen haben mich angelacht
Und ich wusste: Gott hat mir Liebe gebracht.
Endlich Familienmenschen, die mir alles geben!
Jetzt habe ich ein schönes Leben,
Jetzt endlich kann ich landen und aufhören zu schweben.
Aber dann kamen die falschen Freunde
Und ich haben Sachen getan und gesagt, die ich heute bereue.
Ich habe mich mit meiner Mutter gestritten.
Mama, bitte verzeih mir, du hast wegen mir so oft gelitten.
Und mein Vater schaut mich an mit enttäuschten Blicken.
Meine lieben Eltern, ihr habt mich aus dem Heim herausgezogen
Und als Dank habe ich euch betrogen und belogen.

Deswegen bin ich in eine WG gezogen.
Ich hatte meine dumme Phase,
In der ich dachte, ich sei ein Junge von der Straße.
Und dann war ich in der WG und sah selber, wie ich versage.
In einer Nacht habe ich nachgedacht
Und bin von meinen Albträumen aufgewacht.
Ich weiß jetzt, wer ich bin.
Jetzt macht mein Leben wieder Sinn
Und ich seh selber, wie ich jetzt von vorne beginn.

*Emre Rusch*
*Christophorus-Schule Königsbrunn, Klasse 9*

## Im Ruderboot

„Und? Wann soll es losgehen?", wollte Louis wissen und ging über den verstaubten Holzboden zu dem Tisch, auf dem die Karte ausgebreitet lag. Dabei hinterließen seine Schuhe Abdrücke, woraufhin ihn sein bester Freund Liam missbilligend ansah. Sie hatten ausgemacht, hier keine Hinweise zu hinterlassen, obwohl, was sie machten, nicht wirklich verboten war. Allerdings vergaßen sie das in der Aufregung manchmal, als wären sie auf einer geheimen Mission, von der niemand etwas erfahren durfte. Dabei planten sie nur, die Insel zu verlassen, auf der sie beide seit ihrer Geburt lebten. Sie hatte nur ungefähr 300 Einwohner, eine Schule, in der die Kinder nur lesen und schreiben lernten und sonst regelmäßig die Fischer bei ihrer Arbeit begleiteten, weil dies eigentlich die einzige Arbeit war, die für sie in Frage kam. Außerdem gab es drei Läden und die Häuser, in denen die Inselbewohner lebten. Eines der Häuser war ein bisschen größer als die anderen, was daran lag, dass es das Haus des selbst ernannten Bürgermeisters war. Er war der Mann, der die meisten Fische fing, und derjenige, der sich jedes Jahr um den Weihnachtsbaum auf dem großen Platz kümmerte. Seine ganze Familie schmückte den Baum jedesmal mit denselben Kugeln und Sternen, was niemandem etwas auszumachen schien. Überhaupt schien niemandem irgendetwas auszumachen. Alle waren mit ihrem Leben zufrieden. Es passierte zwar nichts Schlimmes, aber auch nichts besonders Tolles, denn alles blieb immer beim Alten. Louis und Liam störte das schon immer. Das Spannendste, was sie in ihrem 17-jährigen Leben gemacht hatten, war, alle Bücher im Buchladen der Insel mindestens zweimal durchzulesen. Sie träumten davon, Verbrechen aufzuklären, in großen Städten auf Entdeckungsreise zu gehen und neue Menschen kennenzulernen. Menschen, die sie nicht schon aus der Zeit kannten, in der es keine bessere Beschäftigung gab, als den Sand aus der kleinen Bucht zu essen. Deshalb hatten sie sich vor ein paar Wochen dazu entschlossen, die Insel, die nicht einmal einen richtigen Namen besaß, hinter sich zu lassen und damit auch ihr altes Leben. Seitdem hatten sie sich regelmäßig in den Keller von Liams Großvater geschlichen, um alte Karten, die dort gelagert waren, zu studieren und ihren von ihnen so genannten Fluchtplan zu entwickeln. Heute war ihr Plan endlich vervollständigt und das Nötigste war in den zwei Rucksäcken verstaut, die Louis von seinem Geburtstagsgeld bezahlt hatte.

Liam dachte kurz über Louis' Frage nach und sah ihn dann abenteuerlustig an: „Morgen? Das Schiff soll morgen um 10 Uhr ankommen und ungefähr fünf Stunden später wieder abfahren. Da haben wir genug Zeit, um uns ein gutes Versteck zu suchen!" Den Rest des Tages verbrachten die Jungs damit, sich still von ihren Lieblingsnachbarn und -plätzen zu verabschieden, was ihnen aber angesichts der Aussicht auf ihr neues Leben nicht besonders schwer fiel. Am nächsten Morgen ließen sie sich von dem lauten Dröhnen bei der Ankunft des Schiffes, das alle paar Wochen notwendige Lebensmittel und Werkzeuge und neue Bücher für die Läden der Insel brachte, wecken und schlichen sich kurz darauf zum Hafen der Insel, der eigentlich nur aus einem riesigen Steg bestand.

Mindestens ein Drittel der Einwohner befand sich schon dort, um zu helfen, die Kisten voller Sachen auszuladen und wegzubringen. Sie waren viel zu beschäftigt, um Louis und Liam zu bemerken, als sie in geduckter Haltung auf das Schiff kletterten. Nach kurzer Zeit fanden sie hinten ein Ruderboot aus Holz, das mit einer Plane bedeckt war. Es war gerade groß genug für die Jungs und ihre Rucksäcke. Nachdem sie es sich darin so bequem wie möglich gemacht und die Plane über dem Boot festgezurrt hatten, blieb ihnen nur noch übrig zu warten. Die Zeit vertrieben sie sich damit, Schokoladenkekse zu essen und sich flüsternd über die Zukunft zu unterhalten. Nach ein paar Stunden bemerkten sie, dass sich das Schiff bewegte, doch sie hatten zu große Angst davor, entdeckt zu werden, um es zu wagen, einen Blick aus dem Ruderboot zu werfen. Sie blieben einige Stunden einfach still im Boot und lauschten dem Meeresrauschen und dem Wind. Als der Wind jedoch immer stärker und lauter wurde und sie hörten, wie sich die Menschen außerhalb ihres kleinen Verstecks laute Anweisungen zuriefen, wurden die beiden nervös und hielten sich aneinander fest. Vielleicht, dachte Liam, würden sie später einmal in einem Buch von ihrer Reise genau über diesen Moment schreiben. Ein Sturm war natürlich spannender als … kein Sturm. Nach einer Weile bemerkten die Jungs, dass ihr Boot immer mehr hin und her wackelte, als hätten sich die Seile, die zur Befestigung angebracht waren, gelöst. Noch bevor sie etwas dazu sagen konnten, wurde die Plane vom Wind weggerissen und Louis und Liam sahen mit eigenen Augen das tobende Meer. Der Regen prasselte ihnen direkt in die Gesichter und der Wind zerrte an ihren Kleidern und am Boot. Ein paar Sekunden später merkten sie, wie das erste Seil riss, was sie glücklicherweise vorwarnte. Liam rief Louis zu sich und wies ihn an, die zwei Rucksäcke und die Ruder festzubinden. Das gelang ihm noch, dann rissen schon die restlichen Seile, was dazu führte, dass das Ruderboot mitsamt den beiden Jungen vom Schiff auf das offene Meer geschleudert wurde. Nachdem der erste Schock überwunden war, versuchten die Jungs das Boot, das glücklicherweise auf dem Kiel gelandet war, davon abzuhalten umzukippen, als sie es endlich erreicht hatten und hinein klettern konnten, was bei den großen Wellen und dem starken Wind keine leichte Aufgabe war. Jeder nahm sich zwei der vier Ruder, die sich nicht vom Boot gelöst hatten, und versuchte sein Bestes – bis sich der Sturm langsam beruhigte. Zu ihrem Schrecken stellten sie fest, dass weit und breit kein Schiff, kein Boot und schon gar kein Land in Sicht war, also ruderten sie einfach in irgendeine Richtung und machten ab und zu kleine Pausen, um ihre aufgeweichten Kekse zu essen. Nach stundenlangem Rudern wurden sie müde und Louis meinte, er würde gleich einschlafen. Doch in diesem Moment entdeckte Liam ein paar hundert Meter entfernt einen grünen Streifen. Zuerst verstand er nicht, was es war, aber dann rief er in Louis' Richtung: „Land! Das ist Land! Louis, bleib am Ruder!" Und auf einmal hatte Louis die Motivation, weiter zu rudern. Wenige Minuten später kamen sie an und freuten sich auf ihr neues Leben voller ersehnter Abenteuer und ohne Langeweile.

*Emilia Helmecke*
*Maria-Theresia-Gymnasium, Klasse 10c*

## Der Rettungsschwimmer

Der Rettungsschwimmer Milos Jovanovic ist ein Rettungsschwimmer bei der DLRG. Milos hat einen Chef. Der Chef heißt Daniel und ist sehr nett. Einmal ruft er Milos, den Rettungsschwimmer, an und sagt: „Hallo, Milos! Komm bitte morgen um 5:00 Uhr! Du hast Dienst." Milos sagt: „Okay, ich komme!" Es ist 21:00 Uhr. Er hat also noch acht Stunden, bis er aufstehen muss. Doch halt, er weiß ja gar nicht, in welcher Stadt er Dienst hat. Der junge Mann lebt in München Pasing, hat allerdings Einsätze in verschiedenen Städten. Milos beschließt, den Chef anzurufen und nochmal nachzufragen: „Hallo, Chef, ich bin's, Milos. Entschuldigung, dass ich so spät noch anrufe. Ich habe vergessen zu fragen, wo ich morgen Dienst habe." – „Ah, ja stimmt!", sagt der Chef. „Du sollst morgen in Kissing arbeiten!" – „Okay!", ruft der Rettungsschwimmer. „Auf Wiedersehen!" und legt auf.

Am nächsten Morgen ist es noch nicht hell, als Milos aufwacht. Er steht auf und fährt nach Kissing. Als er am Badesee in Kissing ankommt, sieht er, dass dort jemand rennt. Er schreit: „Nicht rennen!" Die Person stoppt.

Nach zwei Stunden beobachtet Milos, wie sich plötzlich jemand im Wasser verschluckt und Panik bekommt. Milos springt ins Wasser und holt die Person heraus. Er ruft einen Rettungswagen und kümmert sich in der Zwischenzeit um den Mann. Der RTW kommt nach zehn Minuten. Die Person, die sich verschluckt hat, heißt Robert. Die Notfallsanitäter danken Milos und laden Robert in den Krankenwagen. Milos ist erschöpft und hofft, dass es Robert bald wieder besser geht.

Nach zehn Stunden ist der Tag zu Ende. Milos kommt nach Hause und bekommt einen Anruf von seinem Chef: „Hallo, Milos! Du bekommst heute 1000 €, weil du Robert das Leben gerettet hast. Herzlichen Glückwunsch!" Milos freut sich sehr und bedankt sich bei seinem Chef. ‚Das war ein aufregender Tag!', dachte sich der Rettungsschwimmer Milos.

*Milan Dalamic*
*Pankratiusschule, Klasse 5a/6a*

### Olympia 2022 — Wettkampffahrt im Eiskanal

Auf die Plätze, fertig, los! Das Kajak startet. Im Wasser sind wilde Wellen und das Wasser spritzt. Es gibt Strömungen und Steine im Wasser. Oh, der Fahrer ist untergetaucht! Schnell macht er eine Eskimorolle. Die Fahrt geht an Stangen vorbei. Da vorne ist das Ziel! Noch schneller paddeln, damit man Erster wird! Geschafft! Das Ziel ist erreicht! Juhu! Ja, es gibt eine Medaille!

*Valentina Ascione, Elizan Eryigit, Anita Lotz und Ana Lina Nicolae*
*Grundschule Centerville-Süd, Klasse 1c*

## Kontrollverlust

Einatmen. Ausatmen. Ich schließe meine Augen und versuche einen anderen Gedanken zu fassen, doch dieser eine Moment spielt sich immer und immer wieder in meinem Kopf ab, dieser eine Moment, in dem ich gescheitert bin. Ich versuche, mich auf meinen Atem zu konzentrieren, doch es ist, als würde ich ertrinken. Ich bekomme keine Luft, als ob eine Schlinge um meinen Hals läge, die sich immer weiter zuzieht und mich ersticken lässt. Mein Herz rast. Schnell und immer schneller. Ich spüre, wie mein ganzer Körper zittert. Ich werde innerlich zerrissen. Als ich meine Augen öffne, dreht sich plötzlich alles. Meine Sicht, meine Gedanken und dieser ständige Druck: „Sei gut, sei besser, SEI VERDAMMT NOCHMAL PERFEKT!"

Und plötzlich ist alles nur noch schwarz und ich spüre, wie mein schweißgebadeter Körper nach hinten fällt.

Keine Kontrolle mehr. Nicht mehr am Ruder.

*Carla von Mirbach*
*Gymnasium bei St. Stephan, Klasse 10c*

## Am Ruder

Am Ruder, was bedeutet das nur?
Ich bin der Macht auf der Spur.
Oh nein, ich muss ja noch zur Kur!
Ich sitze vorne im Boot
und das Boot ist auch noch rot.
Die anderen folgen mir aufs Wort.
Und was ist das?
Ich bin ja nass!
Ich bestimme jetzt die Richtung,
natürlich!
Ich ruder! Und das nicht willkürlich!
Denn ich habe einen Plan,
fortan bleibe ich am Ruder, das ist ja
wohl klar,
für mich ist das jedenfalls wunderbar.

*Liana Klopf*
*Maria-Theresia-Gymnasium, Klasse 6b*

## Leinwände

Abby ging mit den Händen in ihren Taschen zu einem neuen Kunstladen. Sie achtete dabei kaum auf den Weg, den sie einschlug, denn sie streifte so oft durch diese Straßen, dass ihre Füße sie wie von allein dorthin brachten. Sie wollte sich von den schrecklichen Gefühlen ablenken, die sie jeden Tag plagten. ‚Denk nicht darüber nach!', ermahnte sich Abby schon zum hundertsten Mal heute. Langsam setzte sie einen Fuß vor den anderen. Aber sie wollte auch nicht daran denken, was sie bei ihrer Ankunft erwarten würde. Es ergab keinen Sinn, sich schon vorher damit gedanklich zu befassen, denn sonst würde sie vielleicht beschließen, wieder zurückzukehren.

Der nasse Gehweg war trostlos grau und auf ihre Kapuze platschten schwere Regentropfen. Als einige dennoch auf ihrer Stirn hängen blieben, blies sie sie ab. Abby jedoch spürte weder die warme Brise, die durch die Straßen strich, noch hörte sie die raschelnden Bäume oder das alltägliche Geräusch von Verkehrsmitteln.

Als sie sich am Laden fand, schien der milde Abend plötzlich stechend und unerträglich kalt. Abby nahm einen tiefen Atemzug und schritt voraus. Sobald sie die Tür drückte, um hineinzugehen, klingelten ein paar Glocken über der Tür. Sie spürte eine eigenartige Zufriedenheit, als sie den Laden betrat. So etwas hatte sie seit Langem nicht mehr gefühlt.

Hinter der Theke stand eine Frau mittleren Alters, die das Haar, das schon grau wurde, zu einem Pferdeschwanz gebunden trug. Abby lächelte schwach, doch setzte dann ihre Lippen zu einer schmalen Geraden, sobald sie die ganzen Zeichenutensilien sah. Der Duft von Ölfarben brachte ihre Erinnerung an die perfekten Zeiten, an all ihre Erfolge, die sie in ihrem jungen Alter erzielt hatte. Doch sie verschwanden genauso schnell, wie sie kamen, begraben von den Bildern der Zeitungen und von sich selber, bitter weinend. Abby schüttelte den Kopf, während ihre Gedanken sich überstürzten.

An der Wand hing ein rubinrotes Spruchband, auf dem stand: Mein Leben ist Kunst. Kunst ist mein Leben. ‚Nun, das war mal so', dachte Abby. Das Zeichnen war ihre einzige Beschäftigung oder wenigstens die einzige, die ihr wichtig war. Sie widmete ihr Leben der Kunst und die Belohnung für die ganze harte Arbeit war nun Trauer und Wut. Wenn sie aufstand, war das Erste, was sie machte, das Zeichnen und das Letzte, bevor sie schlafen ging. Während Abbys Freunde im See badeten, verzichtete sie jedoch darauf und studierte mithilfe von Papier und Stift Licht und Schatten. In den Ferien streifte sie mit ihren Stiften und Zeichenblöcken im Wald umher. Sie blieb so gut wie ihr ganzes Leben lang am Ruder und erreichte Einiges. Doch dafür bedarf es sehr viel Übung, woraufhin Abby fand, dass es zwei Arten von Künstlern gab: Der eine ist von Geburt aus talentiert, während der andere nur durch unglaublich viel Übung das erreichen kann, was er will. Vielleicht war sie talentiert, aber um perfekt zu sein, reicht nur Talent nun mal nicht aus.

Doch dann kam der Moment, der drohte, alles zu zerstören, wofür Abby ihr ganzes Leben arbeitete. Es war ein sehr wichtiger und bedeutender Wettbewerb. Der Preis war eine sehr hohe Geldsumme. Doch Abby wurde Dritte und die Perfektionistin in ihr konnte es nicht wahrhaben. Genauso wie ihre Eltern. Selbst beim zweiten Platz wären sie nicht zufrieden.

Ihre Mutter sagte nur voller Verachtung: „Sei nicht betrübt. Es wird immer Bessere als dich geben, Abby. Kannst du jetzt offenbar sehen." Sie schüttelte wütend den Kopf und sah zur Seite, als wolle sie ihre Tochter nicht anschauen. Ihr Vater entgegnete nur: „Wir haben mehr von dir erwartet, Abby", und zuckte dabei mit den Achseln. Das Mädchen war schon den Tränen nah, doch diese Worte gaben ihr den Rest, woraufhin sie sich in der Toilette einsperrte und an die Tür gelehnt weinte. ‚Es wird kein nächstes Mal geben. Ich habe es vermasselt', dachte sie. Schule war nicht hoch auf Abbys Prioritätenliste, also würde sie mit ihren Noten nicht weit kommen. Von dem Wettbewerb wurde in den Zeitungen berichtet, genauso wie von den Gewinnern.

Doch es kam noch mehr: Abby hatte eine Anfrage an eine sehr angesagte Kunstakademie gestellt, aber sie wurde nicht angenommen. Das hat sie letztendlich kaputt gemacht. Abby versuchte nicht einmal, ihre Niedergeschlagenheit und ihre Verzweiflung zu verdecken. Ihr Leben lang bereitete sie sich vor, hatte alles gegeben, unter dem Druck immer sehr gut zu sein, und dann die Absage. Lohnte es sich weiterzumachen, wenn das das Ergebnis ihrer ganzen Mühe und Arbeit war? In diesem Moment war sie nur wütend auf sich, auf ihr Leben, praktisch auf alles. „Ich werde es nicht mehr machen, nie wieder!", sagte sie schluchzend. Abby war bereit, mit der Kunst aufzuhören, aber in diesem enttäuschten Zustand war es schwer, rational und vernünftig zu denken.

Es herrschte immer ein gewisser Druck von ihrer Familie und das führte manchmal dazu, dass Abby den ganzen Tag im Bett liegen wollte, nur um nicht aufzustehen und wieder von ihren hohen Erwartungen zu hören.

Vor ein paar Tagen zeichnete sie ein Portrait. Das Mädchen sah zwar gar nicht wie Abby aus, nicht im geringsten, doch das hatte sie auch nicht vor.

Die Person Mädchen auf der Leinwand zeigt Abbys Trauer, ihre Enttäuschung. Doch als sie den letzten Pinselstrich machte, nahm sie gleich eine Tube mit schwarzer Farbe und schüttete sie über das Portrait. Schließlich verbrannte sie das Bild und sah dabei zu, wie die gewaltigen Flammen es genauso schnell verschwinden ließen wie all ihre Pläne für die Zukunft und ihr felsenfester Glaube, sie könnte etwas zustande bringen, das man „große Kunst" nennt. Abby lauschte dem Knistern der Flammen und war wie gebannt von diesem Anblick.

Für einen kurzen Augenblick vergaß Abby, was sie hier wollte, doch als sie eine Packung Ölfarben sah, nahm sie die in die Hand. Und als ob sie einen Stromschlag erlitt, legte sie sie gleich zurück.

Sie blickte auf, als plötzlich eine Stimme ihre Gedanken unterbrach. „Brauchen Sie vielleicht Hilfe?", bot die Verkäuferin höflich an. „Nein danke, ich … ich komme schon selber zurecht." Die Verkäuferin nickte, wandte sich wieder ab und Abby machte sich zur Abteilung der Leinwände auf. Die Anstrengung, sich zu zwingen, nicht mit dem Weinen anzufangen, erforderte all ihre Selbstbeherrschung. ‚Ich wünschte, ich könnte wieder zeichnen!', dachte sie. Sie spürte doch Tränen in ihren Augen. Mit dem Handrücken rieb sie sich darüber. Alles fühlte sich unlösbar an. Und dann, als ihr Frust den Höhepunkt erreicht hatte, bekam sie ein seltsames Gefühl, das sie auf Anhieb aber nicht einordnen konnte. Plötzlich kam jemand, um ihre Aufmerksamkeit zu bekommen. Es war wieder die Verkäuferin. Abby sah die Frau mit einem fragenden, dennoch müden Blick an. „Ich habe gesehen, dass du lange bei den Leinwänden stehst. Wir haben hinten noch viel mehr." Sie zeigte mit ihrer Hand Richtung Kasse. Seitlich war ein honiggelber Vorhang und offenbar meinte sie den Raum dahinter. Als Abby jedoch schwieg, da sie nicht wusste, was zu sagen sei, versicherte ihr die Verkäuferin: „Es wird dir gefallen. Ist sehr schön dort."

„Ok, danke." Abby nickte und schritt zu dem Raum. Dort waren zwei Fenster, die ein warmes Licht in den schaurigen Raum warfen. Wie die Verkäuferin ihr beteuerte, gab es dort sehr viele Leinwände in unterschiedlichen Größen und Farben. Einige hatten einen eher gelben Stich, während die anderen schlicht weiß waren.

Und wieder stellte sie sich die Frage, was sie nun machen sollte. Aber die Antwort war doch offensichtlich. „Wieso bin ich überhaupt hergekommen?", seufzte sie. Als sie sich entschloss herauszugehen, sah sie aus dem Fenster und bemerkte, wie dunkel es bereits war, wobei sie ein paar Sterne aufblitzen sah. Das erinnerte sie an das großartige Gemälde von Van Gogh: die Sternennacht. Ihre Eltern fanden Vincent Van Gogh und seine Werke seltsam. Aber Abby war der Meinung, dass sein Talent etwas in sich hatte, wovon andere Künstler nur träumen konnten, es zu erreichen, eine besondere Wucht, die ihn einzigartig machte. Zu seiner Lebenszeit waren die Menschen nicht so sehr von seinen Bildern begeistert, doch nun ist er von der ganzen Welt als Genie anerkannt worden.

Abby machte sich auf den Weg, weg von diesem Laden, weg von den Erinnerungen. Wie sehr sie sich wünschte, sie hätte mit ihren drei Bildern gewonnen! Wie sehr hatte sie sich gewünscht, an der Kunstakademie studieren zu dürfen!

Doch wenn Genie ewige Geduld ist, wie Michelangelo es behauptete, dann sollte Abby trotz aller Fehlschläge, Entmutigungen und der Hindernisse nichts von dem Glauben abbringen, dass aus ihr etwas werden könnte. Vielleicht kommt noch die Zeit, in der sie von ihrer Kunst leben kann.

Schließlich ging sie zur Verkäuferin und sagte entschlossen: „Eine Leinwand, bitte!" und streckte ihre Hand mit den Münzen aus.

*Mona Hojjat*
*Holbein-Gymnasium, Klasse 8a*

## Greta Thunberg am Ruder

Greta Thunberg ist eine Klimaschutz-Aktivistin. Ihr Klima-Aktivismus begann während der Dürre- und Hitzewelle 2018, die weite Teile Europas erfasst hatte, und drei Wochen vor der Wahl zum Schwedischen Reichstag. Am 20. August 2018, dem ersten Schultag nach den schwedischen Sommerferien, platzierte sie sich mit einem Schild mit der Aufschrift „Skolstrejk für Klimatet" (Schulstreik für das Klima) vor den Schwedischen Reichstag in Stockholm. Zunächst agierte sie allein, danach fügten sich Schüler und Klima-Aktivisten ihrer Bewegung an. Die von ihr angeregten „Schulstreiks für das Klima" sind inzwischen zur globalen Bewegung „Fridays For Future" (FFF) gewachsen. Greta Thunberg fordert für das Funktionieren des Pariser Klima-Abkommens, dass reichere Länder eine Vorreiterrolle übernehmen. Sie kritisiert vage und entfernte Klimaziele für 2030 und 2050, die nichts mehr nützten, wenn das verbleibende $CO_2$-Budget aufgebraucht ist. Als bislang jüngste Person wurde sie 2019 als Repräsentantin der internationalen Klimaschutzbewegung vom US-Magazin „Time" mit dem „Right Livelihood Award" ausgezeichnet. Greta übernimmt eine Vorreiterrolle im Kampf gegen den vom Menschen beschleunigten Klimawandel und hat somit das Ruder für den Klimaschutz an sich gerissen.

*Zebra Bagbay*
*Maria-Theresia-Gymnasium, Klasse 6b*

## Der nächste Held von New York

(Die Serie „Chicago Fire" hat mich bei meiner Geschichte inspiriert.)
Der 11. September 2001 war für viele Amerikaner ein Schock. Auch für den kleinen siebenjährigen Leon, der damals seinen Vater bei diesem Feuerwehreinsatz verlor. Er war einer der besten Feuerwehrmänner und Gruppenführer von New York. Sein Vater war schon immer ein Vorbild für ihn, deshalb war es auch sein großer Traum, Feuerwehrmann zu werden, in die Fußstapfen seines Vater zu treten. Als kleiner Junge durfte er am Wochenende immer mit seinem Vater auf die Wache 51 von New York gehen. Als er die Ausbildung zum Feuerwehrmann abgeschlossen hatte, machte er seine Atemschutz-Prüfung. Er leistete in allen Einsätzen gute Dienste und wurde in den darauffolgenden Jahren erfolgreicher. Somit wurde er 2017, mit gerade einmal 23 Jahren, zum erfolgreichsten Feuerwehrmann ganz New Yorks ernannt. Leons Mutter war sehr stolz und sah auch seinen Vater in ihm. 2020 kam der Schock für ganz New York: Corona brach aus und Leon erkrankte schwer an dem Virus. Er musste beatmet und ins künstliche Koma versetzt werden. Nach vier Monaten Behandlung konnte er wieder aus dem künstlichen Koma zurückgeholt werden. Der junge Feuerwehrmann war dann schnell wieder auf den Beinen und konnte deshalb nach einem halben Jahr zurück auf die Wache kommen. 2021 machte Leon dann einen großen Schritt in seiner Karriere und durchlief eine Gruppenführer-Ausbildung. Vier Jahre später rettete Leon und sein Team bei einem Einsatz 50 Menschen das Leben. Dafür wurde die Wache 51 geehrt und bekam einen Scheck in Höhe von 50.000 Dollar geschenkt. Doch das Glück war nur von kurzer Dauer. Denn Leon bekam fünf Jahre später die Diagnose Lungenkrebs. Der Tumor hatte sich schon rasant verbreitet und somit lief ihm die Zeit davon. Kein Arzt konnte mehr etwas für ihn tun. Leon starb schließlich an Krebs und New York trauerte um seinen Tod. Ein Held war gestorben.

*Markus Fischer*
*Balthasar-Neumann-Berufsbildungszentrum, Klasse HOL10A*

# Am Steuer sitzen, um später mal einen Job zu haben

Man schwingt das Ruder für die eigene Zukunft. Das ganze Leben dreht sich um das Lernen und darum, dass man gut in der Schule sein sollte, damit man sich nach der Schulzeit einen Job aussuchen kann. Es entscheidet jeder für sich, ob man gute Noten schreiben möchte oder nicht, jeder für sich dreht sein eigenes Ruder. Gute Noten zu haben, hat mehrere Vorteile, weil man so später mit einem guten Job seine Familie finanzieren kann, um so ein schöneres Leben zu führen. Ein guter Schüler zu sein, bedeutet dann sogar wahrscheinlich, sich einmal eine Arbeit aussuchen zu können, die nicht so gut bezahlt ist, sondern auch eine Arbeit zu wählen, die dann auch noch Spaß macht. So bleibt man für das Leben selbst viel entspannter. Ich denke, dass man seinen Schultag so schön und spannend wie möglich gestalten sollte. Dadurch kann man sich vielleicht auch besser konzentrieren und folglich mehr im Unterricht mitmachen. Mit einem guten Zeugnis hat man wieder bessere Chancen, einen schönen Job zu finden, da der Arbeitgeber ja auch darauf schaut, wie der Schüler früher so in der Schule war und sich dort eingesetzt hat; dann muss der Arbeitgeber das Ruder steuern und seine Wahl treffen. Es gibt noch viele andere Gründe, wieso ein Schüler in der Schule gut aufpassen sollte, zum Beispiel weil man damit auch sein Grundwissen erweitert, vielleicht zum leidenschaftlichen Leser und zum guten Mathematiker werden kann. Hier sieht man gut, dass es also wichtig ist, gute Noten zu schreiben und in der Schule gut aufzupassen. Natürlich kann man das Ruder auch in eine andere Richtung steuern, jeder muss jedoch selber wissen, was das Beste für einen selbst ist und für seine Zukunft. Diese Entscheidung zu treffen, meint ‚das Ruder steuern' auch. Ich denke, das alles hat mit dem Thema „am Ruder" zu tun, da man sich bei den Noten steuert und auch beim Rudern am See, denn wenn man das Ruder in der Hand hält, steuert man das Boot. Damit man ans Ziel kommt, muss man selbst etwas machen, etwas bewegen, etwas lenken, etwas steuern, etwas entscheiden. Deswegen finde ich, dass das sehr gut zum Thema „am Ruder" passt.

*Carina Wirtz*
*Heinrich-von-Buz-Realschule, Klasse 6b*

# Ruderausflug

Herr Ruder und Frau Ruderin rudern mit ihrem Ruderboot und den zwei Rudern auf den Rudersee hinaus. Mitten auf dem Rudersee kommt eine große Ruderwelle vom Rudersee und stößt das Ruderboot fast um. Dabei fällt Herr Ruder aus dem Ruderboot in den Rudersee. Er rudert mit den Armen und hält sich am Ruder fest. Er bleibt am Ruder. Aber irgendwann muss er nachlassen und die Wellen vom Rudersee treiben ihn vom Ruderboot weg. Frau Ruderin wirft ihm ein Ruder zu und er hält sich daran fest. Es gibt keinen Ausweg, bis plötzlich ein anderes Ruderboot mit einem anderen Ruderer und einem anderen Ruder kam. Der Ruderer wirft ihm ein Seil zu und Herr Ruder bindet es an das Ruder, das Frau Ruderin ihm zugeworfen hat. Der andere Ruderer zieht ihn auf sein Ruderboot und Herr Ruder bedankt sich herzlich. Er fragt, wie der fremde Ruderer heiße. Dieser antwortet, er heiße Herr Schiff. Sie fahren zurück zum Boot von Frau Ruderin, die sich schon Sorgen gemacht hat. Dort steigt Herr Ruder ein und bedankt sich noch einmal bei Herrn Schiff. Dieser allerdings ist schon längst wieder in Richtung Ufer aufgebrochen und genau das wollen Herr Ruder und Frau Ruderin jetzt auch tun. Sie fahren schnell nach Hause in ihr Ruderhaus und Herr Ruder trocknet sich ab. Plötzlich kommt Herr Schiff und fragt, wie es Herrn Ruder gehe. Dieser antwortet, es gehe ihm gut und er brauche keine Hilfe mehr. Frau Ruderin bietet Herrn Schiff einen Kuchen an und Herr Schiff bleibt noch eine Weile und sie essen zusammen Kuchen.

*Laurenz Dambacher*
*Maria-Theresia-Gymnasium, Klasse 6b*

## Eine kurze Geschichte über die Wahrheit

Zuerst stirbt die Wahrheit.
Und wer am Ruder steht, der bestimmt, wie diese aussehen soll.
Die Absätze tönten dumpf auf dem steinernen Boden, schleichende Schritte kamen langsam näher und die Türe öffnete sich quälend langsam. Die Absätze durchquerten zaghaft den Raum, eine schwere Tasche rutschte mit einem dumpfen Knall auf den Boden.
Man würde die Frau auf ein mittleres Alter schätzen. Sie war schlank, aber nicht sonderlich groß, eine unscheinbare Erscheinung. Sie trug eine kleine, goldfarbene Nickelbrille, mit schmutzigen, verblichenen Gläsern. Jedesmal wenn sie den Kopf hob, lugte sie, scheinbar vorsichtig, über die Rän-

der des dünnen, goldenen Gestells hinweg, ohne irgendjemanden direkt anzusehen. Regelmäßig verzichtete sie auf eine standesgemäße Begrüßung und so warf sie auch heute einzig einen müden Blick in die Runde.

„Setzt euch, bitte!", flüsterte der Ankömmling.

Geräuschvoll scharrten zwanzig Stühle über den grünen Linoleumboden. Getuschel verstummte hier und dort.

Sie drehte sich mit schlurfenden Schritten um, fischte dann langsam, ganz langsam ein durchnässtes Stück Kreide aus der Metallrinne unterhalb der Tafel. Kaum merklich hob sie ihre Rechte und schrieb mit schleppenden, rundlichen Buchstaben ein einziges, alleinstehendes Wort auf den Schiefer.

„Wahrheit" stand da.

„Dies", murmelte sie, „ist unser Thema für die nächsten Stunden."

Die Frau drehte sich herum, sah träge umher, wohl in der Hoffnung, zwanzig erwartungsvolle Augenpaare auf sich gerichtet zu sehen. Nichts dergleichen war tatsächlich der Fall. Es schien sie jedoch nicht zu stören, dass alle Anwesenden nur mit halbem Ohr zuhörten. Stattdessen kehrte sie der Klasse wieder den Rücken.

Ein weiteres Mal hob sie den Arm und schleppend schlich eine weitere feuchte Kreidespur über die Wandtafel. Diesmal erschienen nach und nach zwei ganze Sätze auf dem Schiefer. Die Schreibende sprach die Worte leise mit. Entgegen der einschläfernden Wirkung ihrer Stimme hoben tatsächlich ein paar wenige ihre Stifte und übertrugen die Schriftzüge.

„Für antike Philosophen stellt Wahrheit einen absoluten Wert dar. Die Wahrheit steht als wahrhaftige Aussage im Gegensatz zur Lüge."

Sie wandte sich erneut in die Richtung der Klasse. „Will jemand dazu etwas sagen?" Ihre Stimme klang fast schon hoffnungsvoll. „Hat jemand eine Frage?"

Niemand hob den Kopf, Schweigen füllte den Raum. Sie ließ ihren Blick über den Rand der Nickelbrille hinweg schweifen und ein sehr, sehr leiser, kaum hörbarer Seufzer wich von ihren Lippen.

„Na gut!," nuschelte die Frau und senkte den Kopf, als niemand reagierte. Sie wollte zurück zur Tafel zuckeln, als sich im hintersten Winkel des Zimmers eine Gestalt regte. Ein einzelner, langer Arm schraubte sich langsam in die Höhe.

Sie hielt inne und für einen Sekundenbruchteil begannen ihre Augen zu leuchten.

„Ja? Bitte?", fragte sie vorsichtig.

„Ich hätte eine Frage, Miss." Die Stimme des Sprechers war klar und bestimmt.

Neunzehn Köpfe fuhren herum. Neunzehn ungläubige Mienen. Neunzehn gespitzte Ohren. Neunzehn offene Münder. Neunzehn gespannte und verwunderte Augenpaare wurden nach hinten gerichtet.

Die verblüfften Blicke richteten sich alle auf den Schuldigen.

Dunkle Kleidung, schwarze Haare, neutraler Gesichtsausdruck, jedoch war der eckige Kiefer des Verantwortlichen angespannt, sodass seine Wangenknochen scharf hervortraten.

„Ja. Natürlich." Sie fuhr sich nervös durch die Haare und ein überraschtes Lächeln stahl sich auf ihre Lippen.

„Meinen Sie, sobald eine Aussage auch nur ein bisschen von der Wahrheit abweicht, sei sie eine Lüge?"

Die Frau sah überrascht aus. Die matten Brillengläser schienen mit einem Mal zu funkeln.

„Natürlich. Es sind ganz besonders die kleinen Unwahrheiten oder das unscheinbare, verstohlene Verdrehen von Fakten. Man denkt, dies sei harmlos, aber schon die winzigste List kann gefährlich werden. Sie türmt sich mit anderen, unwichtig erscheinenden Betrügereien auf und zusammen bilden sie riesige Lügenkonstrukte, aus denen es kein Entrinnen mehr gibt."

Der Glanz war noch nicht aus ihren Augen verschwunden. Was passierte hier?

Da befand sich eine schelmische Visage hinter dem dünnen Goldrahmen ihrer Sehhilfe!

„Lügenkonstrukte?" Die feste Stimme von zuvor war leiser geworden. „Ich verstehe nicht, Miss."

Ja. Man verstand ihre Worte nicht. Man verstand diese Frau nicht.

Eine Frau, deren Stimme sich normalerweise wie ein Windhauch verlor, konnte mit einem Mal solche Reden schwingen?

Zur Verwunderung aller Beiwohnenden lächelte sie grotesk.

Zuerst hoben sich ihre Mundwinkel für einen Wimpernschlag an, zogen sich dann auseinander, bis ein triumphierendes Lachen ihre Gesichtszüge verzerrte.

Teuflisch, bestialisch, maskenhaft und vollkommen fremd.

Von der schweigsamen, nahezu unsichtbaren Frau war in diesem Moment nichts geblieben.

Wer war dieses zähnebleckende Wesen? Was war es? Wahrhaftig, man verstand diese Frau nicht. Es waren nicht die verständnislosen, fremden Worte. Jetzt war sie es, die unverständlich fremd und anders wirkte.

Zwanzig verwirrte Schüler starrten mit entgleisten Mienen entgeistert noch vorne.

Es herrschte absolute Stille: kein Rascheln, nirgendwo Flüstern, kein Kichern, kein Husten. Man hätte just in diesem Augenblick eine Stecknadel fallen hören können. Eine befremdliche Spannung füllte den Raum, die einem die Brust enger werden ließ und einem den Atem abschnürte.

„Wollt ihr, dass ich fortfahre?" Das seltsame Lächeln war noch nicht von ihren Lippen gewichen.

Betretenes Schweigen war die Antwort, welches sie kommentarlos als Zustimmung wertete.

„Ob ihr es mir glaubt oder nicht, es gab und gibt Staaten, die rein auf solche Unwahrheiten gebaut waren oder sind. Stellt euch möglichst einen Turm vor, dessen zahlreiche kleine Steine aus einzelnen Lügen bestehen. Einer dieser Lügensteine besteht aber aus schlechtem Material, das sandig und spröde ist. Und so kann ein Turm aus lauter Lügen kein stabiler Turm werden. Ein kleiner Stoß und er fällt um."

Ein bizarrer Glanz lag auf ihrem Antlitz und ihre Augäpfel traten fratzenhaft aus den Höhlen. Gleichzeitig sprach sie dennoch mit großem Ernst in der Stimme.

„Der Großteil der Menschen lernt nicht gerne aus der Geschichte, ignoriert gerne die kleinen Warnungen und Anzeichen. Deswegen gibt es einige sehr mächtige, sehr reiche Leute, die auf grandiose Weise lügen können."

Nun war ihre Stimme emotionsgeladener. Sie schnaubte verächtlich durch die Nase und fuhr zischend fort: „Sie sind Monster, täuschen gute Absichten vor, wollen mit ihrem Überfluss scheinbar diese Welt und ihre Bewohner retten. Sie werden für ihre Intelligenz und ihren Tatendrang gepriesen. In Wirklichkeit stehen sie im Schatten direkt hinter den Politikern, die die Länder dieser Welt regieren, und ziehen im Hintergrund ihre Fäden."

Die Frau stieß ein bitteres, freudloses Lachen aus: „Es gibt eben immer Menschen, die am Ruder stehen, wahre Tyrannen." Ihre wütende Stimme brach und sie flüsterte wieder: „Es gab Tyrannen, es gibt sie noch immer, es wird sie stets geben. Und dann gibt es noch solche Kreaturen, solche Monster, die es heimlich, im Verborgenen und für alle Zeiten werden wollen. Letztere leben ewiglich. Doch zuvor muss die Wahrheit sterben. Denn wem soll diese nicht ein Dorn im Auge sein?"

Grabesstille umhüllte die Anwesenden, kontinuierliches Schweigen wogte wie eine Welle über den Köpfen der Sitzenden.

Eine Welle war es, von der die Frau gesprochen hatte.

Eine riesige und mächtige Welle ist es, die dem Strand unaufhaltsam entgegen eilt.

Ausgelöst von einem Sturm tausendjähriger und jüngster Geschichte, bestehend aus dem Fluss des Geldes, mit einer schäumenden Gischt aus Lügen bringt die Flut den Wind der Veränderung voller Intrigen und Zerstörung mit sich. Die winzigen Wellen, die sich gegen die rollenden Wassermassen richten, werden gleichsam überspült und mit ins Meer gesogen, bis die Welle den Strand erreicht und jedes einzelne kleine Sandkorn überrennt.

Ganz oben auf ihrem Kamm fährt ein Boot und der Steuermann auf dem Deck muss nicht rudern. Sein Boot fährt auf der mächtigen Welle ganz von alleine in die von ihm gewünschte Richtung, ohne auf Grund aufzulaufen.

Sieht man ihn nicht lachen? Dort auf dem Boot, am Ruder der Welt stehend?

*Marie-Christin Koppold*
*Maria-Ward-Gymnasium, Klasse 10a*

## Die Rechnung

Im 26. Jahrhundert konnten die Menschen Raumschiffe bauen, die bis aus unserem Sonnensystem heraus und noch viel weiter fliegen konnten. Aber ein guter, erfahrener Kapitän am Ruder war immer noch unverzichtbar. So ein Kapitän wollte mit seiner Mannschaft in eine andere Galaxie gelangen. Der Käpt'n hatte die Route genau berechnet, da er ein guter Mathematiker war und so schnell wie ein Computer rechnen konnte; na ja, fast so schnell.

So war er mit seiner Mannschaft auf dem berechneten, sicheren Kurs unterwegs, als plötzlich ein schwarzes Loch direkt vor Ihnen auftauchte. „Käpt'n, Käpt'n!", kam die Mannschaft mit aufgerissenen Augen hergerannt, „vor uns das Schwarze Loch! Sie müssen ausweichen!" Jetzt war der Käpt'n verwirrt. Er hatte seine Route ja genauestens und höchstpersönlich berechnet. Was nun? Sollte er weiterfliegen, der Rechnung sein Leben anvertrauen oder lenken, weg vom Schwarzen Loch, aber auch ab von seiner Route, was sehr gefährlich war. Es wurde ganz still im Raumschiff. Alle Augen waren auf den Käpt'n gerichtet. Er musste jetzt die Entscheidung treffen, von der das Leben seiner Besatzung abhing. Plötzlich rüttelte es so, dass die ganze Mannschaft an die Wand geschleudert wurde. Und es wurde immer dunkler. „Aber die Rechnung muss doch stimmen", dachte der Käpt'n verzweifelt. Er überflog noch ein letztes Mal seine Kursberechnung und da wurde ihm plötzlich klar: PUNKT VOR STRICH-REGEL vergessen!!!

(Also immer gut im Matheunterricht aufpassen!)

*Daniel Wiedenmann*
*Jakob-Fugger-Gymnasium, Klasse 5b*

## Wer ist am Ruder?

Jeder ist am Ruder
Das Leben ist wie ein Fluss
Man rudert immer weiter hinunter
Jeder fängt am Anfang an
Bis der Fluss endet.

*Lisa Keller*
*Maria-Theresia-Gymnasium, Klasse 5b*

## Der Richtige

Die Pandemie ist uns allen bekannt. Sie zieht uns runter, aber mit dem Richtigen am Ruder werden wir das Schiff schon schaukeln. Doch wer wird der Richtige sein? Politiker, Konzerne oder doch der Bürger? Eine Frage, die sich sicher viele von uns stellen.

Aber gerade in einer solchen Zeit der Not scheinen Gemeinschaft und Zusammenhalt der Gesellschaft gefährdeter denn je zu sein. All die Regelungen halten uns davon ab, in einer Gesellschaft zu leben und unsere Liebsten zu treffen. Außerdem versuchen deswegen viele auf eigene Faust, durch die Pandemie zu kommen. Diese für viele unnötigen Regeln müssen aber sein, da wir diesen Teufelskreis sonst nicht verlassen können.

Hoffentlich wird der Tag kommen, an dem unser Vertrauen in die Politik und unsere Mitmenschen zurückkehrt. Denn nur zusammen und nicht gegeneinander können wir das Ruder herumreißen.

*Michail Bantavas und Stefan Gegg*
*Städtische Berufsoberschule, Vorklasse*

## Der Ruderer

Es war einmal ein Mann, dessen Ziel es war, die gesamte Donau entlang zu rudern. Deshalb probierte er es jedes Jahr auf's Neue, doch er gab jedes Mal vor Erschöpfung auf. Eines Tages kamen seine Freunde auf ihn zu und wollten ihm helfen. Sie trainierten jede Woche zusammen. Ein komplettes Jahr verging und er wollte es wieder probieren. Als er dreiviertel der Strecke geschafft hatte, wollte er wieder aufgeben. Er tat es jedoch nicht, denn er musste an seine Freunde denken, die Zeit geopfert hatten, damit er sein Ziel erreicht. Voller Ehrgeiz ruderte er weiter, bis er an seinem Ziel ankam. Seine Freunde haben ihn am Ziel empfangen, um dann zu feiern, dass er es geschafft hat.

*Sertan Aygün und Jakob Isler*
*Städtische Berufsoberschule, Vorklasse*

## Ein Fluss aus Worten der Manipulation

Dieser riesige Fluss aus Gedanken, durch den man rudern musste. Dieser scheinbar unendliche Strom an Worten, aus denen man sich die schönsten und passendsten aussuchen musste. In meinem Kopf schien ich mich durch all diese Gedanken zu kämpfen, in der Sehnsucht nach diesen wenigen richtigen Worten, die ich brauchte, um am Ruder zu bleiben. Um an der Macht zu bleiben. Nur dafür durchsuchte ich meinen kompletten Wortschatz. Nur um sie zu überzeugen, mir zu glauben. Mir zu folgen. Meinem brillanten Plan nicht Einhalt zu gebieten. Scheitern, das durfte ich nicht, ich musste sie manipulieren. Nein, sie an das einzig Richtige glauben lassen. Ich musste am Ruder bleiben.

*Elisa Scharrer*
*Maria-Theresia-Gymnasium, Klasse 8c (Schreibwerkstatt)*

## Freunde

Freunde sind die,
die dir helfen, wenn etwas aus dem Ruder läuft.
Sie sind die, die dir nicht den Weg zeigen, sondern ihn einfach mit dir gehen,
die, die immer für dich da sind.
Sie sind diejenigen, die dir helfen, am Ruder zu bleiben, wenn etwas schlecht läuft.

Diejenigen, die eine traurige Situation zum Besseren wenden können. Sie würden dich in einem Sturm nie alleine lassen.

*Mona Windeler und Melina Kuss*
*Jakob-Fugger-Gymnasium, Klasse 7d*

## Eine gefährliche Kanufahrt

Es war ein schöner Samstagnachmittag, Ende der Sommerferien, als die elfjährige Alina ihrem Hobby Kanufahren in einem Wildwasserfluss nachgehen wollte. Außer ihrem besten Freund Luca, der am Flussufer stand, und ihr war niemand da und sie jagte über das Wasser. Doch plötzlich, als sie eine besonders steinige Stelle erreichte, glitt ihr das Ruder aus der Hand und schwamm an ihr vorbei! Jetzt konnte sie ihr Kanu nicht mehr kontrollieren, weshalb es – schneller denn je – an alle möglichen Steine schlug. Da sah sie etwas, das ihr das Blut in den Adern gefrieren ließ: Wenige Meter von ihr entfernt sah sie den Rand eines Wasserfalls! Sowohl Lucas Versuche, der neben ihr am Ufer rannte, um ihr zu helfen, als auch Alinas Versuch, mit den Händen ihr Kanu vom Wasserfall wegzupaddeln, waren erfolglos. Alina war jetzt vollkommen panisch: Sie würde den Wasserfall hinunterfallen und jämmerlich ertrinken! Sie schloss die Augen und dachte schon, ihr Ende sei gekommen, als sie spürte, dass das Kanu sich bewegte und gegen die Strömung vom Wasserfall wegfuhr. Erstaunt öffnete sie die Augen und was sie da sah, raubte ihr den Atem: Eine flauschige Biberfamilie schob ihr Kanu ans Ufer. Nachdem sie aus dem Kanu stieg, verschwand die Biberfamilie genauso schnell, wie sie gekommen war. Glücklich umarmte sie Luca und Luca meinte: „Ich wusste gar nicht, dass Biber so schlau sind, aber das nächste Mal solltest du besser am Ruder sein."

*Karolin Schönau und Linda Pollack*
*Gymnasium bei St. Stephan, Klasse 6c*

## Wildes Wasser

Die Welle wogt,
das Wasser spritzt,
in wilder Not
im Boote sitzt
der Rudersmann
am Ruder dran.

Er stemmt sich in die Riemen rein,
möcht' Erster bei der WM sein.
Doch von dem großen Hit
trennt ihn ein wilder Ritt.
Die Welle rauf, die Welle runter,
so spielt das Wasser mit ihm munter.
Der Ruderer wird durchgerüttelt,
kurz abgetaucht
und dann geschüttelt.
Das Ruder, das wird arg gebraucht.
Durch ein wildes Auf und Ab
fährt er in das Tal hinab.
Bis er sich im Ziel ausruht.
Die Zeit war nicht besonders gut.

*Micha Prockl*
*Gymnasium bei St. Stephan, Klasse 7d*

## Der nächtliche Raub

Es war glühend heiß! Ich lag hellwach in meinem Schlafsack. Alle schliefen
schon, außer ich. Furchtbar, mir fiel einfach kein Auge zu. Der üble Schweiß-
gestank erfüllte das ganze Zelt. Alles, was ich hörte, war das Rauschen der
Ostsee und der Wind, der an unserem Zelt auf der Düne leise vorbeipfiff.
Ich lag lange Zeit da und lauschte, bis mir ein seltsames Geräusch in die
Ohren kam. Ich hörte, wie jemand unser Zelt öffnete. Doch wer? Ich türmte
mich langsam auf und mir wurde heiß und kalt, als ich bemerkte, dass
meine Familie noch ruhig schlief. Daraufhin hörte ich, wie sich zwei Männer im Vorzelt leise unterhielten. „Was ist das?", fragte der Mann mit der
dunkleren Stimme. „Nimm es einfach mit!", erwiderte der andere. Ich
zuckte zusammen und flüsterte: „Das sind Banditen." – „Hier ist jemand
wach, lass uns verschwinden!", rief ein Räuber. Ich atmete kurz auf, doch
dann erschrak ich, als mich eine kalte Hand von hinten in den Nacken griff.
Ich schrie auf: „Hilfe!" Meine ganze Familie erwachte. Als mein Vater im
schwachen Licht der Taschenlampe sah, wie der eklige Mann mich aus
dem Zelt trug, schlug er ihn zu Boden und hielt ihn fest. Ich war erleichtert,
als ich wieder den kalten Sand der Düne unter meinen Füßen spüren
konnte. Durch den Lärm wurden die Nachbarn wach und riefen die Polizei. Als mein Bruder den anderen Dieb erblickte, sah er, wie dieser mit
unseren Wertsachen in Richtung Meer davonlief. Kurz darauf brüllte er:

„Der will mit unseren Sachen verschwinden!" Doch da sah er in der Ferne schon die Polizei, die wenig später die zwei Männer festnahm.

Alles wurde gut und wir bekamen unsere Sachen von den Ganoven zurück. In dem ganzen Trubel sage mein Vater zu mir: „Du warst sehr mutig."

*Katharina Rhee*
*Maria-Theresia-Gymnasium, Klasse 5b*

## Der Platz am Ruder

Wer sagt dir, wie's geht?
Wer zeigt dir die Welt?
Hält dir den Spiegel vor,
Auch wenn's dir heut' nicht gefällt?

Wer dreht seine Runden
Alleine im Kreis?
Gibt Antwort auf Fragen,
Wenn du's selber nicht weißt?

Der Platz hier am Ruder
Ist ein einsamer Ort.
Kaum kommt Seegang auf,
Schon spült es dich fort.

Der Platz hier am Ruder,
Scheint düster und kalt.
Gib gut Acht, über Nacht
Wirst du müde und alt.

Wer hält dich zurück,
Wenn die Hoffnung verbleicht?
Fängt dich auf, badet aus,
Wenn's mal wieder nicht reicht?

Was hält dich wach, hält dich warm?
Bist du zum Lernen bereit?
Keine Angst mehr vor Neuem,
Beende den Streit.

Halt dich fest, denn das Ruder
Lenkt sich nur schwer.
Doch es lohnt sich zu kämpfen
Und das Rauschen der Wogen endlich zu dämpfen.

Dein Platz vorn am Ruder
War immer schon hier.
Halt' dich fest, gib' nicht auf!
Finde wieder zu dir!

*Rebekka Reißinger*
*Berufsschule IV, Klasse DM11B*

## Du bist am Ruder!

Vor vielen Jahren gab es einen Schiffsjungen namens Robin. Robin war auf einem der berühmtesten Schiffe der englischen Flotte, der Ebon, weshalb er sehr glücklich war. Sein Captain war Captain Scrump. Er war ein guter und netter Captain. Er wusste auch, dass Robin schon immer einmal die Ebon steuern wollte. Deshalb rief er ihn an diesem einen besonderen Tag, an dem die Sonne gerade erst ihren goldenen Schein hinter dem Horizont hervor sandte, zu sich: „Robin! Komm bitte kurz in meine Kajüte!" – „Ja", rief Robin, „ich komme sofort zu Ihnen." Ein paar Sekunden später war Robin bei ihm. Dann begann der Captain zu sprechen: „Robin, ich weiß, dass du gerne mal die Ebon steuern würdest und du machst deinen Job wirklich sehr gut. Deshalb habe ich beschlossen, dass du einen Tag zum Captain ernannt wirst!" „I … I … Ich fühle mich geehrt und werde es hoffentlich gut machen", sagte Robin. Darauf antwortete der Captain: „Na dann, trete deinen Dienst an, Captain Robin ehrenhalber." Sofort rannte Robin hinauf auf das Deck. Die Ebon war ein großes Schiff mit weißen Segeln und Planken aus einem dunkelbraunen, schönen Holz. Sie hatte drei Masten und war das größte und schnellste Schiff der Flotte. Als Robin oben am Ruder stand, trat der Captain zu ihm und sprach: „Vergiss nicht, du hast mit dem Ruder auch eine große Verantwortung. Pass auf die See auf und gib die richtigen Befehle! Du hast das Leben der Besatzung und des Schiffes in der Hand! DU BIST AM RUDER!"

*Nils Keller*
*Gymnasium bei St. Stephan, Klasse 7a*

# Mein Ende. Dein Ende?

Ich ertrinke. Um mich herum eiskaltes Wasser. Es reißt mich mit, lässt mich nicht mehr zu Atem kommen. Es erstickt mich. Ich spüre meinen Körper nicht, nehme von Weitem wahr, dass ich rudere. Ich kämpfe gegen die Strömung an, doch innerlich habe ich mich schon längst aufgegeben. Ich bin zu lange mit dem Strom geschwommen, habe zu lange gewartet. Mein Boot ist längst zu schwer. Die Last ist zu groß. Ich sinke, ich ertrinke. Ich habe mich zu lange auf andere konzentriert, habe versucht, ihre Probleme zu lösen, habe für sie gekämpft, wurde bedroht, erpresst und verletzt und schlussendlich war ich ihnen dennoch egal. Ich habe versucht, das Richtige zu machen, keine Probleme zu bereiten, nicht aufzufallen, nicht gegen den Strom zu rudern, nicht anders zu sein. Ich hatte keine Kraft mehr, konnte mich nicht mehr gegen den Starkstrom, gegen mein Ende wehren. Mein Boot wurde zu oft ausgenutzt, zu oft verletzt. Durch die Löcher strömt das Wasser und es sinkt. Wir sinken.

Ich habe zu lange geschwiegen. Zu lange das gemacht, was von mir erwartet wird. Ich war zu lange nicht ich selbst und das war mein Ende. Es lohnt sich, gegen den Strom zu schwimmen. Es ist nicht einfach, es kostet Kraft und Überwindung, aber im Endeffekt seid ihr am Leben und die anderen im Wasserfall ertrunken.

Sei du selbst! Ziehe dein eigenes Ding durch, rudere gegen den Strom! Es muss sein. Kämpfe! Denn es überleben nur diejenigen, die rudern, um den Wasserströmen, dem Ende zu entkommen. Dein Ende ist nicht jetzt!

*Teresa Kinzler*
*Maria-Theresia-Gymnasium, Klasse 10c*

## Das große Chaos

### ~ Chaos ~

An einem sonnigen Herbstnachmittag war einmal in einer Stadt alles völlig anders. Die Stadt hieß Neudevia. Neudevia war eigentlich eine tolle Stadt, doch in dieser Geschichte herrschte dort ein totales Chaos. Die Bürgermeisterin war nach Mexiko in den Ruhestand gezogen. Es gab nun keine Regeln mehr und genau das war das riesengroße Problem. Auf einmal gab es überall Staus, Läden wurden zugemacht, alles war eben total chaotisch. Wie würde das nur enden? Hoffentlich gut. Riesengroßes Chaos wird bald Neudevia verschlingen! Wie das wohl endet?!!! Alles lief völlig aus dem Ruder!

## ~ Stromausfall ~

Weil es keine Regeln mehr gab, musste natürlich auch die Polizei nicht mehr arbeiten. Und deshalb wurde die Zahl von Überfällen, Diebstählen und Einbrüchen deutlich höher.

Irgendwann kamen ein paar Diebe an die Stromversorgung der Stadt. Und so stellten die Schurken den Strom der ganzen Stadt ab! Sofort wurde in der Nacht eine der vier Banken ausgeraubt. Die Polizei konnte nichts machen, denn erstens: Die Polizei arbeitete ja gar nicht mehr und zweitens: Der Strom war aus und somit auch alle Alarmanlagen. So waren 30.000.000 € vielleicht für immer weg! Das wäre natürlich schrecklich, denn das Geld gehörte den Bewohnern der Stadt.

Auf der Straße hörte man, wie manche Leute schrien: „Hilfe! Wir können so nicht mehr leben!" Und durch dieses Rufen wurden noch mehr Leute aufgeschreckt, als es ohnehin schon waren.

Ein Kind wurde dadurch auch ganz verängstigt und es jammerte: „Oh nein, ich habe mich doch so gefreut, als ich hierher zog." Dann rief noch ein Junge: „Wenn unsere Bürgermeisterin das wüsste, dann würde sie bestimmt eingreifen und alles wieder in Ordnung bringen." – „Ja", sagte eine Frau. „Das wäre so schön." Ein Mädchen hörte alles mit und ging in den Wald neben der Stadt. Sie lief weiter nach Norden und dann nach Westen. So kam sie an einer großen Hütte an. Dort lebten vier unzertrennliche Freunde namens Emmy Sarakim, Elona Hamburger, Yining Thundertal und Artjom Tominsen. Das Mädchen sagte zu den vieren: „In der Stadt herrscht das totale Chaos, bitte helft uns!" Emmy antwortete: „Natürlich helfen wir euch. Geht zurück!"

## ~ Planung ~

„Wir müssen ihnen helfen!", rief Elona. „Nur wie?", erwiderte Artjom. „Wir müssen für die Bürgermeisterin einspringen und ihren Posten einnehmen", sprach Yining. Emmy sagte zu ihr: „Das stimmt." – „Also jetzt müssen wir uns nur noch einen Plan überlegen!", rief Artjom in das Zimmer. Es war so deutlich zu hören, dass sogar die Tiere im Wald es mitbekamen. Alle starrten nur Artjom an. „Also …", sagte Elona. „Ich hab's!", rief Emmy. „Wir machen eine Veranstaltung und nehmen dann den Platz der Bürgermeisterin ein." Yining stimmte ihr zu: „Super Idee, klasse!" – „Hä? Und wie wollen wir das anstellen?", erkundigte sich Artjom. „Das wissen wir noch nicht", riefen Emmy, Elona und Yining gleichzeitig Artjom zu. Nun versammelten sie sich in einem Kreis. Sie standen ganz eng beieinander und tuschelten auch noch. Man hörte gar nicht, was sie sagten.

Am nächsten Tag packten Elona und Yining vier kleine Rucksäcke. Als die Taschen gepackt waren, standen auch Artjom und Emmy auf. Jetzt konnten sie zur Stadt aufbrechen. Sie liefen bis zu einem Himbeerstrauch. Dort machten sie eine kurze Pause und aßen Himbeeren und Brote aus ihren Rucksäcken. „Mmmh!", sagten alle, als sie die leckeren Himbeeren probierten. „Jetzt müssen wir aber weiter!", meinte Artjom. So gingen sie also wieder los. Endlich kamen sie in Neudevia an.

Sie gingen ins Stadtzentrum. Dort teilten sie sich auf. Elona flüsterte: „Emmy, du gehst da lang, du da hin, Artjom, und Yining geht zur Tobiasstraße und ich gehe zu den Läden."

## ~ Rettung ~

Als sie sich wieder trafen, marschierten sie alle zusammen zum Rathaus und gingen hinein. Sie setzen ihren Plan um. Danach hatten ein paar Leute die Idee, die vier es wenigstens versuchen zu lassen, wieder Ordnung herzustellen. Irgendjemand musste ja schließlich das Ruder übernehmen.

Als Allererstes stellten die vier die Polizei wieder ein. Danach lachten alle, weil sie sahen, dass ein Schurke nach dem anderen ins Gefängnis gesteckt wurde. „Die Verbrechenszahlen sinken!", riefen alle voller Freude. Als Nächstes sagte Emmy zu ein paar Polizisten: „Geht bitte wieder auf die Straßen und löst die Staus auf!" Und tatsächlich – die Staus wurden aufgelöst. „Super!", sagte Yining. „Ich gehe mal in die Stadt und schaue, wie es mit den Läden steht", meinte Elona. „Ok", erwiderte Artjom. „Super, dann kümmere ich mich so lange um den Bürokram." – „Gut!", riefen noch alle aus dem Flur und machten sich auf den Weg. Emmy murmelte: „Aha, Beschwerden!" Eine Laterne war kaputt. Kosten: 4.000 Euro. Das gab Emmy natürlich frei und unterschrieb: ‚Genehmigt! Unterschrift: Emmy.'

Und so machte sie eine geschlagene Stunde weiter, bis Elona kam und nach ihr Artjom. Zuletzt kam dann Yining.

## ~ Ende ~

Quark, die Geschichte ist noch lange nicht vorbei, aber das Kapitel, das ist jetzt beendet.

## ~ Die Armen ~

Nach ein paar Wochen war Neudevia die Stadt, die man sich unter einer tollen Stadt vorstellte. Es war einfach schön! Doch da kam ein Brief und in diesem stand Folgendes: „Hallo, an die drei Bürgermeisterinnen und den Bürgermeister: Wir haben etwas Schreckliches gesehen. Es sind 50 neue arme Leute von der Stadt nebenan eingetroffen und brauchen Hilfe. Es sind fünf Babys und sechs Kleinkinder dabei."

„Oh, wie schrecklich!", riefen alle, als Emmy das vorgelesen hatte. „Wir müssen ihnen helfen!" – „Aber wie?", fragte Artjom. „Wir können keine langen Pläne machen, die Armen brauchen erstens Essen und zweitens Trinken." – „Das können wir besorgen gehen", meinten Yining und Elona. „Super", sagte Artjom. „Dann schaue ich mir an, wie schlimm es um die Leute bestellt ist", erklärte Emmy.

Als sie sah, was sich in einer der größten Gassen befand, schauderte es ihr. Eine riesige Schar Menschen sammelte sich dort: Viele davon hatten kaum Kleidung an, teilweise noch nicht einmal ein T-Shirt. Sie hatten kein Geld für neue Kleidung. Emmy lief wieder zurück zum Rathaus. Dort dachte sie nur noch an die Menschen, aber dann öffnete sich die Tür, die ins Büro führte. Nach und nach kamen auch Emmys Freunde am Rathaus an.

~ Der große Plan ~

Als Emmy berichtete, was sie gesehen hatte, hielten alle vor Schreck den Atem an. „Oh, wie furchtbar!", rief Artjom. „Wo sind eigentlich das Wasser, das Obst und das Gemüse, das Yining und Elona besorgen sollten?" – „Das steht draußen im Flur!", gab Yining als Antwort zurück. „Wollen wir es dann gleich ausliefern?", fragte Elona. „Ja, klar!", meinte Emmy. Und dann gingen sie wieder in die große Gasse zurück.

Dort verteilten sie das Wasser, das Obst und das Gemüse an alle Leute, die da waren. Während die anderen noch die Sachen verteilten, sah Emmy einen kleinen Jungen, der einen Apfel verputzte. „Hallo, kleiner Kerl!", sprach Emmy ihn freundlich an. „Ach!", seufzte er. „Wir wollen alle ein Haus haben, ein Haus, in dem wir friedlich leben können", sagte der Junge geknickt. „Hmm, da müsste doch was zu machen sein", murmelte Emmy vor sich hin. In dem Moment riefen schon die anderen. Sie waren nämlich fertig mit dem Austeilen und wollten wieder zurück ins Rathaus gehen. Den ganzen Abend lang dachte Emmy über die Aussage des Jungen nach. Auch beim Abendessen saß sie still da und grübelte. Sie saß so still da, dass Elona, Artjom und Yining sich langsam Sorgen um sie machten.

~ Bauplanung ~

Am nächsten Morgen erzählte Emmy ihren Freunden von dem Gespräch zwischen ihr und dem kleinen Jungen. Die drei waren erleichtert, dass es nur das gewesen war, wieso Emmy so still war. Auch ihre Freunde beschäftigte der Wunsch des Jungen. Alle blickten betroffen auf den Boden und dachten nach. „Ha!", rief Emmy. „Der Junge hatte etwas Bestimmtes gesagt, nämlich ‚Wir wollen ein Haus.'" – „Perfekt, dann wissen wir jetzt, wie wir ihnen helfen können!", freute sich Elona. „Am besten bauen wir ein Etagenhaus mit verschiedenen Wohnungen." – „Gut, dann würde ich sagen, wir suchen mal den Stadtplan." Und so holten sie ihn und klärten, wo sie den Bau am besten errichten könnten. Nach einer dreiviertel Stunde war endlich geklärt, wo sie ihn bauen und wie sie ihn bauen.

## ~ Umsetzung ~

Und dann wurde auch gleich damit losgelegt und zwei Wochen lang den Leuten Nahrung geliefert. Endlich war es vollbracht. Eine Abschlusskontrolle wurde auch ausgeführt, damit auch sichergestellt war, dass alles richtig gebaut war.

„Wir müssen noch ein Haus bauen!", sagte Artjom. „Du hast recht, in das eine Haus passen nicht alle die Menschen, die ein Haus brauchen", stimmte Elona Artjom zu. „Dann bauen wir daneben halt noch ein Haus. Dort kommen dann die restlichen Menschen gut unter." – „Prima, so habe ich mir das auch vorgestellt", kommentierte Elona. Die nächsten zwei Wochen wurde wieder gebaut und außerdem wurden die Häuser bemalt und verziert. Nach dieser großen Anstrengung war endlich alles fertiggestellt. Ein Haus hatte gelbe Außenwände und blaue Innenwände, das andere Haus hatte grüne Außenwände und gelbe Innenwände. Es war einfach gelungen. Jetzt mussten sie nur noch überlegen, wie sie es am besten den Armen sagen könnten, dass sie zwei große Etagenhäuser gebaut hatten und dass sie dort friedlich leben konnten. „Wie machen wir das wohl am besten?", fragten sich die vier Freunde.

## ~ Frohe Botschaft ~

Nach einer halben Stunde hatten sie ausgemacht, wie sie vorgehen und dass sie es langsam und ruhig sagen wollten. Am nächsten Tag gingen sie wieder zu den Armen und überbrachten ihnen die Neuigkeit. Anschließend ging Emmy wieder zu dem kleinen Jungen. Sie trat ganz nah an ihn und flüsterte in sein Ohr: „Du bist an dem Ganzen hier schuld." Sie lächelte ihn an und er lächelte zurück. Der kleine Junge rannte zu einer alten Frau, die er zu kennen schien. Anscheinend war es seine Großmutter.

Und so geschah es, dass unsere vier Freunde den Menschen bekanntgaben, dass sie nun in diesen coolen Häusern leben durften.

## ~ Umziehen ~

Als dann allen erzählt wurde, dass sie nicht mehr arm in einer Gasse leben müssten, herrschte ein großer Trubel, denn die Armen packten ihre Kinder zu sich und legten alle Sachen, die sie besaßen, in Umzugskisten. Als alles gepackt war, machten sie sich zu den zwei Etagenhäusern auf. Die Armen waren begeistert und jeder bekam seine neue Wohnung. Und was den kleinen Jungen betraf, der übrigens Michl hieß: Von dem wurde ein Ehrenfoto an jede Haustür gehängt.

Und so kam, mit unseren mutigen Freunden am Ruder, alles wieder in Ordnung. Sie fragten sich: Sollte das jemand rückgängig machen können? Wie aus einem Mund antworteten sie: „Nein, das ist nicht mehr möglich!" Und dann lachten sie und feierten das Ende des Chaos in Neudevia.

*Emmylou Nier*
*Johann Strauß-Grundschule, Klasse 3d*

## Am Ruder

Egal, was passiert, egal, was du denkst: Gib nie auf und bleib immer am Ruder!

*Aras Simsek*
*Maria-Theresia-Gymnasium, Klasse 5c*

## Wie man vom Wege abkommt und wieder zurück findet

Meine Mutter liest sehr gerne Kriminalromane. Einmal hat sie mich auch eine Geschichte lesen lassen. In dieser ging es um Drogensüchtige. Suchtkranke sind für mich ein gutes Beispiel für eine Situation, in der man die Kontrolle verliert und eventuell wieder bekommen kann. Die Autorin schreibt über ihren kleinen Bruder, der Drogen zu sich nahm. Am Anfang hat er nur mit seinen zwei Freunden einmal in der Woche gekifft. Doch das hat sich gesteigert. Dann hat er die Tage am Wochenende gekifft. Danach machte er es auch noch am Mittwoch und Montag und schließlich jeden Tag. Durch das viele Kiffen verlor er seine Arbeit, seine Wohnung und seine Freunde. Schließlich musste er zu seiner Mutter zurückziehen. Die Autorin schreibt, dass sie an ihrem Geburtstag zu ihrer Mutter kam und eine Party machen wollte. Sie dachte sich. dass es ihrem Bruder sicher besser gehen würde, doch da hatte sie sich getäuscht. Ihre Mutter war sehr verzweifelt und bat sie, ihren kleinen Bruder aufzunehmen. Die Autorin hat das natürlich gerne gemacht, ja, denn sie wollte ihrer Mutter und ihrem Bruder helfen. Sie versuchte, ihren Bruder in eine Klinik für Drogensüchtige zu bringen, doch leider klappte das nicht. Aber eines Tages fand ihr Bruder eine Klinik auf dem Land. Als ihr Bruder vier Wochen danach wieder herauskam, sah er sehr erholt aus. Sie kauften ihm eine kleine Wohnung und er fand einen Job. Sie dachten, alles sei wieder ok, bis ihr Bruder gefeuert wurde. Er verzweifelte und nahm wieder Drogen. Dann ging das Ganze von vorne los. Und zwar immer wieder. Am Ende der Geschichte starb der kleine Bruder, weil er von den Drogen nicht losgekommen ist. Seine beiden Freunde hatten mehr Glück. Den einen haben die Drogen gar nicht interessiert. Und der andere wurde straffällig, konnte jedoch im Gefängnis eine Therapie machen und hat heute sein Leben wieder im Griff. Das heißt, er hat sein Leben wieder unter Kontrolle, also das Ruder herumgerissen.

*Marc Lemke*
*Jakob-Fugger-Gymnasium, Klasse 5b*

## Das Gedicht über Kontrolle

Die heimliche Kontrolle
gibt uns eine Rolle.
Der große Verstand
schenkt dir seinen Bestand.
Sport ist gut
und macht uns Mut.
Das hier ist eine Gier,
aber trink nicht so viel Bier.
Gehe nicht vom Platz,
ich schenk dir einen Schatz.
Im Laufe der Zeit
bist du immer bereit.

*Nico Spier*
*Jakob-Fugger-Gymnasium, Klasse 5b*

## „Kann ich das wirklich?"

„Ich schaff das schon!", beruhigte sich Leonie, schloss die Augen und zwang sich zu schlafen.

Sie lag schon mindestens zwei Stunden in ihrem Bett. Bestimmt war es schon Mitternacht oder sogar noch später. Morgen sollte ihre erste Operation stattfinden. „Was, wenn etwas schief geht?", dachte Leonie die ganze Zeit und wälzte sich im Bett herum. Es schien ihr unmöglich einzuschlafen. Sie zwang sich, die Augen zu schließen und ruhig zu bleiben, aber nichts half. Sollte sie aufstehen und alles nochmals durchgehen? Nein, sie muss schlafen, um morgen konzentriert zu sein.

Irgendwann schlief sie dann doch ein. Sie träumte etwas Seltsames: Sie hielt ein Herz in der Hand, durch das ein Pfeil geschossen worden war. Es schlug, aber es wurde immer schwächer und es musste jemand helfen. Leonie probierte, den Pfeil zu lösen, aber es gelang ihr nicht. Immer, wenn sie das Herz berührte, schlug es schwächer, bis es schließlich ganz aufhörte.

Leonie wachte schweißgebadet und mit einer Gänsehaut auf. Das durfte nicht passieren! Sie musste jetzt sofort nochmals alles durchgehen. Sie stand auf, setzte sich an ihren Schreibtisch und begann, wichtige Sachen, die sie sich merken musste, auf einen Zettel zu kritzeln. Aber sie war so erschöpft, dass sie schon nach zehn Minuten schnarchend auf ihrem Schreibtisch lag. Sie träumte wieder dasselbe, nur dass es diesmal deutlich schneller ging. „Neiiiiiin!", schrie Leonie am Ende, als das Herz aufgehört hatte zu schlagen. Wieder erwachte sie schlagartig und eiskalt. Das wiederholte sich und von Mal zu Mal ging es immer schneller, bis es Morgen war und Leonie sich zitternd in ihre Klamotten zwängte.

Unsicher schwang sie sich auf ihr Fahrrad und fuhr langsam in Richtung Krankenhaus. Je näher sie dem Krankenhaus kam, desto nervöser wurde sie. Als sie angekommen war, erwartete sie schon die Ärztin. Sie erklärte ihr, was zu tun war und führte Leonie zum OP-Saal. Als sie vor dem OP-Saal stand, rutschte ihr das Herz in die Hose und sie begann wieder zu zittern. „Jetzt übernimmst du das Ruder!", sagte die Ärztin und legte ihren Arm um Leonie. „Vor meiner ersten OP war ich auch aufgeregt."

Und Leonie schaffte es! Sie machte alles perfekt und genau so, wie es sein sollte. Nach der OP atmete sie einmal tief durch und lächelte, wie sie es seit Langem nicht mehr getan hatte. Pfeifend und guter Dinge stieg sie auf ihr Fahrrad und fuhr nach Hause. Als Allererstes warf sie den Zettel weg, auf den sie so verzweifelt gekritzelt hatte. Sie hatte es geschafft!

*Magdalena Vogt*
*Maria-Theresia-Gymnasium, Klasse 5b*

## Gruppenarbeit

An einem herrlichen Montagmorgen trat unsere Lehrerin, die uns in Deutsch unterrichtete, ins Klassenzimmer und verkündete eine überraschende Neuigkeit: „Guten Morgen, liebe Schülerinnen und Schüler! Heute beginnen wir mit einem neuen Gruppenprojekt. Jede Gruppe wird sich mit einem bekannten Autor auseinandersetzen und sich dazu eine kreative Umsetzung überlegen. Die Einteilungen nehme jedoch ich vor. Und vergesst nicht, dass dieses Projekt benotet wird." Ich drückte die Daumen, dass ich mit meinen Freundinnen arbeiten dürfe, doch leider erlebte ich eine Enttäuschung: In meiner Gruppe waren nämlich Fritz und Moritz, zwei Lausebengel. Und schließlich war da auch noch Antonia, mit der ich mich schon mehrfach gestritten hatte. Dennoch gab ich nicht auf und beschloss, das Beste aus dieser Situation zu machen. Unsere Gruppe musste Erich Kästner vorstellen. Am nächsten Tag durften wir beginnen. Ich hatte schon einen Zeitplan ausgearbeitet, damit wir uns die Zeit gut einteilen konnten, denn ich wollte keine schlechte Note erhalten. Daher stellte ich sofort allen aus meiner Gruppe meine Idee vor und zog es vor, auf der Stelle mit dem „konzentriertem Arbeiten" anzufangen, aber Antonia hatte ganz andere Vorstellungen und Fritz und Moritz hörten mir nicht einmal zu. Während die anderen Gruppen schon ihre Plakate gestalteten, hatten wir noch nicht einmal eine Idee, wie wir unser Projekt vorstellen sollten. An diesem Tag verließ ich mich nur auf meine Gedanken und nicht auf den Unsinn der anderen. Doch dabei spürte ich eine so große Last auf mir, dass ich in Stress und Panik geriet, denn ich hatte das Gefühl, dass keiner aus meiner Gruppe ordentlich arbeiten würde. Als ich schließlich nach Hause kam, war ich erschöpft und gestresst, so dass ich Kopfschmerzen bekam und am nächsten Tag nicht in die Schule ging. Am Mittwoch kehrte ich mit unguten Gedanken in die Schule zurück und mir blieb vor Überraschung der Mund offen stehen: Unsere Gruppe hatte ein wundervolles Plakat gestaltet und musste nur noch den Vortrag üben. Da ging ich zu Antonia und fragte, wie sie das erreicht hätten. „Nun, Sarah, du dachtest, all die Arbeit läge nur auf deinen Schultern, doch wozu sind wir da? Die Last liegt auf all unseren Schultern. Wir alle treiben dieses Projekt an, jeder ein bisschen. Wir müssen uns nur gegenseitig vertrauen und dieses Projekt als Gruppe meistern. Und so können wir alle am Ruder sein." Auf einmal wurde mir klar, dass ich nicht alleine in diesem Boot sitze, sondern wir vier. Durch diese Erkenntnis wurde unsere Präsentation die beste von allen und das stimmte uns alle froh. Doch diese Erkenntnis war für mich der größte Gewinn.

*Arnav Kachole*
*Gymnasium bei St. Stephan, Klasse 6c*

# Einfach nicht aufgeben!

Kennt ihr das Gefühl, die Kontrolle zu haben? Die Leute, die die Ruder führen, haben ständig die Kontrolle und Eltern haben die Kontrolle über ihre Kinder. Jeder ist mal am Ruder, auch Kinder, zum Beispiel bei Haustieren. Rudern ist aber nicht immer einfach, denn es gibt auch Strömungen, also Streit zwischen Geschwistern. Es kann auch mal sehr viel schief gehen, aber nimm am besten einfach wieder die Ruder in die Hand und ruder weiter in die Welt hinaus! Es gibt nämlich auch sehr schöne Erlebnisse.

*Ina Schmidt*
*Jakob-Fugger-Gymnasium, Klasse 5b*

# Immer am Ruder bleiben!

INHALT:
1 Schiffchen
20 Entscheid- und 20 Schicksalskarten, Rätselkarten und Aufgabenkarten
1 Würfel
1 Spielbrett 40 x 40 cm
50 Spiel-Plättchen

ANLEITUNG:
Das Spiel kann nur alleine gespielt werden!
Ziel ist es, aus dem richtigen Fluss zu entfliehen. Man legt sein Boot auf den Startpunkt und würfelt einmal. Wenn du eine 6 hast, läufst du 6 „Punkte" weiter. Solange du läufst, merkst du, dass es mehrere Fluss-Kreuzungen gibt. Du musst immer wieder den richtigen Fluss wählen, bis du zum Ziel kommst. Wenn du den falschen Weg wählst, läufst du so lange, bis du zu einem Punkt kommst, auf dem du neu starten musst. Wählst du aber auf dem Weg dahin einen anderen Fluss, kann es sein, dass du wieder auf den richtigen Weg gerätst. Aber es gibt auch Felder, an denen du eine Karte ziehen musst. Es gibt Karten, die dir Glück bringen, aber auch schlechte Karten. In guten Karten steht zum Beispiel: „Gehe 2 Felder weiter!" oder „Du darfst einen Fluss weitergehen!" Es kann aber auch nichts draufstehen. Bei schlechten Karten steht zum Beispiel: „Gehe 4 Schritte zurück!" oder „Gehe einen Fluss zurück!" usw. Es kann aber auch sein, dass auf den Karten Rätsel stehen. Diese heißen Rätsel-Karten; dort stehen meistens Mathe-Rätsel oder Englisch-Rätsel usw. Es gibt aber auch

Aufgabenkarten, auf denen stehen Aufgaben wie: „Mache einen Purzelbaum!" oder „Mal dir mit einem Lippenstift einen Bart auf!" und so weiter. Schaffst du eine Aufgabe, bekommst du ein Plättchen. Wenn du 6 Plättchen hast, darfst du 2 Felder weitergehen. Wenn man das Spiel fertig gespielt hat, schenkt man es weiter. Dies bezeichnen wir als unsere neue Spielart: Das wandernde Spiel.

Viel Spaß :)

Eure Freunde der Sonne ;)

*Lena Nagdaljan, Elisa Emir, Lara Ochotta und Ella Kovac*
*Maria-Theresia-Gymnasium, Klasse 5c*

## Das Hobby des kleinen Mannes

An einem schönen Frühlingsmorgen war einem kleinen Mann sehr langweilig und er suchte ein Hobby. Also setzte er sich an seinen Computer, um eines zu finden. Er fand aber keines. Als er in der Küche kochte, kam ihm eine Einladung in den Blick. Jetzt wusste er, was er als Hobby machen wollte: „Ich gehe einfach Kanufahren", sagte der kleine Mann. Er machte sich einen Termin beim Kanu-Verein. In seiner ersten Stunde lernte er, wie man die Paddel richtig hält und sie benutzt. Das hat ihm Spaß gemacht und er wollte ein weiteres Mal kommen. In der nächsten Stunde saß er im Kanu und durfte zum ersten Mal Kanufahren! Und so ging es immer weiter. Eines Tages sagte seine Kanulehrerin zu ihm: „Das machst du perfekt." So kam er in die Kanu-WM. Er war im deutschen Team – das war ein gutes Team. Sie belegten sogar den 1. Platz bei der WM. Der kleine Mann war sehr stolz und er wollte 2023 wieder mitmachen.

*Sophia und Kilian Erdle*
*Grundschule Inningen, Klasse 4a/2c*

## Am Ruder

Am Ruder kann der Herr König bleiben,
aber man muss sich vor ihm verneigen.
Wenn der König ist gut,
dann macht er dem Ängstlichen Mut.
Ansonsten ist er ein feiner Herr,
und am Samstag schwimmen alle am Meer.

*Mosawer Hoshmand*
*Blériot-Grundschule, Klasse 4b*

## Sommerferien

Im Sommer fährt man an den Strand,
Dort gibt es wunderbaren Sand.
Im Meer macht es auch ganz viel Spaß
Sowie bei Aliens auf dem Mars.
Mit dem Fahrrad fahr ich hin,
Zu Fuß geh ich dorthin,
Barfuß piekt einen mancher Stein
Und manchmal bricht man sich ein Bein.
Man kann machen, was man will,
Ich spiel mit meinem Bruder Bill,
Ich esse Eis, bis ich nicht mehr kann,
Und morgen fängt alles von vorne an.

*Anna Kottmair*
*Maria-Theresia-Gymnasium, Klasse 5b*

## Umzug auf die Insel Hawaii

Drei Geschwister Magdalena, Hannah und Marie, wohnten mit ihren Eltern
in den Niederlanden in einem gemütlichen Haus am Meer. Ihr Lieblings-
hobby war das Kanufahren. Eines Tages musste die Familie wegen der
Arbeit des Vaters nach Hawaii umziehen. Die drei Geschwister waren sehr
traurig darüber, ihre Freunde zu verlassen. Aber nachdem sie hörten, wie
toll es auf Hawaii sein soll, freuten sie sich doch. Nach einem ewig
andauernden Flug kamen sie erschöpft in ihrer neuen Heimat an und
waren sofort begeistert von ihrem Haus auf der Insel Maui. Die Kinder
wollten, als sie den Strand sahen, natürlich sofort aufs Wasser mit ihren
Kanus.
Ihr besorgter Vater erlaubte den Mädchen diesen Ausflug aber nicht, da
er Angst um sie hatte. „Ihr kennt euch hier auf dem Meer doch gar nicht
aus!" Die Mutter aber meinte, dass die Mädchen nur so die Insel und das
Meer am besten kennenlernen konnten. So entstand ein Streit zwischen
den Eltern, den die Geschwister nutzten, um sich heimlich aus dem Haus
zu schleichen. Magdalena flüsterte leise: „Hannah, nimm alles an Essen
mit, was du finden kannst, und stecke es in deinen Rucksack. Marie, pass
auf, dass Mama und Papa uns nicht sehen!"
Still schlichen sich die Kinder aus dem Haus, schnappten sich die Kanus
und paddelten hinaus aufs Meer.

Nach eineinhalb Stunden bekamen die Mädels einen riesigen Hunger und es war nur noch ein Apfel übrig. Außerdem jammerte Marie plötzlich: „Ich habe Heimweh!" Auch Hannah machte sich immer mehr Sorgen und so beschlossen sie zusammen, zum Haus zurückzukehren. Zur selben Zeit suchten die Eltern überall am Strand nach ihren Kindern und starben fast vor Sorge um sie.

Sie ärgerten sich, dass sie sich über so etwas Unwichtiges gestritten hatten. Als Hannah, Magdalena und Marie mit ihren Kanus am Horizont wieder auftauchten, freuten sich die Eltern umso mehr, weil ihren Kindern nichts zugestoßen war. Mama rief ihnen zu: „Ich bin so froh, dass ihr den Weg zurück gefunden habt!" Sie lagen sich alle friedlich in den Armen, nachdem die Geschwister wieder an Land angekommen waren. Zusammen saßen sie noch am Meer und unterhielten sich, bis die Sonne unterging.

*Selena Nguyen und Ilayda Tüfekçi*
*Drei-Auen-Grundschule, Klasse 4d*

## Auf dem Wasser

Auf dem Wasser bin ich frei
So allein, so befreit
Kann ich sterben
Kann ich sein
Die Hand am Ruder
Ich, im Recht
Auf dem Wasser bin ich frei
So groß, so weit
Meine Freiheit
Meine Regeln
Die Hand am Ruder

*Klara Freitag*
*Rudolf-Diesel-Gymnasium, Klasse 9b*

## Am Ruder

Es war einmal eine ganz freundliche Familie: die Mama, der Papa und die zwei Kinder Emily und Tom. Eines Tages sagte Mama: „Lasst uns in den Wald fahren und Pilze sammeln!" – „Das ist eine tolle Idee!", sagten alle. Sie machten sich auf den Weg zum See. Da sagte Emily: „Hinter dem See ist ein toller Wald, wo bestimmt viele Pilze wachsen." Dann sahen sie Leihboote. Sie gingen da hin und liehen sich ein Boot. Tom sagte: „Aber dafür brauchen wir Ruder!" – „Das stimmt!", sagte Papa. Alle liefen nach Hause und Mama holte die Ruder heraus. Die Familie ging dann wieder zum See zurück. Am See angekommen, sind sie gleich losgerudert. Es war ganz schön an der frischen Luft. Mama und Papa waren am Rudern. Plötzlich hat Papa sein Ruder aus Versehen fallen lassen. Mama und Papa haben versucht, das verlorene Ruder mit dem anderen Ruder herauszuholen. Das klappte nicht so gut.

Mama sagte: „Da kommt Gilffi – der Delfin, ich kenne ihn."

Emily sagte: „Gilffi, hilf uns doch mal, das Ruder herauszuholen!" Gilffi schwamm ein bisschen näher zum Boot und half ihnen, das Ruder aus dem Wasser herauszuholen. Dann sind alle zusammen weiter gerudert. Das war eine ganz lange Fahrt. Und Gilffi schwamm neben dem Boot der Familie. Dann kamen sie am Wald an und haben das Boot an einem Baum geparkt – und sind Pilze suchen gegangen.

*Emily-Nadine Hoffmann*
*Eichendorff-Grundschule, Klasse 2c*

## Am Ruder

Wir rudern in die Strömung hinein,
und ab geht's mit dem Ruderlein.
Mit dem Paddel geht es LOS jetzt,
dann bleibt das Kanu wasserfest.
Wir gewinnen die WM,
dann freuen wir uns zum Wiedersehen.
Dann sagen wir Tschüss zur Kanustrecke
und ab geht's auf die Straßenfläche.

*Efe Cosgun*
*Grundschule Herrenbach, Klasse 4a*

## Die beste Geburtstagsfeier

An einem schönen Sommertag hatte Ben Geburtstag. Er war sehr gespannt, was er von seinem Opa bekommen würde. Einige Zeit später kam sein Großvater. Er begrüßte Bens Mutter und ging dann zum Geburtstagskind, um ihm zu gratulieren. Schließlich packte Ben Opas Geschenk aus und war sehr begeistert. Er dankte seinem Opa vielmals, denn er bekam einen Gutschein für eine kostenlose Fahrt mit einem Kanu. Nachdem sie den Geburtstagskuchen gegessen hatten, nahm Bens Opa ihn mit zu einem Kanugeschäft. Sie bekamen zwei Kanus. Kurze Zeit später kamen sie an einem Fluss an. Opa nahm die Kanus und zwei Seile aus dem Kofferraum und ging mit Ben an den Flussrand. Sie banden die Kanus an einen Baum und stiegen ein. Als beide drin waren, band Opa die Seile vom Baum ab und sie ruderten los. Als sie in der Mitte des Flusses waren, sah Ben ein Schild, auf dem stand: „Schwimmen und Rudern strengstens verboten". Als sie das gelesen hatten und vorbeischaukelten, wurde der Fluss richtig steil. Die beiden sausten wie ein ICE über das Wasser und vergaßen das Verbot total. Sie ruderten und ruderten – da hatte Bens Opa eine Idee. Sie wurden langsamer und da rief Opa Bens Mutter an. Er sagte ihr, er sehe einen See, der Bodensee heißt und dass sie mit Bens Freunden kommen solle, um Ben zu überraschen. Als das Geburtstags-kind und Opa am See ankamen, warteten Bens Freunde und seine Mutter dort und sangen ihm Happy Birthday. Bens Mutter sagte: „Wir gehen jetzt alle zu uns nach Hause, um Kuchen zu essen." Als Bens Freunde weg waren, ging er mit guter Laune zu Bett.

*Filip Szlagor*
*Luitpold-Grundschule, Klasse 4c*

## Der Boxkampf

Es war einmal ein Boxer. Sein Name war Bleon Ademaj und er war 21 Jahre alt. Er wurde von einem Spitzentrainer trainiert. Sein Name war Alex Haan. Am Königsplatz in Augsburg fand um 16:00 Uhr ein Boxkampf zwischen Bleon und Max statt. Am Anfang hatte Bleon Angst und er machte sich Sorgen. Sein Trainer sagte zu ihm: „Gib niemals auf! Kämpfe weiter! Du schaffst das!" Das hat Bleon geholfen. Seit der 1. Runde vertraute Bleon in sich selbst. Bis zur 6. Runde hat Bleon mit voller Kraft zugeschlagen und geboxt. Der Schiri pfiff und rief: „Aus!" Er hielt Bleons Arm nach oben und rief: „Bleon hat gewonnen!" Und Bleon rief: „Jaaa!" und die Leute haben laut gejubelt. Nach dem Kampf musste sich Bleon umziehen. Dann ging Bleon fröhlich nach Hause.

*Bleon Ademaj*
*Pankratiusschule, Klasse 5a/6a*

# Der Tod der Queen

Bleib am Ruder!

Als am 21. November 2022 Queen Elizabeth II im Sterbebett lag, wiederholte sie ihre Worte erneut. Diese lauteten, dass nicht der rechtmäßige Thronfolger Prince Charles of Wales der König werden sollte, sondern sein Sohn Prince William, Duke of Cambridge. Diese Nachricht erzeugte weder ein positives noch ein negatives Gefühl in Prince Charles, der ja eigentlich der rechtmäßige König war. Nach neun Tagen Trauer stand die Beerdigung vor der Tür. Anschließend war die Krönung an der Reihe. Von diesem Tag an war Prince William der neue König des britischen Volks. Doch das alles war zu viel Verantwortung für ihn. Vielleicht war er doch noch nicht bereit für so eine wichtige Rolle? Die Frage kreiste schon seit Tagen in seinem Kopf. Das ganze britische Volk sprach ebenso darüber. König William ging es nicht anders. Er war kurz davor zurückzutreten. Doch Prince Charles, sein Vater, war anderer Meinung. Er würde niemals zulassen, dass William, dem so eine große Ehre anvertraut wurde, das britische Volk enttäuschen sollte. Doch das änderte seine Meinung trotzdem nicht. Er blieb bei seiner Entscheidung: Er wird zurücktreten! Also rief er seine ehrenwerte Familie zusammen und teilte ihnen seine Entscheidung mit. Seine Familie dagegen war von dieser Entscheidung nicht sehr begeistert. Queen Elizabeth II hatte nicht umsonst diese wichtige Entscheidung getroffen. Prince Harry war aber sehr erfreut über diese Nachricht. Doch er ließ es sich nicht anmerken. Sobald König Wiliam dem britischen Volk seine Entscheidung mitgeteilt haben würde, würde Prince Harry der nächste König sein. König William würde das aber nicht zulassen. Er kannte die Gedanken seines jüngeren Bruders in- und auswendig. König William verzog sich daraufhin, ohne einen Kommentar seiner Eltern abzuwarten, in sein Zimmer. Dort dachte er erneut nach. Wenn er zurücktreten würde, wäre sein kleiner Bruder König. Diese Gedanken ließen ihn einfach nicht los. Also fasste er all seinen Mut zusammen und lief in den Saal, wo seine Familie ihn schon erwartete. Er stellte sich zur Rede und meinte, dass er das britische Volk weiter regieren wolle. Seine Angehörigen waren alle sehr erfreut – bis auf Harry. Also wurde Prince William der neue König gemäß dem Testament seiner Großmutter.

*Mina Kocak und Sheyla Mara*
*Maria-Theresia-Gymnasium, Klasse 5c*

Illustration

*Franka Friedrich*
*Berufsschule II, Klasse DMG11c*

# Real gone

Herzliche Grüße aus Berlin

*David Winckler*
*Schiller-Grundschule, Klasse 2a*

## Wettbewerb „Am Ruder"

Hurra! Karl und ich bekamen zwei Freikarten für eine Feier auf dem Schiff «Inside».

Wir freuten uns riesig darauf. Das Schiff befand sich in dem Fluss, nicht weit von unserem Haus. Meine Mutter sagte: „Seid bitte nur brav, stellt keinen Blödsinn an!", und gab uns jeweils 5 Euro. Wir gingen mit großen Erwartungen hin. Als wir ankamen, stießen wir in der Umkleide auf einen großen Andrang. Wir stellten uns als Letzte an. Die Schlange ging sehr langsam voran. Auf einmal hörten wir von oben Musik und verfielen in Hektik, um so schnell wie möglich unsere Mäntel auszuziehen … viele Kinder wurden ebenfalls nervös und drängelten sich vor, um nichts zu verpassen. Endlich gelangten wir hinein.

Überall hingen bunte Luftballons und Papierschlangen, rote, gelbe und grüne Lampen erleuchteten die Halle. Es spielte Musik und man konnte fein gekleidete Künstler sehen.

Einer spielte auf der Klarinette, der andere auf einer Trommel. Viele waren als Tiere verkleidet, als Pferd, Hase, Leopard … Am Ende der Halle befand sich eine Tür mit der Aufschrift «Zimmer der Attraktionen». Karl fragte mich: „Was meinst du, was das wohl ist?" – „Wahrscheinlich verschiedene Unterhaltungen …", antwortete ich. „Komm, wir gehen dorthin!".

In diesem Zimmer fanden tatsächlich verschiedene Ausschreibungen statt. So zum Beispiel hing ein Apfel auf einem Faden und man musste ohne Hände diesen Apfel abbeißen. Weiterhin musste man mit einem Bogen auf weit entfernte Gegenstände treffen. Wir überlegten und sahen umher, als wir eine laute Stimme hörten: „Liebe Besucher, gleich beginnen wir mit einem Wettbewerb ‚Am Ruder'. Alle können teilnehmen!" Wir liefen hin und hörten den Regeln zu: Alle Teilnehmer mussten sich je einzeln in die Boote setzen und in Richtung Ufer rudern. Wer als Erster den Fuß aufs Land setzt, bekommt den Preis: ein Fahrrad.

Wir waren begeistert. Ich träumte bereits seit Langem von einem neuen Fahrrad. Wir begaben uns zu den Booten und nach einer Weile gab der

Moderator das Startsignal durch einen Pfiff. Da erinnerte ich mich an einen genialen Trick aus einem Buch.

Ich zog mein Hemd aus und fixierte es zwischen zwei Stöcken, somit spannte ich ein Segel auf. Mein Boot begann ganz rasch, wie mit einem Schub, nach vorne zu rücken. Ich sah den Karl bereits sehr weit hinter mir. Ich war sehr überrascht, da ich es zum ersten Mal ausprobierte. Das Ufer war ganz nah und mein Traum war fast erfüllt.

Nur noch ein bisschen! Der Wind war auf meiner Seite. Noch ein paar Minuten und ich

w
a
r
a
m
U
f
e
r
!

*David Nisman*
*Heinrich-von-Buz-Realschule, Klasse 5b*

## Am Lichtenhainer Wasserfall

Lena fuhr im Herbst mit ihren Eltern nach Bad Schandau. Ihr Vater war Bauingenieur und hatte den Neubau von Trakt E des Kurhauses betreut. Er fuhr nun mit seiner Frau und Lena nach Bad Schandau, um die Fertigstellung des letzten Bauabschnittes zu begutachten und abzunehmen.

Von Passau, wo die Familie wohnte, waren sie mit dem ICE bis Dresden gefahren und dann mit einer S-Bahn bis zum Bahnhof Bad Schandau, der aber nicht im Zentrum, sondern auf der anderen Seite der Elbe liegt. In der Gegend des Bahnhofes gab es nur ein Sägewerk und einen Supermarkt.

Dann war der spannendste Teil der Reise an der Reihe: Da es keine Brücke gibt, muss man die Fährverbindung der ,Dresdner Personenschifffahrt' nutzen; die Fähre verkehrt allerdings nur jede Stunde.

So konnte unsere Familie die Motorfähre ,Anton' ankommen sehen. Einige Leute stiegen aus. Unsere Familie stieg ein. Bald brummte die Fähre los.

Nach einer Viertelstunde waren sie angekommen und gingen über den Hauptplatz, an dem die berühmte Kirche St. Christoph steht. Nur wenige Meter weiter war schon der Kurplatz. An der einen Seite sah Lena eine gelbe Straßenbahn stehen. Sie sollte, so ihre Zielanzeige, zum ‚Lichtenhainer Wasserfall' fahren. Ihre Mutter kommentierte: „Da werden wir beide auch hinfahren können, wenn Papa bei der Abnahme ist."

Sie waren in einem gemütlichen Zimmer untergebracht, das sich im Trakt C des Kurhauses befand.

Nachdem sie sich ein bisschen eingerichtet hatten, verkündete Lenas Vater, dass er um 18:00 Uhr, also in zehn Minuten, drüben im Trakt E, den er abnehmen sollte, sein müsse. Er schlug dann noch vor, dass die beiden, also Lena und ihre Mutter, im nahen Bioladen Obst, Gemüse und Brot kaufen sollten. Dann verabschiedete er sich und die Frauen gingen in das Zentrum des kleinen Dörfchens.

Die Straße war gepflastert und an beiden Seiten standen bunte alte Häuser mit verzierten Dachformen. Autos gab es nicht.

Der Bioladen lag fast am Elbeufer und bestand aus nur einem einzigen Raum. An einer Wand hingen viele Plakate. ‚Mühlentag in der Mittelndorfer Mühle', las Lenas Mutter halblaut vor, „das würde mich echt interessieren! Oh, schau mal, das ist auch noch morgen!"

Nachdem Lena und ihre Mutter die Einkäufe in Rucksäcke und Tüten verteilt hatten, verließen sie den Laden, gingen in ihr Kurzimmer und warteten darauf, dass der Vater wieder in Trakt C käme.

Er kam auch, aber keinesfalls so gut gelaunt, wie er erwartet wurde. Nein, er war wütend und frustriert und rief gleich nach dem Hereinkommen in das Zimmer: „Unerhört! Da meint man, man sei beim Hürdenlauf und nicht auf einer Baustelle! Alle drei Schritte stolpert man über ein Kabel, einen Stein oder eine Lampe! Das braucht wohl noch Jahre, bis ich das Abnahmeprotokoll unterschreiben kann!"

Er erzählte noch, dass man ausgemacht hatte, sich am nächsten Tag früh um zehn Uhr wieder zu treffen.

In der Nacht hatten alle schlecht geschlafen, die Betten waren nicht so weich, wie man sie von einem Kurhaus erwartet.

Während Lenas Vater sofort zur Baustelle eilte, frühstückten Lena und ihre Mutter lange, bevor sie sich aufmachten, um den Mühlentag in der ‚Mittelndorfer Mühle' zu besuchen. Zu diesem Zweck stiegen sie in die Kirnitzschtalbahn, die alle halbe Stunde vom Kurpark bis zum im Kirnitzschtal gelegenen ‚Lichtenhainer Wasserfall' fährt.

Die Stationen ‚Botanischer Garten' und ‚Waldhäus'l' führten durch Rand-
gebiete von Bad Schandau. Erst dann merkte man, dass das Kirnitzschtal wirklich ein Tal ist, denn auf beiden Seiten erheben sich bewaldete
Hänge. Während der Talboden weniger wird und die bewaldeten Hänge
näher rücken, wird die Station ‚Ostrauer Mühle' passiert, nach der schon
die ‚Mittelndorfer Mühle' kommt.

Schon von Weitem sah man ein Plakat: ‚Heute Mühlentag bis 12 Uhr!' Und
da es schon halb zwölf war, lehnte ihre Mama Lenas Vorschlag, noch über
den Wasserfall zu fahren, ab.

Nachdem sie die beachtlichen Mühlräder und -steine begutachtet hatten,
schlug Lenas Mutter vor, noch die ‚Ostrauer Mühle' zu besuchen, die heute
bis 13 Uhr Mühlentag hatte. Also fuhren sie mit der gelben Straßenbahn
zur ‚Ostrauer Mühle', um sich die dortigen Mühlräder, -steine und -säcke
anzusehen.

Lenas Wunsch, jetzt noch zum Wasserfall zu fahren, konnte nicht erfüllt
werden: „Wir haben uns um viertel nach eins mit Papa verabredet." Also
fuhren sie zurück nach Bad Schandau. Lenas Platz war dicht hinter dem
Fahrer und sie sah zu, wie er welche Hebel betätigte.

Lenas Papa fanden sie wieder in einem rasenden Zustand vor. „Heute
haben die garstigen Irren mir gesagt, dass sie übermorgen schon in einer
Baustelle in Bremerhaven sein müssen und wenn ich bis dann nicht bereit
sei, das Protokoll zu unterschreiben, müsse ich in einem Jahr wiederkom-
men, bis dann seien sie ausgebucht. Da müssten alle Einwohner des Dörfchens mithelfen, damit man irgendwie vom Fleck kommt!" Lenas Mutter
versuchte ihn zu beruhigen: „Ich kann ja ein bisschen helfen und Lena
auch!" Da warf Lena ein: „Ich will nicht den ganzen Tag helfen, nur weil die
Bauarbeiter nichts zustande bringen!" „Baufaulenzer!", rief ihr Vater.

„Ich will zum ‚Lichtenhainer Wasserfall'!" Doch jeder Widerstand war zwecklos: „Verstehst du, übermorgen müssen ja auch wir wieder abreisen, denn
überübermorgen geht bei Papa die Büroarbeit weiter!"

Also gingen sie um 15:30 Uhr in Trakt E. Wirklich lagen überall Kabelrol-
len, Glühbirnen, Getränkeflaschen und Dreck herum, das Glasdach hatte
Löcher und die Türen der meisten Räume waren, wenn überhaupt, nur
mit Schlüssel schließbar. Entsetzt schlug Lena die Hände über dem Kopf
zusammen: „Das ist doch irrsinnig! Türen schließen mit Schlüssel, öffnen
von allein und ohne Regenschirm wird man nass!" Sie deutete auf einen
Wasserhahn. Ihr Vater erklärte: „Ich habe schon versucht, ihn zu schließen,
aber es geht nicht."

In den kommenden Stunden schraubten, schleppten und hämmerten Lenas Eltern, während die eigentlichen Bauarbeiter nur Limonade tranken und grölten. Lena half, indem sie die Funktion von reparierten Gegenständen überprüfte. So durfte sie zum Beispiel die Türen mehrmals schließen und wieder öffnen und – das gefiel ihr besonders – eine ganze Flasche Wasser über einem nun abgedichteten Fenster entleeren.

Am Abend gingen sie durch das inzwischen mit Schlüssel zu öffnende und verschließbare Tor in Trakt C und gingen dann ins Bett.

Am nächsten Tag sagte Papa: „Heute muss alles geschafft werden! Und, na ja, sonst müssen wir eben morgen früh noch einmal 'ran!"

Den ganzen Tag arbeiteten sie. Am Abend aber waren sie immer noch nicht fertig; das Licht ging dann aus, wenn die Tür geöffnet wurde, und statt eines Klingelknopfs existierten nur ein paar Kabel. Lena hatte im Laufe des Tages mal zugesehen, mal auf dem Zimmer gesessen und mal die Kurparkwiesen durchstreift. Nicht aber hatte sie den Gedanken an den ‚Lichtenhainer Wasserfall' verloren. Schlechten Gewissens gingen sie ins Bett.

Mitten in der Nacht wachte Lena auf. Sie hatte geträumt, dass sie Straßenbahnfahrerin war und mit einer ganz vollen gelben Straßenbahn quer durch die Baustelle gesaust war und dass die Bauarbeiter in der Bahn „Komm, fahr ins Kirnitzschtal!" gesungen hatten.

Lena verspürte Durst. Bisher hatte sie in Bad Schandau nur Mineralwasser aus Flaschen getrunken, aber sie wusste, dass in einem Schrank Becher sind, und wo das Bad ist, wusste sie auch. Also schlich sie leise zu dem Schrank und öffnete ihn. Es gab ein leises knarz-quietschendes Geräusch. Erschrocken sah sie zum Bett ihrer Eltern. Doch alles blieb still, aber ihr Papa murmelte im Schlaf: „Ein Liter Öl ohne Schlüssel aufmachen …"

Nun schlich sie ins Bad und sah, dass auf dem Glas etwas eingraviert war. Nachdem sie die Tür geschlossen hatte, traute sie sich, Licht anzuschalten. Auf dem Glas stand: ‚Wanderungen im Kirnitzschtal – Geister und Feen'. Sie dachte, dass sie eh nicht mehr einschlafen würde, sondern dass sie ein bisschen an die frische Luft möchte. Leise zog sie sich an und schlich zur Tür. Nach dem Klack, das bei dem Öffnen der Tür entsteht, murmelte ihr Vater: „Keine Kabelrolle ist ohne Schlüssel gewachsen …", doch zum Glück verstummte er wieder. Leise zog sie die Tür zu.

Abendluft umströmte sie. Sie ging zum Kurplatz. Straßenbahnwagen 4 stand dort einsam. Die Straßenlaternen leuchteten nur dunkel und kein Mensch war zu sehen. Das Rauschen der Bäume im Kurpark war zu hören und eine Fledermaus flog immer wieder durch den Strahl einer Straßenlaterne. Nur zum Spaß versuchte Lena, die Tür des Straßenbahnwagens zu öffnen. Die Tür gab sofort nach und ging zur Seite.

Eigentlich auch nur zum Spaß setzte sie sich auf den Fahrersitz und zog ein bisschen am Fahrregler. Aber plötzlich hörte sie ein Klack und ein leichtes Surren von unten her ertönte. Lena war so erschrocken, dass sie den Fahrregler losließ. Ganz langsam glitt der Wagen ortsauswärts.

Lena wollte bremsen, wusste aber nicht, wie. So drehte sie an einem Knopf. Das Licht ging an. Sie konnte die Strecke jetzt besser sehen. Rechts ging sie an einer Straße entlang. Nur das leise Rattern des Wagens auf den Schienen war zu hören. Die Fahrt dauerte, da sie so langsam fuhr, sehr lange.

Der vorherige Tag war sehr anstrengend gewesen und deshalb war sie müde. Sie dachte an das Hämmern und das Schleifen … Auf einmal ruckte es. Sie schreckte auf. War sie etwa eingenickt? Sie sah an einem vorbeiziehenden beleuchteten Schild ‚Nasser Grund' stehen. Da fiel ihr alles wieder ein: Sie saß auf dem Fahrersitz von Wagen 4 und fuhr ganz langsam in das Kirnitzschtal. Durch die Tür, die sie vorher offen gelassen hatte, hörte sie einen Kauz rufen.

Lena fror und wollte am liebsten wieder in ihr Bett. Aber sie wusste nicht, wie man bremst, geschweige denn, wie man andersherum fährt. Also ließ sie sich treiben und war kurz darauf wieder eingenickt. Auf einmal schlugen Kirchturmglocken: viermal hoch und zweimal tief.

Auf einmal wurde ihr ganz fröhlich zumute. Sie war wach und lauschte andächtig einem Zirpen, das von der Tür kam. Sie atmete tief ein und las das beleuchtete Schild an der nächsten Station: ‚Lichtenhainer Wasserfall'! Lena wusste sofort, was sie machen musste: Sie zog am Fahrregler nach hinten, woraufhin die Bahn surrend stehen blieb. Sie sprang aus dem Wagen und ging vom Bahnsteig auf den nahen Wanderweg. Neben dem Zirpen und Baumrauschen rauschte es wie mitten in einem Wasserfall. Immer wieder waren einzelne Platscher zu hören. Frisch und froh ging sie den Wanderweg entlang. Links waren steile Felsen und rechts ging es bergab. Das Rauschen war immer lauter geworden und übertönte hier alles andere. Dann kam eine Brücke, von der aus man den Wasserfall beobachten kann.

Auf einmal kam mit dem tosenden Wasser etwas Hellblaues herabgeflutscht. Erschrocken dachte Lena nach, was für ein Tier das gewesen war. Nach Minuten des Staunens ging sie weiter. Direkt hinter der nächsten Felskurve hörte sie leises, fröhliches Singen:

„Felstrolle sind wir.

Wir gratulieren dir!
Oh Kind, ich kann dir sagen:
Du hast großes Glück gehabt,
denn die Regel, hör, die sagt:
Wer sich nachts als Erstes bewegt,
wenn jedes Tier sich hat niedergelegt,
wenn um zwei die Glocke schlagt,
dem wird dann darauf gesagt:
Eine Nacht mit den Trollen steht bevor,
die gehört hat keines Menschen Ohr!"

Erstaunt bückte sich Lena und sah dort in einer Felsnische kleine blaue Zwerge, die die ganze Zeit getanzt hatten. Jetzt aber sahen die Zwerge Lena herausfordernd an. „Hallo, Felstrolle! Also ich wunderte mich auch, warum ich auf einmal so frisch war, ist das dann so, dass ihr das wart?"

„Ja, das waren wir,
denn wir helfen hier demjen'gen,
auch mal 'nem Tier,
helfen ihm und erfüllen ihm mal 'nen Gefallen.
Es muss dann einmal knallen
und einer springt hinunter,
schwimmt zum Brunnen munter,
fertig ist das Glück!
Und der eine klettert zurück."

„Ist das also so, dass irgendeiner hinunterspringt und dann unten zu einem Brunnen, der dann den Wunsch erfüllt, schwimmt?"

„Ja, aber es ist so:
Für jeden Wunsch springt irgendwo
ein Stein von einem Berg,
Das aber ärgert uns arg:
Wo der Stein fällt, das wissen wir nicht,
manchmal vielleicht auf 'ne Ficht'?
Aber zerstören kann er was
und zwar nicht nur ein wenig Gras!"

„Aber warum wünscht ihr euch nicht einfach bei dem Brunnen, dass keine Steine mehr fallen?"

„Eigentlich eine gute Idee!
Danke, sage ich, Le!
Kindchen Le, spring 'runter zum Brunnen!
Es gilt, über unsere Schaden zu gewunnen!"

Ein kleiner blauer Zwerg kletterte an dem Stein herauf und sprang in den Wasserfall. Ein lauter Platsch ertönte, dann rauschte der Wasserfall wieder gleichmäßig.

Minuten beklommenen Schweigens vergingen. Irgendwann sagte ein Troll:

„Es scheint nicht geklappt zu haben.

Das Lenchen wird sich ein bisschen laben.

Warum es nicht geklappt hat?

Es piept immer ein Finkchen, wenn es mal klappt!"

Und wirklich kam bald Le wieder herauf. „Und wie wäre es, wenn ich mir wünsche, dass sich bei euren Wunscherfüllungen keine Steine lösen, das ist dann ja nicht euer Wunsch."

„So jemand Schlaues habe ich nicht gesehn!

Le, du musst jetzt nochmal gehn!"

Wieder lauschte Lena dem Platsch und dem Wasserfall, bis ein kleiner Vogel vorbeigeflogen kam und „piep" machte. Die Trolle jubelten!

„Danke, dich würden wir am liebsten behalten!

Komm, lass dir auch einen Wunsch gestalten!"

„Könntet ihr machen, dass auf der Baustelle von meinem Papa alles in Ordnung ist? Und ich würde gerne wieder unbemerkt zurück ins Kurhaus!"

Le wurde losgeschickt und als sie wieder oben war – der Fink hatte zweimal gepiept –, verabschiedete sich Lena von den Trollen.

„Es war sehr schön mit dir,

wir winken mit allen Viern!"

An der Straßenbahnhaltestelle stand eine blau leuchtende Kutsche mit zwei blauen Pferden davor. Lena stieg ein. Die Pferde schienen den richtigen Weg zu kennen, sie trabten schnell ans Ziel.

Am nächsten Morgen, sprich zwei Stunden nach Lenas unbemerkter Rückkehr, klingelte der Wecker, den sich Lenas Vater gestellt hatte, um schon um sechs Uhr an die Arbeit zu gehen. Auch ihre Mutter stand auf. Lena tat so, als ob sie schliefe, und wartete.

Lenas Eltern kamen fünf Minuten später wieder in das Zimmer. Sie riefen überrascht: „Die Bauarbeiter haben gearbeitet! Alles ordentlich, sauber und edel! Papa hat schon unterschrieben. Wie wäre es, wenn wir zum Abschluss heute noch zum ‚Lichtenhainer Wasserfall' führen?" „Au ja!", rief Lena erfreut.

Deutlich schneller als Lena in der Nacht fuhren sie mit Wagen 6 zum Wasserfall. Auf der Fahrt hörte man andere Leute, die berichteten, dass in der

Nacht ein Triebwagen wie von Geisterhand zum ‚Lichtenhainer Wasserfall' gefahren sei. Lenas Familie ging denselben Weg, den sie ja schon kannte. An der Kurve hinter dem Wasserfall musste sie lächeln.

*Robert Haas*
*Gymnasium bei St. Anna, Klasse 8b*

## Am Ruder

Augsburg
Miteinander
Rudern
Und
Den
Ersten Platz
Reißen

*Theo-Maximilian Gigl*
*Lichtenstein-Rother-Grundschule, Klasse 4*

## KONTROLLE

Ich bin die, die dich in Reihe hält.
Die, die dir die Richtung stellt.
Ich bin still und doch direkt.
Ich bin klar und doch versteckt.
Ich bin überall beliebt.
Die, die dich in Sicherheit wiegt.
Entfernst du dich ganz von mir,
So kommt das Chaos gleich zu dir.

*Isabel Fink*
*Städtische Berufsoberschule, Vorklasse*

## Am Ruder

Mira besucht jetzt die 3. Klasse auf der Grundschule. Sie möchte später Kinderärztin werden. Doch der Weg dahin ist sehr weit. Erst muss Mira eine weiterführende Schule und später eine Universität besuchen. Dafür gibt sie sich sehr viel Mühe. Nach den Hausaufgaben übt sie weiter und liest interessante Bücher. In ihrer Freizeit spielt sie Klavier, lernt dabei auch

Stücke auswendig und bildet sich immer weiter. So bleibt sie immer „am Ruder" und kommt jeden Tag ihrem Ziel ein Stückchen näher.

*Melis Memet*
*Birkenau Grundschule, Klasse 3d*

## Rondell: Ruderbootfahrt

Ruderboot fahren auf dem Gardasee.
Papa ist am Ruder.
Er bewegt die Arme und die Ruder tauchen ins Wasser.
Papa ist am Ruder.
Er bestimmt das Tempo und die Richtung.
Mama und ich feuern ihn an: Und zieh!
Papa ist am Ruder.
Die Ruderbootfahrt macht Spaß!

*Valentina Ascione, Elizan Eryigit, Anita Lotz und Ana Lina Nicolae*
*Grundschule Centerville-Süd, Klasse 1c*

## Am Eiskanal

Heute habe ich einen Wettkampf. Viele machen mit. Auch Frauen! Mein Kajak ist gelb, rot und orange. Die Bahn ist sehr schwer zu meistern und das Wasser ist kalt. Aber keiner hat Angst! Um zu gewinnen, muss ich die Bahn richtig fahren. Ich will gewinnen! Ich muss die Hindernisse umrunden. Wenn ich die Stange berühre, verliere ich Punkte. Wenn ich umkippe und unter Wasser komme, muss ich die Eskimorolle machen. Ich fahre megaschnell, ohne einen Fehler! Die Zuschauer jubeln und applaudieren. Ich fahre über die Ziellinie! Juhu! Hoffentlich war meine Wettkampfzeit gut genug? Der Sieger bekommt einen Pokal und natürlich auch Blumen.

*Paul Lawson und Elias Zesch*
*Grundschule Centerville-Süd, Klasse 1c*

## Ein kleiner Held

Tom und seine Mutter fuhren mit dem Auto zu ihren Großeltern. Für den 12-Jährigen war ein ganz besonderer Tag gekommen: Er durfte das erste Mal auf der Beifahrerseite neben seiner Mutter sitzen. Plötzlich geschah etwas Unerwartetes: Ein Reh rannte über die Fahrbahn. Die Mutter schrie laut auf. Leider erschrak sie so sehr, dass sie in Ohnmacht fiel. Tom hatte fürchterliche Angst. Ihm lief es eiskalt den Rücken runter. Trotzdem griff er sofort zum Lenkrad. Ein Zusammenstoß blieb ihnen glücklicherweise erspart. Damit das Auto zum Stehen kam, schaltete Tom die Zündung aus und das Fahrzeug wurde langsamer. Gleich nach dem Anhalten kam die Mutter wieder zu Bewusstsein. Sie fragte: „Was ist passiert?" Nachdem Tom ihr alles erzählt hatte, sagte die Mutter: „Zum Glück warst du so schnell am Ruder." Schließlich startete sie den Motor und die beiden setzten die Fahrt fort.

*Florian Sonnleitner*
*Gymnasium bei St. Stephan, Klasse 6c*

## Nie das Ziel aus den Augen verlieren

Am Ruder bleiben bedeutet so viel wie: Nie das Ziel aus den Augen verlieren! Immer weiter machen! Das gilt auch im Hinblick auf die Kanu-WM in Augsburg, wo jeder Athlet dabei sein will. Dafür braucht man jedoch eine Qualifikation. Und dafür muss man immer am Ball, am Ruder, am Paddel bleiben. Voraussetzung für den Erfolg sind konsequentes Training, Disziplin, Durchhaltevermögen und ein starker Wille. Bei diesen Dingen muss man immer am Ruder bleiben und dann kommt der Erfolg Schritt für Schritt, mit jedem Ruderschlag, ein Stück näher.

*Xaver Hauser*
*Maria-Theresia-Gymnasium, Klasse 6b*

## Küstenwache

Die Küstenwache versucht uns jeden Tag zu retten.
Sie gibt es in allen Hafenstädten.
Auch in der Nacht kann man sie in den Booten hören.
Und wenn sie wacht, sollte man sie nicht beim Retten stören.
Und wenn du am Untergehen bist,
Dann setzen sie dir keine Todesfrist.
Sie rettet uns vor dem Wassertod
Und begibt sich dabei selbst in Not.

*Carl Neumann*
*Maria-Theresia-Gymnasium, Klasse 6b*

# Team

Meine Freundinnen Ella, Katrin, Julia und ich wollen heute an diesem kalten Wintertag Schlittschuh laufen gehen. Wir haben zum Glück alle Schlittschuhe und freuen uns. Als wir am zugefrorenen See ankommen, sehen wir da auch schon Klassenkameraden von uns. Janis, Kuno und Eddy, die wir allerdings nicht so gerne mögen, sind ebenfalls zum Eislaufen an den zugefrorenen See gekommen.

Gerade als wir die ersten Schritte aufs Eis wagen, hören wir Hilfeschreie. Wir sehen, dass Kuno ins Eis eingebrochen ist und ihn die Schlittschuhe in die Tiefe ziehen.

Wir beratschlagen uns kurz und alle finden meinen Plan gut. Also machen wir uns schnell daran, den gemeinsamen Plan mit Janis und Eddy umzusetzen, um Kuno zu retten. Jetzt muss es schnell gehen. Ella und Katrin holen in Windeseile zwei Seile vom Kiosk. Janis kriecht schon vorsichtig aufs Eis. Wir werfen ihm das Seil zu und er robbt auf Kuno zu. Mit etwas Abstand folgt ihm Eddy. Wir Mädchen sichern Janis und Eddy vom Land aus und halten die Seile ganz fest. Wir zittern vor Anspannung. Als Kuno das Seil von Janis bekommt, atmen wir innerlich auf. Doch in Sicherheit ist er erst, wenn er an Land ist. Vorsichtig und mit gemeinsamen Kräften ziehen wir Kuno mit dem Seil langsam an Land.

Als wir später trocken und gesund auf einer Bank sitzen, bedankt sich Kuno: „Dankeschön. Mia, dein Plan war super!" Ich bedanke mich bei meinen Freundinnen und unseren neuen Freunden. „Nur gemeinsam und nur mit eurer schnellen Hilfe konnten wir Kuno retten!"

Ich bin stolz darauf, dass wir gemeinsam am Ruder standen.

*Ronja Funke*
*Lichtenstein-Rother-Grundschule, Klasse 4*

# Jurymitglieder

| | |
|---|---|
| Gertrud Hornung | Projektleitung, Maria-Theresia-Gymnasium |
| Iris Aigner | Berufsschule IV |
| Peter Dempf | Schriftsteller |
| Kirsten Denk | Grundschule Göggingen-West |
| Anna Dumont | St.-Georg-Mittelschule |
| Dr. Michael Friedrichs | ehemals Wißner Verlag |
| Jürgen Fergg | Stadtwerke, Pressesprecher |
| Harald Horn | ehemals Berufsschule IV |
| Hedwig Jordan | ehemals Grundschullehrerin |
| Werner Kruse | ehemals Reischlesche Wirtschaftsschule |
| Anja Marks-Schilffarth | Journalistin, Augsburg Journal |
| Erich Pfefferlen | Schriftsteller |
| Sigrid Prinz | ehemals Agnes-Bernauer-Realschule |
| Sieghard Schramm | ehemals Stadtrat |
| Anita Sohnle-Schütz | Unterstützerin |
| Ulrike Stautner | ehemals Gesamtelternbeirat |
| Veronika Stiegler | Referat für Bildung und Migration |
| Helga Treml-Sieder | Stifterin |
| Elfriede Wagner von Hoff | ehemals Agnes-Bernauer-Realschule |
| Katharina Wieser | ehemals Elternvertretung Augsburger Gymnasien |

# Schulen und Klassen